Heike Talkenberger

Gauner, Dirnen, Revolutionäre

HEIKE TALKENBERGER

Gauner, Dirnen, Revolutionäre

Kriminalität im 19. Jahrhundert

primus ∪ verlag

Die Deutsche Bibliothek verzeichnet diese Publikation in der Deutschen Nationalbibliografie; detaillierte bibliografische Daten sind im Internet über http://dnb.d-nb.de abrufbar.

© 2011 by Primus Verlag, Darmstadt

Gedruckt auf säurefreiem und alterungsbeständigem Papier
Einbandgestaltung: Jutta Schneider, Frankfurt a. M.
Einbandmotiv: „Gottesdienst in der Zuchthauskirche". Gemälde, 1837, von Wilhelm Joseph Heine; © akg-images
Gestaltung & Satz: Satzpunkt Ursula Ewert GmbH, Bayreuth
Printed in Germany

www.primusverlag.de

ISBN 978-3-89678-357-8

Elektronisch sind folgende Ausgaben erhältlich:
eBook (PDF): ISBN 978-3-86312-768-8
eBook (epub): ISBN 978-3-86312-769-5

Inhalt

Einleitung

Oftmals wird heute in den Medien die Zunahme der Kriminalität beklagt. Als besonders besorgniserregend wird wahrgenommen, dass die Täter immer jünger werden. Schon 12-Jährige fallen als Diebe oder gar Gewalttäter auf. Am bedenklichsten erscheint die Tatsache, dass manche Jugendliche immer wieder gegen das Gesetz verstoßen, zu „Intensivtätern" werden. Neben dem aktuellen Problem, dass straffällig gewordene Jugendliche zu einem hohen Prozentsatz aus Familien mit Migrationshintergrund stammen, gerät die Familie generell in die Kritik. Normen und Werte würden zu wenig durch die familiäre Erziehung vermittelt. Damit fehle den Kindern die notwendige Orientierung in unserer Gesellschaft.

Diese Diskussion ist nicht neu. Auch in früheren Zeiten wurde Kriminalität als ein Hauptproblem der Gesellschaft angesehen. Als „sekundäres Übel am siechenden sozialpolitischen Körper [Deutschlands]"[1] etwa sieht der Lübecker Kriminalist Friedrich Christian Benedict Avé-Lallemant die Kriminalität. In seiner Schrift *Das deutsche Gaunertum* aus dem Jahr 1853 geht er auch auf das Problem der Jugendkriminalität ein. Er schreibt: „Mit großer Sorge nimmt der Polizeimann wahr, wie großen Zuwachs das Gaunertum aus der Zahl von Kindern bürgerlich unbescholtener Eltern erhält, die daheim weder Familie noch Hord noch Familienzucht haben (...)"[2] Die bürgerliche Gesellschaft sieht er im Zerfall begriffen. Sie, die durch die revolutionären Ereignisse der Jahre 1848/49 aus den Fugen geraten sei, produziere selbst die Kriminellen, deren der Staat immer weniger Herr werden könne. Aus allen Schichten, betont Avé-Lallemant, rekrutierten sich neuerdings die Verbrecher, nicht nur aus dem „Bodensatz der Gesellschaft". Entsprechend stark war das Gefühl der Bedrohung für Staat und Bevölkerung, ein Gefühl, dem auch andere Autoren Ausdruck verleihen. Klage über die Zunahme des Verbrechens, Erklärungsversuche und Lösungsvorschläge bestimmen den Diskurs über das Verbrechen seit der Mitte des 18. Jahrhunderts.

Die Kriminalitätsgeschichte des 19. Jahrhunderts ist Thema dieses Buchs. Zahlreich sind die Publikationen hierzu[3], vor allem zu den Institutionen und zu den sich wandelnden Normen zur Verbrechensbekämpfung. Von den Arbeiten zu den Arbeits- bzw. Zuchthäusern und ihrer Reform[4], zur Entwicklung von Kriminologie[5], Strafrecht und Justizinstitutionen[6] oder zur Herausbildung einer professionellen Kriminalpolizei und ihren neuen Techniken[7] profitiert dieses Buch.

Häufig wird in diesen Darstellungen beklagt, man könne zwar über die Entwicklung der Institutionen und über neue Normen der Verbrechensbekämpfung schreiben, doch die Gefangenen selbst hätten „keine Stimme".[8] Daher wird in diesem Buch ein neuer Weg beschritten. Im Mittelpunkt stehen die Betroffenen selbst, ihre Gedanken und ihre Erlebnisse. Wie erklären die Straftäter ihren Weg in die Kriminalität und in welchen konkreten Lebensumständen begingen sie Delikte? Was erlebten die Gefangenen in den Strafanstalten, wie sah der Alltag dort aus? Und gelang es ihnen später, sich von ihrer kriminellen Vergangenheit zu verabschieden, welche Hilfen erhielten sie dabei?

Doch woher können die detaillierten Kenntnisse stammen, die benötigt werden, um eine Kriminalitätsgeschichte aus der Perspektive von Straftätern des 19. Jahrhunderts zu schreiben? Zurückgegriffen werden kann auf eine Vielzahl von autobiographischen Texten, die Gefangene hinterlassen haben. Dass die Gefangenen-Autobiographien einen wichtigen Beitrag der direkt Betroffenen zum „Diskurs" über Kriminalität im 19. Jahrhundert darstellen, wurde bisher ignoriert.[9] Die Ebene der persönlichen Betroffenheit ist es auch, die die Gefangenen-Autobiographie von anderen Texten unterscheidet, die sich ebenfalls mit dem Strafvollzug oder den Lebensbedingungen Krimineller befassen, wie etwa Sozialreportagen oder Reformkonzepte von Wissenschaftlern und Praktikern.

Zumeist stammen die Texte von Männern, vereinzelt finden sich Lebensgeschichten von Frauen. Die Abfassung dieser Texte entspringt unterschiedlichen Motivationen. Es konnte der Wunsch der Gefangenen selbst ausschlaggebend sein, die Zeit hinter Gittern zur Selbstreflexion zu nutzen und so den Leidensdruck, der durch die erzwungene

Isolation von der Außenwelt entstand, zu verringern.[10] Die Erlaubnis zu schreiben erhielt man aber nur bei guter Führung. Politische Gefangene wollten oft eher die Öffentlichkeit außerhalb des Gefängnisses über die eigenen Anschauungen informieren und sich von den „normalen" Kriminellen abgrenzen.

Gefängniskorrespondenz sowie Memoirenliteratur von politischen Gefangenen wurden für dieses Buch herangezogen.[11] Für die Erlebnisse von Frauen kann auf die Autobiographie einer Kindsmörderin ebenso zurückgegriffen werden wie auf Lebensberichte von Prostituierten.[12] Gefangene wurden oft explizit von den Gefängnispfarrern oder -direktoren dazu aufgefordert, ihre Autobiographie zu verfassen. Die Häftlinge sollten sich mit ihren Straftaten auseinandersetzen und so einen ersten Schritt dazu tun, sie aktiv zu bereuen, um sich zu „bessern". Diese „Besserung" wurde in Deutschland, aber auch in der Schweiz, seit etwa 1830 das zentrale Ziel eines reformierten Strafvollzugs. Engagierte Gefängnisreformer hofften, die Zunahme der Kriminalität stoppen und die hohe Rückfallquote verringern zu können. Anregungen erhielten sie durch die Gefängnisreformen in England und Amerika. Die Reformer glaubten, dass nur die genaue Kenntnis der Lebensumstände, die zu einer Straftat geführt hatten, ein zielgerichtetes Einwirken auf die Verbrecherpsyche ermögliche. Dieser „Besserungsdiskurs" ist Teil eines grundlegenden Wandels, den der Strafvollzug und das Verhältnis zum Kriminellen zwischen 1750 und 1850 durchliefen.[13]

Die Autobiographien von 32 Gefangenen, die Johannes Jaeger, Gefängnispfarrer im bayerischen Amberg, veröffentlicht hat, sind in diesem Kontext entstanden, aber auch die Lebensberichte Luer Meyers, Joseph Kürpers sowie der Kindsmörderin Magdalena Z. und des Raubmörders Carsten Hinz.[14]

Wie ist der Quellenwert dieser Texte einzuschätzen? Autobiographien[15] sind subjektive Texte, sie sind Selbststilisierungen und interpretierende Verarbeitungen von Lebenserfahrungen. Das bedeutet, dass sie keinen „authentischen" Lebenseinblick gewähren, sondern konstruiert sind. Insbesondere gilt dies für die Texte von Gefangenen, vor allem, wenn sie im „Auftrag" der Institution geschrieben wurden, in der die Häftlinge einsaßen.[16] Es wird die Frage zu stellen sein, ob und wie die von Wissenschaftlern und Praktikern diskutierten Konzepte über moralisch-sittliche Besserung, Kriminalität und Strafvollzug auch die Texte der Gefangenen prägten.

Noch ein Weiteres muss bedacht werden: Die ausgewählten autobiographischen Texte unterscheiden sich jeweils im Hinblick auf ihre Nähe zu den geschilderten Ereignissen. Während Briefe den unmittelbarsten zeitlichen Bezug besitzen, wurden die im Gefängnis abgefassten Lebensberichte bereits aus einer zeitlichen Distanz zum Geschehen geschrieben. Memoiren schließlich hat man in noch stärkerem Abstand dazu abgefasst, deshalb stilisieren bzw. synthetisieren Memoiren das Erlebte am meisten. Auch diese Sachverhalte müssen bei einer historischen Interpretation von Autobiographien berücksichtigt werden.

Gleichzeitig gehen die Texte nicht auf in der Erfüllung der Erwartungen ihrer Auftraggeber, in der Reproduktion von übernommenen Wissensbeständen. Während die Konzepte der Kriminologen und Praktiker des Strafvollzugs normativ sind, voller Absichtserklärungen und Zielformulierungen (die auch die Sicht auf die Gefangenen prägen), bieten Autobiographien einen Einblick in die Praxis des Strafvollzugs jenseits der Theorie, bieten konkrete Lebenserfahrungen von Menschen, die sich am Rand der Gesellschaft bewegen. Ein Blick in die Milieus der Prostituierten, Vaganten und Spieler lässt deren Alltag jenseits von Abscheu oder Romantisierung aufscheinen. Die Lebensgeschichten von Gefangenen enthalten damit eine Vielzahl von Informationen, die eine wichtige Ergänzung zur Geschichte der Kriminalität im 19. Jahrhundert darstellen und darüber hinaus auch für die Alltags- und Sozialgeschichte dieser Zeit.

Die verwendeten Texte umspannen den Zeitraum zwischen 1810 und ca. 1900. So können Kontinuität und Wandel in der Kriminalitätsgeschichte dieser Jahre nachvollziehbar werden, eine Entwicklung, die nicht zuletzt auf heutige Probleme ein bezeichnendes Licht zu werfen vermag.

Um die hohe historische Relevanz der autobiographischen Texte näher bestimmen zu können, müssen sie in einen geschichtlichen Kontext eingeordnet werden. Die folgende Darstellung wird sich daher selbstverständlich nicht nur auf der Ebene der individuellen Erfahrung bewegen. Die zeitgenössische Auseinandersetzung über die Entstehung von Kriminalität und die Maßnahmen zu ihrer Bekämpfung wird ebenso geschildert wie die allgemeinen Entwicklungstendenzen von Kriminalität und Strafvollzug im 19. Jahrhundert: die Verfolgungsintensität verschiedener Delikte, die Entwicklung des Strafrechts und der Strafverfolgung, die Anfänge der Kriminalpolizei, die Reform des Gefängniswesens sowie der Umgang mit Vorbestraften zwischen Ausgrenzung und Resozialisierungsbemühungen.

Am Umgang mit dem als andersartig Empfundenen, mit dem, der von der Norm abweicht, erweist sich der Zustand einer Gesellschaft. Der Blick auf ihre „Ränder" kann ihren „Kern" erhellen.

Drei Kriminelle

Betrachten wir nun zu Beginn die Lebensläufe von drei Kriminellen. Sie stammen aus höchst unterschiedlichen Regionen: Joseph Kürper aus der bayerischen Pfalz, Luer Meyer aus Oberneuland (heute ein Ortsteil Bremens) und Magdalena Z. aus Trub im schweizerischen Emmental. Alle drei verfassten ihre Autobiographie während ihrer Haftzeit. Die beiden Männer hatten sich Diebstähle und Betrügereien zuschulden kommen lassen, die Frau war wegen Kindsmords zum Tode verurteilt worden.

Aus den Lebensberichten können wir aufschlussreiche Informationen über den familiären Hintergrund, die Erziehung und die Lebensumstände der Autoren entnehmen und darüber, wie sie „auf die schiefe Bahn" gerieten. Gemeinsamkeiten und Unterschiede werden deutlich.

Joseph Kürper aus der Pfalz

Kürper wurde 1849 in H. im Ortsamt Kusel geboren. Kusel liegt nordwestlich von Kaiserslautern und gehörte damals zur bayerischen Pfalz. Noch währten die politischen Turbulenzen der Revolution von 1848/1849, in denen sich nationale Bestrebungen mit sozialen Forderungen verbanden, gerade auch in der Westpfalz.[1] Diese, mit ihren kargeren Böden, dem raueren Klima und der geringeren Verkehrserschließung ökonomisch ohnehin schwächer als die reiche Rheinpfalz, hatte sich zu diesem Zeitpunkt noch nicht von der verheerenden Teuerung der Jahre 1846/47 erholt. Arbeitslosigkeit und Hunger bestimmten das Leben vieler, die Zahl der Armen in der Stadt und auf dem Land wuchs, die Armenpflege sah sich überfordert.[2] So mancher versuchte, mit dem Betteln an Haustüren sein kümmerliches Leben zu fristen. Die Armut grassierte und wurde auch schon von den Zeitgenossen, die von „Pauperismus"[3] sprachen, als besorgniserregend wahrgenommen. Aus den

Berichten des pfälzischen Kantonsarztes Dr. Haase ist zu erfahren, wie wir uns die Lebensverhältnisse der ärmeren Bevölkerung im Bezirk Kusel um 1860 vorstellen müssen.[4] Hierzu gehörte etwa ein Sechstel der insgesamt 17 500 Einwohner. Wer überhaupt ein Dach über dem Kopf hatte, lebte in den auf dem Land noch oft strohgedeckten, kleinfenstrigen Häusern auf engstem Raum mit vielen Personen zusammen. Ältere Kinder und Dienstboten mussten auf dem ungeheizten, zugigen Dachboden schlafen, als Unterlage dienten schmutzige Strohsäcke. Die Luft in den Räumen war wegen der Steinkohlefeuerung voller Qualm und Ruß. Als Hauptnahrungsmittel diente die Kartoffel, die „Grumbeere" – die Pfalz war neben Sachsen das erste deutsche Anbaugebiet für diese Feldfrucht. Die gewöhnlichste Mahlzeit bestand lediglich aus gekochten Kartoffeln, die, auf ein Tischtuch ausgebreitet, nur mit Salz verzehrt wurden. Neben Wasser wurde vor allem Zichorienkaffee getrunken, „in den sich höchstens einige Kaffeebohnen verirrten"[5]. Fleisch konnten sich viele nur zu hohen Feiertagen leisten. Die hygienischen Zustände waren oft schlecht, es gab keine Toilette, sondern der Dunghaufen vor dem Haus wurde als solche benutzt.

In diese Welt hinein wurde Joseph Kürper als uneheliches Kind[6] einer zu diesem Zeitpunkt stellungslosen Dienstmagd[7] geboren. Der Vater, der als Soldat diente, erkannte Joseph zwar als seinen Sohn an, doch eine Heirat kam, so berichtet Kürper, wegen des Konfessionsunterschieds der Eltern nicht zustande. Der Vater war, wie der überwiegende Teil der Bevölkerung in der Westpfalz, protestantisch, die Mutter katholisch. Zwar wissen wir nicht, ob die Ehe wirklich nur an den verschiedenen Glaubensbekenntnissen scheiterte – dies mag die Version der ledigen Mutter gewesen sein – doch waren gemischtkonfessionelle Ehen in der Tat noch kaum üblich. Oft weigerte sich der Pfarrer, Paare verschiedener Konfession zu trauen. Jedenfalls war Kürpers Herkunft mit einem doppelten Makel versehen: Sozial stammte seine Mutter aus der untersten Bevölkerungsschicht, dazu musste er ohne einen männlichen Haupternährer aufwachsen.

Zunächst versorgte die Mutter den Jungen – wie ihr dies trotz ihrer Lebenssituation gelang, erfahren wir nicht. Als Joseph vier Jahre alt war, trat die Mutter in Dienste und kümmerte sich fortan weniger um ihren Sohn. Diese Schilderung ist durchaus glaubwürdig. Ledige Dienstboten durften ihre Kinder in der Regel nicht in den Haushalt des Dienstherrn mitnehmen. Diejenigen, die es sich finanziell leisten konnten, gaben daher ihre Kinder in Kost zu einer fremden Familie, was sich Josephs Mutter offenbar nicht leisten konnte oder wollte. Ein sozial unterstützendes familiäres Netz scheint nicht existiert zu haben, Gemeindefürsorge wird nicht erwähnt.[8]

So blieb Joseph schon als Kleinkind offenbar weitgehend sich selbst überlassen. Er lebte noch nicht einmal unter den kümmerlichen Ver-

Klassische Empfänger der Armenfürsorge sind alle, die unfähig sind, sich selbst durch ihre Arbeit zu ernähren wie Waisen, Witwen, kranke oder alte Menschen. Zwischen 1770 und 1848 nahm durch Bevölkerungswachstum und Wirtschaftskrisen die Unterbeschäftigung zu. Trotz Arbeitswilligkeit fanden immer weniger Menschen eine Arbeit.

Selbst wenn sie viel arbeiteten, blieben viele Unterschichtsangehörige, besonders kinderreiche Familien, ohne ausreichende Einkünfte. Zu diesen „working poor" gehörten Tagelöhner und Kleinbauern, aber auch Hirten, Boten und ehemalige Soldaten.

Seit dem Beginn des 19. Jahrhunderts kam es auch in der Schweiz zur Umstrukturierung der Armenfürsorge. Die Bedürftigenversorgung richtete sich nach dem Heimatort des Betroffenen. Bedürftige wurden deshalb zunächst an die Heimatgemeinde abgeschoben. Für die Umsetzung sorgten die Bettelvögte. Primär sollten die Gemeinden in die Verantwortung genommen werden; der Staat trat nur subsidiär auf. Die Zuwendungen sollten in der Regel in Geld bestehen. Zur Finanzierung wurden im Kanton Bern „Armengüter" angelegt, deren Erträge jedoch oft zu wünschen übrig ließen. Deshalb wurden vielerorts traditionellere Formen der Armenunterstützung beibehalten (vgl. S. 28). Staatliches Almosen konnte neben der Existenzsicherung auch zur raschen wirtschaftlichen Nothilfe, als kurzfristiger Erwerbsersatz oder zum Kauf von Arbeitsmitteln bzw. Kleidung genutzt werden. Neben der gemeindlichen und staatlichen Almosengabe bestand die kirchliche Unterstützung weiter.

Als Antwort auf die gestiegene Mobilität gerade der ärmeren Bevölkerung wurde seit 1857 dann der Wohnort des Bedürftigen ausschlaggebend für die Zuwendungen.

hältnissen, die oben geschildert wurden, hatte kein Dach über dem Kopf, keinen noch so ärmlichen Platz zum Schlafen. Er schreibt: „Ich ging eben von Haus zu Haus betteln um ein Stückchen Brod oder einen Teller Suppe. Wenn es Sommer wurde, brachte ich Tag und Nacht auf dem freien Felde zu und ernährte mich von den Früchten. Mehr wie einmal bin ich damals schlafen gegangen, ohne den ganzen Tag nur das Geringste gegessen zu haben."[9] Von so manchem wurde er fortgejagt, seine Kleidung war zerrissen, Schuhe besaß er nicht. Ein Bett hatte er nicht zum Schlafen; im Winter musste er sich in Scheunen verkriechen, manchmal im Misthaufen. „Des Morgens war ich oft steif gefroren, und hatte mich ganz durchnäßt. Da kam hie und da meine Mutter, eh' sie in Dienst ging und drehte mir die zerlumpten Höschen aus und dann weinten wir miteinander über unser Elend, daß es einen Stein hätte erweichen können."

Die Schulzeit brachte weiteres Leid. Dass Joseph sie überhaupt besuchte, ist nicht selbstverständlich, denn die allgemeine Schulpflicht existierte zwar seit 1817, doch mussten Kinder oft schon von klein auf in der Landwirtschaft oder im Gewerbe mithelfen. Als Schulkind, so schildert der Autor weiter, wurde er vollends zum Außenseiter. Wegen seiner zerlumpten, stinkenden Kleider musste er abseits sitzen und wurde von allen gehänselt. So blieb Joseph, der sich „von Gott und Menschen verlassen" fühlte, der Schule fern und lernte nichts.

Ein Leben als Dieb und Zuhälter   Seine ersten Diebstähle beging er, wie er schreibt, aus Hunger. Er stahl ein Huhn und 12 Kreuzer, wurde sogleich erwischt und kräftig verprügelt. Die Abwärtsspirale setzte sich fort. Beklemmend liest sich der Lebensbericht. Die Mutter nämlich bekam später noch ein zweites uneheliches Kind, und mit der kleinen, nur in Lumpen gekleideten Schwester an der Hand musste Joseph weiter betteln gehen. Seine Erzeugerin schildert Kürper nun als erbarmungslos und faul. Sie habe sich von den Kindern ernähren lassen und diese geschlagen, wenn sie nicht genug hatten erbetteln können. Der Aktionskreis der Kinder war dabei verhältnismäßig groß und erstreckte sich auch auf die Orte Baumholder und St. Wendel, die damals zur benachbarten preußischen Rheinprovinz gehörten.[10]

Die Unterstützung für Bettler galt im Mittelalter grundsätzlich als gottge-
fällig. Die kirchliche oder private Wohltätigkeit wurde im Spätmittelalter,
und dann verstärkt durch den Einfluss der Reformation, durch die stadtob-
rigkeitliche Armenfürsorge ergänzt.

Die wachsende Zahl vor allem fremder Bettler wurde seit dem Spätmittelalter zunehmend als Störung der öffentlichen Ordnung wahrgenommen – es
vollzog sich ein Einstellungswandel zur Bettelei. Schon die erste Bettelord-
nung (Nürnberg 1370) sah eine „Bedürftigkeitsprüfung" vor. Nur noch Ge-
brechliche und Alte durften betteln; „arbeitsfähige Arme" dagegen nicht.
Fremde Bettler wurden in die Heimatgemeinden abgeschoben („Bettler-
schub"). Im 17. und 18. Jahrhundert sollten Arbeitshäuser das Problem
der Bettelei lösen, kombiniert mit Bettelordnungen, die Haftstrafen für Bettelei vorsahen. Strafen trafen auch diejenigen, die einer verbreiteten Praxis
nach Kinder zum Betteln ausschickten.

Die Maßnahmen lösten jedoch das Problem bis ins 19. Jahrhundert keineswegs. Die Bettelei als Signum des „Pauperismus" nahm in den 1830er-
und 1840er-Jahren noch zu. Private Wohltätigkeit gegenüber Bettlern
wurde weiter praktiziert – trotz aller obrigkeitlichen Verbote.

In seiner Not stahl Joseph immer weiter, wurde aber nie erwischt. Dadurch bestärkt und von der inzwischen wieder stellungslosen Mutter zu
weiteren Straftaten ermuntert, blieb Joseph auf dem einmal eingeschla-
genen Weg. Erst bei der Entwendung einer Uhr wurde er, der inzwischen 11 Jahre alt war, ertappt, vor den Landrichter gebracht und von
der „Ortsobrigkeit" verprügelt. Nun kamen auch die früheren Diebstähle heraus, sodass er durch den Landrichter zu zwei Jahren Erziehungsanstalt verurteilt wurde. Allein, ihm gelang die Flucht. Mit Diebstählen und Gelegenheitsarbeiten „um die Kost"[11] hielt er sich über
Wasser, zog vagabundierend von einem Ort zum andern, bis er 1860
schließlich festgenommen und ins Erziehungsheim nach Speyer einge-
liefert wurde. Seit 1850 existierte in der dortigen Ludwigstraße ein
„Heim für verwahrloste Kinder", das seit 1852 „Staatliche Erziehungsanstalt" genannt wurde.[12] Damit vollzog Speyer relativ spät eine Entwicklung, die andernorts bereits Ende der 20er- und Anfang der 30er-

Jahre eingesetzt hatte. So gab es in Berlin bereits 1829 eine „Anstalt für sittlich verwahrloste Kinder".[13]

Das Heim schildert Kürper überwiegend als Ort des Schreckens. Neben der Tatsache, dass er „viel gehauen" und „schlecht genährt" wurde, habe der schlechte Einfluss der Älteren und Erfahreneren dazu geführt, dass „die meisten, worunter auch ich, schlechter gingen als kamen".[14] Auch sexuellen Missbrauch deutet Kürper an: „In den gemeinsamen Schlafsälen fielen Dinge vor, die ich am besten mit Dunkel bedeckt lasse." Durch Flucht entzog sich der Junge schließlich diesen Qualen.

Zunächst schien sich nun alles zum Besseren zu wenden: Er fand Arbeit bei einem Kaufmann, der ihn, so stellt es unser Autor dar, sogar so lieb gewann, dass er ihn hatte adoptieren und ihm eine Ausbildung als Kaufmann finanzieren wollen, doch Joseph hatte verschwiegen, dass er aus der Erziehungsanstalt entflohen war. Als es zur Ortsobrigkeit wegen der Adoption gehen sollte, glaubte er, sich aus der misslichen Lage wieder nur durch Flucht befreien zu können. Wehmütig blickt er auf die schöne Zeit bei dem Kaufmann zurück, wo er zum ersten Mal ein „geordnetes Familienleben" kennengelernt hatte. Nach seiner Flucht trieb sich Joseph zunächst obdachlos umher, bis ihn die Polizei in Kaiserslautern aufgriff und wieder ins Heim zurückbrachte. Dort erwarteten ihn erneut Demütigungen und Gewalt. Seinen Alltag beschreibt er so: „Ein Tag verlief eintönig wie der andere, höchstens setzte es eine Extraration von Prügeln ab. Wir standen früh auf, kleideten uns an, wuschen uns, beteten und lernten unsere Schulaufgabe. Dann gab es eine Schüssel voll dünner Suppe, in welcher ich trotz meiner scharfen Augen nie eine Spur von Fett bemerkt habe, dann wurde in den verschiedenen Werkstätten mit Pausen gearbeitet bis 1 Uhr, wo es zum Mittagessen ging. Nach der Mahlzeit wurde geturnt und exerziert und dann wechselten Unterricht und Arbeit ab bis zum Abendbrot um 7 Uhr, dann musste gelernt werden für die Schule und um halb 9 Uhr legten wir uns schlafen." Nur am Sonntag wurde ein gemeinsamer Spaziergang unternommen, ansonsten unterschied sich Josephs Leben in der Erziehungsanstalt nicht von einem Gefängnisalltag.

Als positives Rüstzeug für seinen Lebensweg erhielt er immerhin etwas Schulbildung und erlernte das Schusterhandwerk, das er später auch mehrfach ausübte. Nach der Entlassung stand ihm allerdings nicht der Sinn nach Arbeit: „Mein ganzer Lebensplan bestand in dem Vorsatz: ‚Hast du einmal die Freiheit erlangt, dann willst du dir gute Tage machen!'" Doch es kam anders: Eine zweijährige Lehrzeit bei einem strengen Meister in Speyer hielt Joseph durch, trotz ungerechter Behandlung und dem schlechten Einfluss der Schustergesellen ohne „Handwerksehre und Handwerksstolz"[15], wie er schreibt.

Mit dem Gesellenbrief in der Tasche wanderte er sodann „in die weite, schöne Welt"[15]. Auf der Suche nach Arbeit waren für ihn, wie für Tausende andere dieser Zeit, die nicht die Auswanderung nach Übersee wählten, vor allem die größeren Städte attraktiv. Gewerbe und Kleinhandwerk hatten in der Stadt wegen der verstärkten Nachfrage bessere Chancen als auf dem Land, auch wenn im Südwesten die Arbeitsplätze in den entstehenden industriellen Betrieben noch kaum ins Gewicht fielen. Erste Station war Mannheim, das, am Zusammenfluss von Rhein und Neckar verkehrsgünstig gelegen, sich durch Freihafen und Eisenbahnanschluss zum Speditions-, Handels- und Geldverkehrszentrum im Südwesten entwickelt hatte.[17] Hier verdingte Kürper sich als Schuster. Doch der als kärglich beschriebene Verdienst reichte für die Ansprüche des frischgebackenen Gesellen nicht aus. Der junge Mann wusste seine Lage zu verbessern, indem er sich, angestiftet, wie er schreibt, von seinen Mitgesellen, von einer älteren Magd aushalten ließ. „(...) in unserem Hause diente eine Magd aus der Pfalz, die sich ihres jugendlichen Landsmanns erbarmte. Sie war zwar ein bisschen alt und hässlich, allein sie putzte sich Sonntags flott heraus und hatte Geld, in meinem Falle die Hauptsache."[18]

Mit einer Intrige der anderen Gesellen begründet Kürper die Beendigung seines Arbeitsverhältnisses bald darauf. Noch hatte er keine Mühe, eine neue Stellung als Schuhmachergeselle zu finden, diesmal in Karlsruhe. Die in den 1850er-Jahren stark gewachsene Stadt besaß, nicht zuletzt durch die Eisenbahn, Zentralitätsfunktion und konnte mit ihrem aufblühenden Handel und Gewerbe auch für das Kleinhandwerk attraktiv sein.[19] Der Verdienst war nun besser als in Mannheim, doch die Ansprüche waren auch gewachsen. Kürper begann, sich als „gutgewachsener Bursche mit einem glatten Gesicht" über seinem Stand zu kleiden, in einem „Windbeutelstaat": „Ich ließ mir Kleider nach der neuesten

Mode machen, kaufte mir eine Uhr und einen Schirm und wenn ich des Sonntags ausging, trug ich in der rechten Hand den Schirm, auf dem linken Arm den Überzieher, einen Klemmer auf der Nase und einen Glimmstengel im Mund. Niemand hätte mich da für einen Schustergesellen gehalten, für den ich auch nicht gelten wollte."[20] Sich für den Sohn eines reichen Münchners ausgebend, begann Joseph ein Verhältnis mit der Tochter eines wohlhabenden Bierbrauers und verschuldete sich. Sein Schwindel flog aber auf, und wieder ergriff er das Hasenpanier. Das gleiche Szenario wiederholte sich in Offenburg.

Schließlich kehrte er, offenbar von den Chancen der Großstadt vorübergehend enttäuscht, in seinen Heimatort zurück und betrieb dort eine Weile das Schusterhandwerk, blieb dabei jedoch „ein armer Mann".[21] Ein Intermezzo als Marketender bei den preußischen Soldaten im Krieg 1870/71 änderte nichts an der finanziell als unbefriedigend empfundenen Situation.

Mit all diesen Arbeitsversuchen waren seine Ansprüche auf ein gutes Leben jedenfalls nicht zu erfüllen, sodass er schließlich auf die Walze ging. Als wandernder Geselle verkehrte er in Herbergen, den „Klappen", zunächst in Darmstadt. Hier besorgte er sich gefälschte Papiere und nahm nun endgültig vom bürgerlichen Leben Abschied. Der Mensch, so seine Meinung, sei nicht zum Arbeiten da, sondern, um das Leben zu genießen. Sein Hauptbetätigungsfeld fand Joseph nun nicht mehr als rechtschaffener Handwerker, sondern als gewiefter Betrüger. Schon am ersten Tag in Darmstadt erbettelte er 18 Gulden, 20 Hemden und zwei Dutzend Strümpfe. Mithilfe eines Gendarmen, der offenbar auch sein Salär aufbessern wollte und sich als Hehler betätigte, erhielt Kürper schließlich mehr Geld für einen Tag Betteln, als er in einer Woche als Schuster hätte verdienen können. Die neuen Kameraden in der „Klappe" lobten seine glänzenden Fähigkeiten: „Ich fing an stolz zu werden auf meine Fähigkeiten und das Lob und der Branntwein stiegen mir gleicherweise in den Kopf. Wir machten Pläne für den morgigen Tag und welchen Raub wir da heimschleppen wollten und ich prahlte und schwadronierte so lange, bis ich endlich besinnungslos unter den Tisch fiel."[22] Aus seinen hochfliegenden Zukunftsträumen wurde Joseph jäh gerissen, als man ihn unter falscher Anschuldigung wegen Diebstahls noch in derselben Nacht verhaftete: Das neue Leben hatte also durchaus seine Schattenseiten. Unter Hohn und Spott musste er gefesselt durch die Stadt zum Gefängnis laufen. Zwar klärte sich der Irrtum nach einigen Tagen auf, doch Kürper war noch zum Zeitpunkt der Niederschrift seiner Lebenserinnerungen wegen dieses Vorfalls von Erbitterung erfüllt.

Im betrügerischen Bettel brachte er es in der Folgezeit in Darmstadt, Mannheim und Frankfurt zu einer wahren „Virtuosität". In Frankfurt wandte er sich etwa, mit einer falschen Legitimation versehen, dreist an den Konsul Rothschild[23], der ihm zwei Taler schenkte. Die Büttel ermahnten ihn nur, er solle sich innerhalb von drei Tagen Arbeit suchen, wenn sie ihn aufgriffen. Andere Maßnahmen folgten zunächst nicht. Wechselnde Schauplätze und Gesetzesverstöße prägten den folgenden Lebensabschnitt: Kürper lebte von Spiel- und Bettelbetrug, auch Erfahrungen mit Prostituierten blieben nicht aus. Einige Male wurde er nun verhaftet und musste kurze Gefängnisstrafen absitzen. Ausgewiesen aus Frankfurt, wandte er sich nach Stuttgart, in die verrufene Herberge „Deutsche Flotte", wo die „fahrenden Dirnen" wie ein „Bienenschwarm vor seinem Stand"[24] auf die Handwerksburschen warteten. Zunächst war Kürper zufrieden: „Stuttgart ist für die Stromer eine gute Stadt, denn es wohnen da viele Pietisten und das sind gute, mitleidige Menschen, bei denen niemand umsonst anklopft"[25], resümiert er seine Erfahrungen in der Stadt.[26] Doch nicht nur Mildtätigkeit erlebte er: Nach vier Wochen wurde er verhaftet und landete im Stuttgarter Gefängnis, wo es ihm allerdings bei Suppe, Brot, Spätzle und Sauerkraut besser erging als in mancher Herberge.

Am erfolgreichsten war er jedoch in Baden-Baden, das sich seit der Mitte des 18. Jahrhunderts zu einem mondänen Badeort entwickelt hatte und mit seinem Casino auch internationales Publikum anzog.[27] Hier gab er sich bei den reichen Badegästen als Kriegsinvalide der preußischen Truppen, „als blauer Teufel"[28], aus. Die genaue Lektüre einer Beschreibung des französischen Kriegs in Bildern bot die nötige Anschauung für den erfolgreichen Betrug. „Bald waren auch in Gedanken einige Bravourstücke fertig, die ich bei Wörth oder Sedan verrichtet hatte." Ein erschwindeltes eisernes Kreuz und das Vortäuschen einer Armamputation taten ihr Übriges. Das Geld, das er so von großzügigen russischen oder englischen Adligen erhielt, brachte er schnellstens wieder durch. Lakonisch bemerkt er: „Wie gewonnen, so zerronnen.“[29] Ungestört konnte er sein Unwesen treiben, was er mit der Unzulänglichkeit der Polizei begründet.

Schließlich wurde ihm aber doch in Baden-Baden das Pflaster zu heiß und er wandte sich zuerst erneut nach Karlsruhe, dann nach Ludwigshafen. In Mannheim wurde er ein Zuhälter, ein „Louis“ im Schlosspark. Wer dieses Gewerbe betreibe, sei „reif zum Zuchthaus“[30], findet er selbst. Und dort landete Kürper wirklich, nachdem er von einem Jugendfreund zu einem Einbruch überredet und ertappt worden war. 1873 wurde er in Zweibrücken zu drei Jahren Zuchthaus verurteilt, die er in Kaiserslautern absitzen musste. Während dieser Zeit entstand seine Autobiographie.

Luer Meyer aus Bremen-Oberneuland

Anders als bei Kürper erfährt der Leser der Autobiographie von Luer Meyer nichts über die ersten Lebensjahre des Autors. 1824 im damals hannoverschen Oyten unweit Bremens geboren, wuchs Meyer bis zu seinem neunten Lebensjahr bei den Großeltern in diesem Ort auf. Auch Meyer war ein uneheliches Kind, doch heirateten seine in Oberneuland bei Bremen[31] lebenden Eltern, Margarethe Ahsendorf und Lüder Meyer, im Jahr 1827. Offenbar hatten sie zu diesem Zeitpunkt genug Geld zusammengespart, um eine Eheerlaubnis zu erwirken. Ohne genügend Mittel und einen auskömmlichen Beruf war es nämlich zu dieser Zeit nicht erlaubt, eine Ehe einzugehen.[32] Erst 1833 nahmen die Eltern jedoch ihren Sohn zu sich, um ihm, der bis dahin die Schule in Oyten besucht hatte, bessere Bildungschancen zu ermöglichen. Offenbar hielten sie die Lehrer in Oberneuland, das schon stärker vom nahen Bremen beeinflusst war, für qualifizierter. Meyers Eltern betrieben als Häuslinge[33] eine kleine Landwirtschaft, der Vater war zudem als Zimmermann tätig. Die Familie gehörte damit der niedrigsten sozialen Schicht der Einwohner Oberneulands an, war gleichwohl aber gut in die Dorfgemeinschaft integriert. So berichtet Meyer, sein Vater sei ein angesehener und wegen seiner Tüchtigkeit geschätzter Mann gewesen. Die ökonomischen Verhältnisse waren sicherlich bescheiden[34], doch erzählt Meyer nichts von Armut und Not. Im Gegenteil, seine Eltern bemühten sich, ihm als einzigem Kind so manchen Wunsch zu erfüllen. „Meine Eltern machten mir gerne ein Vergnügen und erfüllten mir gerne einen Wunsch, wenn derselbe nicht ihre Kräfte überstieg."[35] Um seine Schulbildung waren sie weiterhin sehr bemüht: Luer besuchte die Schule in Oberneuland bis zu seinem 16. Lebensjahr, was durchaus unüblich für ein Kind seiner Herkunft war, hätte er doch den Eltern schon früher als wertvolle Arbeitskraft dienen können. Zudem unterstützte der Vater den Jungen beim Lernen. „Und da er [der Vater] in seiner Jugend die Gelegenheit gehabt, eine tüchtige Schulbildung zu genießen, und er auf die ersten Schulwissenschaften, als Rechnen und Schreiben sehr viel hielt, so half er mir im Hause tüchtig nach. Wenn er des Abends von der Arbeit kam und auch noch so müde war so setzte er sich doch gleich bei mich hin, wenn ich mit Rechnen beschäftiegt war und half mir aus, wenn ich feste saß." Ein gänzlich anderes Bild bietet sich uns also als bei Kürper, der sich als Außenseiter und von seinen Eltern vernachlässigt schildert.

Als Betrüger durch Norddeutschland   Dennoch wurde auch Luer Meyer kriminell, und das hatte, seinen eigenen Ausführungen zufolge, mit seinem Wohnort zu tun. Oberneuland, ein kleiner Ort mit etwa 800 Einwohnern, war bekannt wegen seiner schönen landschaftlichen Lage. Das Dorf diente daher als Sommerfrische für die wohlhabenderen Bremer, die dort Landvillen besaßen oder sich bei Bauern einmieteten. Um 1799 schwärmt der Pastor Johann Ludwig Ewald von einem Aufenthalt in Oberneuland: „Der Ort selbst (...) ist eine Mischung von Bauernhöfen, Landgütern, Häusern und Gärten in allerlei Geschmack, von Eichenwäldern, Feldern, Wiesen, Erlengebüsch und Teichen (...), und wo der größte Teil der wohlhabenden Bremer seinen Sommer echt ländlich und oft arkadisch genug zubringt. (...) Hier lebt denn ein großer Teil der Bremer Welt auf die feinste und ungezwungenste Art. Ohne Umstände geht man zu allen Tageszeiten zusammen, arbeitet, plaudert, liest im Grünen unter einem Baum oder in einem Lusthause, oder auf der Bank vor der Tür des Hauses."[36] Die spielenden Kinder, ein einfaches gutes Essen und frohes Zusammensein „von Damen und Herren zwischen Bauern bei ihrer häuslichen Arbeit" komplettieren die bürgerliche Idylle, in der das Landleben Erholung bedeutete.

Eine gänzlich andere Perspektive ergibt sich jedoch für denjenigen, der nicht zu den reichen Sommerbesuchern zählte. Zwar erwähnt Meyer auch die Vorteile, die seine Eltern durch den frühen Bremer Tourismus erfuhren, denn ihre ländlichen Produkte waren sehr gefragt, doch empfand der Junge den sozialen Gegensatz scharf. Luer, nach eigener Angabe sehr beliebt, spielte mit den Bremer Kindern, etwa mit denen eines Senators, die viel mehr Spielzeug besaßen als er. Diese Kinder waren also an wesentlich mehr Wohlstand gewöhnt als der Dorfjunge. Die Folgen beschreibt Meyer so: „Die Bekanntschaft mit diesen Kindern hatte jedoch üble Folgen für mich. Denn, da diese allerlei schöne Sachen und Spielzeug hatten, so wurde gar bald der Wunsch in mir rege, auch solches zu besitzen. Anfangs war dieses nur ein leiser Wunsch (...) aber bald entstanden heftige Begierden in meinem Herzen, die mich antrieben, auf Mittel zu sinnen, wodurch ich meine Leidenschaft befriedigen konnte."[37]

Luer verlegte sich zunächst aufs Stehlen. Im Alter von 11 Jahren entwendete er einen Taler aus der Tasche seines Vaters, der dies nicht bemerkte. Für das Geld kaufte er sich eine Mundharmonika und eine Pistole, eine Anschaffung, die sein Vater bezeichnenderweise nie erlaubt hätte. Diesen Diebstahl stellt Meyer als Zäsur in seinem Leben dar, ab jetzt, so seine Empfindung, begann der Abstieg: Von jetzt an schwänzte er die Schule, die er zuvor eifrig und mit Erfolg besucht hatte, trieb sich mit einem Freund herum, der „vielleicht ein noch ärgerer Ausbund war als ich, und der thun und treiben konnte, was er wollte, weil seine Eltern, die beide dem Trunk ergeben waren, sich nicht um ihn kümmerten und er selbst für seinen Unterhalt sorgen musste."[38]

Alle Vorhaltungen und handgreiflichen Bestrafungen der Eltern fruchteten nichts, besonders die Autorität des Vaters akzeptierte Luer überhaupt nicht mehr. „Doch, die vielen Züchtigungen vermochten mir nicht mehr auf einen andern Weg zu bringen, und das Bitten und Flehen und die Vermahnungen meiner Eltern und die Bußpredigten meiner Lehrer und meines Pastors (...) vermochten noch weniger bei mir zu wirken; denn die unreinen Begierden und Leidenschaften wurden immer heftiger in meiner Brust." Die Hilflosigkeit der Erwachsenen wird überdeutlich. Bald darauf verübte Luer einen zweiten Diebstahl, diesmal ist es eine silberne Taschenuhr. Diese Tat brachte ihm einen

Aufenthalt von drei Tagen im Detentionshaus, dem Untersuchungsgefängnis, in Bremen ein. Er fand sich in einer Zelle mit 15 anderen Häftlingen wieder. Zunächst voller Abscheu über die grobe Gesellschaft, in die er hier geraten war, fasste sich der Junge bald und fand sogar Gefallen an seinem Aufenthalt. „Und da immer fleißig Geschichten erzählt wurden, verging mir die Zeit viel zu schnell und wäre ich gern noch länger dageblieben."[39]

Seinen verzweifelten Eltern versprach Luer nach seiner Rückkehr nach Hause, sich zu bessern, doch „dieses hielt keinen Stand bei mir".[40] 14 Jahre alt und damit, wie er glaubte, erwachsen und frei, begann der Jugendliche bei Tanz und Spiel im Wirtshaus viel Geld auszugeben. Die nötigen Mittel für sein Amüsement beschaffte er sich durch Fischdiebstahl und Wilderei. Damit bewegte er sich in einer Grauzone, denn beides war zwar verboten, wurde aber nicht konsequent verfolgt. Obwohl er als Bote zusätzlich auch legal Geld verdiente, war er doch immer knapp bei Kasse, denn seine Konsumbedürfnisse stiegen ständig.

Mit 15 Jahren beging Meyer daher seinen ersten Betrug, dem noch viele folgten. Sich für einen Knecht des Schulpflegers ausgebend, der beauftragt sei, das Schulgeld für den Lehrer in Oberneuland bei den Bauern einzusammeln, erschwindelte er zehn Reichstaler, die er sogleich ins nächste Wirtshaus trug. Die Tat flog auf, ein neuerlicher Aufenthalt im Bremer Gefängnis von diesmal sechs Wochen war die Folge. Erneut gelobte Luer den Eltern unter Tränen seinen Sinneswandel, doch sein Gelübde hielt diesmal nur kaum acht Wochen: Wilddiebereien wurden wieder seine munter sprudelnde Einnahmequelle. Inzwischen war die Zeit herangekommen, in der er eine ordentliche Handwerksausbildung erhalten sollte. Seinem Wunsch, Maurer zu werden, kamen die Eltern nach und noch einmal schien alles gut zu werden. Wieder war es jedoch sein Verlangen, über mehr Geld zu verfügen, das Meyer als Grund für eine nächste Straftat angibt. Um sich bei seinen neuen Arbeitskollegen beliebt zu machen, wollte er sie „fleißig mit Schnaps tracktieren".[41] Das dazu nötige Geld beschaffte er sich wieder durch eine Serie von Betrügereien, bei denen ein Bäcker und ein Pastor die Betrogenen waren. Das Muster wiederholt sich: Immer wieder erschwindelte Meyer unter Vortäuschung einer falschen Identität Geld von Handwerkern und Kaufleuten. Deutlich wird, wie stark in der ersten Hälfte des 19. Jahrhunderts der Handel noch auf persönlichen Beziehungen basierte. Wenn sich Meyer für den Knecht eines Ziegelfabrikanten oder eines Färbers ausgab, um für eine erwartete Lieferung – die er zuvor ausgekundschaftet hatte – vorab das Geld zu kassieren, so glaubten ihm alle Opfer umstandslos; Handel erfolgte informell per Handschlag. Schriftliche Unterlagen wurden ebenso wenig benötigt wie ein Ausweis als persönlicher Identitätsnachweis.

Nach drei kürzeren Gefängnisstrafen wurde Luer Meyer zu einem Jahr Arbeitshausstrafe verurteilt, die er in Bremen verbüßen musste. Nach dem Ende seiner Strafzeit kehrte er nicht mehr in sein Elternhaus zurück, sondern suchte sein Glück in Bremen. Die aufstrebende Hafenstadt profitierte vor allem von der Gründung Bremerhavens 1824, das sich zum führenden norddeutschen Auswandererhafen entwickelte und daher viele Arbeitssuchende vom Land anzog.[42] Die meisten verdingten sich als Dienstpersonal oder Lohnarbeiter. Die Einwohnerzahl der Stadt stieg dementsprechend zwischen 1812 und 1849 von 35 800 Einwohnern auf 53 500.[43] Vor allem bot die Hansestadt gute Beschäftigungsmöglichkeiten in der Zigarrenfabrikation. Während der ersten Hälfte des 19. Jahrhunderts hatte sich Bremen zum führenden Produktionsstandort dieser Branche entwickelt. 1847 gab es 14 Tabakfabriken, 55 Tabak- und Zigarrenfabriken und 170 Zigarrenfabriken.[44] So verwundert es nicht, dass Meyer, der im Arbeitshaus das Zigarrenmachen gelernt und es darin zu großer Geschicklichkeit gebracht hatte, sogleich Arbeit fand – trotz seiner Vergangenheit. Zweieinhalb Jahre verdiente er ehrlich sein Geld, bis seine Geburtstagsfeier, bei der der Alkohol in Strömen geflossen war, in einer „Spielhölle" endete. Dort wurde Meyer in eine wüste Schlägerei zwischen rivalisierenden Handwerksburschen verwickelt und entzog sich der drohenden Verhaftung durch Flucht nach Hamburg und Amsterdam. Beide Städte boten gute Arbeitsmöglichkeiten, die Meyer auch ergriff, ohne dass wir erfahren, welche Beschäftigung er fand. Nach einigen Wochen sehnte er sich nach Bremen zurück. Auf dem Rückweg aber konnte er einer „günstigen" Situation nicht widerstehen und beging einen Diebstahl – Opfer war diesmal ein Reisegefährte – was ihm eine Arbeitshausstrafe von zwei Jahren, abzusitzen in der Strafanstalt in Hameln[45], einbrachte. Neuerliche Betrügereien folgten nach der Entlassung, sodass der Delinquent in den späteren Jahren zu immer härteren Strafen verurteilt wurde. Auf Hameln folgten 15 Monate Zuchthaus in Bremen[46], vier Jahre Straf-Arbeitshaus in Vechta[47] und schließlich von 1855 bis 1857 zwei Jahre im Zuchthaus in Hamburg[48]. Zwischen 1842 und 1857 verbrachte Meyer so mehr Jahre in den verschiedenen Strafanstalten als in Freiheit. Im Hamburger Zuchthaus schließlich verfasste er seine Autobiographie.

Magdalena Z. aus dem Emmental

Eine der seltenen Autobiographien von weiblichen Gefangenen hat uns Magdalena Z. hinterlassen. 1810 wurde sie als uneheliches Kind in Trub im Kanton Bern geboren. Ihre Mutter stammte aus einer armen Familie, ihr Vater war ein Fleischerknecht aus dem Kanton Zürich, wo er bereits eine Familie hatte. Später zog er nach Biel am Bielersee.

In der Gemeinde Trub im Oberen Emmental lebten viele Einwohner[49] von der Milchwirtschaft; Ackerbau wurde dagegen kaum betrieben. Die Herstellung von Hartkäse, im 16. Jahrhundert eingeführt und zunächst auf der Alp betrieben, war durchaus lukrativ, vor allem für die Bauern, die einen größeren Viehbestand ihr Eigen nannten („Küher"). Die Besitzer des Alplandes waren häufig Berner Stadtbürger, die sich die Nutzung bezahlen ließen. Burger der Gemeinde, die über wenig Vieh und einen nur kleinen Landbesitz verfügten, konnten zunächst von der für alle Burger frei zugänglichen Weide- und Holznutzung profitieren. Verdienstmöglichkeiten boten sich schließlich für ärmere Dorfbewohner auch als Sennen auf den Alpen oder als Gesinde auf den größeren Höfen im Tal.

Ende des 18. und zu Beginn des 19. Jahrhunderts jedoch begann sich die soziale Situation deutlich zu ändern. Auf den stetigen Bevölkerungsanstieg reagierte die Ortsobrigkeit mit einer Einschränkung der Weide- und Holznutzung[50], zum Schaden der Inhaber kleiner Bauerstellen.[51] Dementsprechend nahm die Dorfarmut bzw. das soziale Gefälle zwischen Arm und Reich zu. Andernorts brach die Leinwandproduktion ein, zuvor ein auskömmlicher Erwerbszweig. Weitere Verdienstmöglichkeiten in der Heimindustrie fehlten. Hinzu kamen Umstrukturierungsprozesse in der Landwirtschaft: Durch Verbesserungen in Düngung und Fütterung wurde der Milchertrag wesentlich gesteigert, sodass seit 1829 Talkäsereien eingerichtet wurden, eine Konkurrenz für die Alpwirtschaft. Die wohlhabenden Küher kauften Land auf, wodurch die Unterschichten ihr Auskommen verloren.[52] Die Armut im Emmental allgemein wurde von kaum jemandem so eindringlich beschrieben wie von dem Pfarrer Jeremias Gotthelf: „Die Armen verzehren bereits die Habe der Mittelklasse, und doch darf man das Geforderte nicht verweigern, will man das Leben nicht aufs Spiel setzen. Und wie viel man auch giebt, so liegen doch noch Tausende im schauderhaftesten Elende, das laut zum Himmel schreien wird (...)", so klagt er etwa in seiner Schrift *Armennoth*.[53]

Die Armenlasten, die von den Einwohnern je nach deren Besitz geleistet werden mussten, stiegen auch in Trub immer weiter, sodass dort 1810, im Geburtsjahr Magdalenas, ein Armenspital gegründet wurde.[54] Die Gegend entwickelte sich zum klassischen Auswanderungsgebiet.

Auch Magdalenas Mutter wurde durch die uneheliche Schwangerschaft in große Not gestürzt. Sie lebte seit ihrer Kindheit in Bern bei der Familie ihrer Cousine, wo sie auch den Vater von Magdalena kennengelernt hatte. Als dort bekannt wurde, dass sie schwanger war, musste sie das Haus verlassen. Sie war das jüngste von insgesamt zehn Kindern, verfügte über keinerlei eigene Mittel und konnte offenbar auch von ihren Geschwistern keine Unterstützung erwarten. Ihre Eltern waren zum Zeitpunkt ihrer Schwangerschaft bereits verstorben.

Als der Zeitpunkt der Niederkunft nahte, wandte sich Magdalenas Mutter an das Inselspital nach Bern, doch, so berichtet Magdalena, ihre Mutter habe dort keine Aufnahme gefunden, sondern sei „mit harten Worten abgewiesen worden".[55] Das Inselspital, 1354 gestiftet, beherbergte seit 1781 die erste Entbindungsanstalt Berns. Diese bestand zwar nur sechs Jahre, doch auch danach konnten arme Wöchnerinnen bis weit ins 19. Jahrhundert hinein im Inselspital entbinden. Warum Magdalenas Mutter abgewiesen wurde, erfahren wir nicht.

Schließlich, so fährt die Autorin fort, sei sie auf einem Abtritt geboren worden. Diese Angabe kann durchaus Glaubwürdigkeit beanspruchen, geht doch aus zahlreichen Schilderungen von unehelichen Geburten hervor, dass sich die Frauen in ihrer Notlage oft nicht anders zu helfen wussten.[56] Die Mutter, so berichtet die Autorin weiter, habe mit dem Gedanken des Kindsmords gespielt, ihn aber nicht ausgeführt, da sie eine warnende göttliche Stimme vernommen habe.

Zur Versorgung ihres Kindes blieb der Mutter nur die Wahl, es ins Armenspital nach Trub zu geben oder mit ihm von Haus zu Haus, in den sogenannten Umgang[57], zu gehen.

Bei Magdalena Z. klingt die Pein dieser Praxis an: Die Mutter, so schreibt sie, „wählte [den Umgang] und hielt so aus mütterlicher Liebe und Sorgfalt für mich, ungeachtet aller Schande und Verachtung, die

Beim Umgang war jeder Haushalt der Gemeinde verpflichtet, eine arme Familie eine Zeit lang bei sich aufzunehmen und zu beköstigen. Obwohl die Armenunterstützung eigentlich in Geldleistungen bestehen sollte, wurde der Umgang vor allem noch in ärmeren Gemeinden des Berner Landgebiets wie auch in anderen Schweizer Kantonen betrieben. Die betroffenen Bedürftigen wehrten sich oft heftig gegen die Weisung der Gemeinde, in den Umgang zu gehen, sahen sie ihn doch weniger als Hilfe denn vielmehr als Strafe an. Die Kostfamilien ließen die Bittsteller ihre abhängige Situation empfindlich spüren, brachten sie nur im Stall unter, nicht selten gaben sie ihnen nur vom Abfall zu essen. Viele klagten auch über Ungezieferbefall. Die Kostfamilien wurden weder von der Gemeinde noch von der Kirche kontrolliert.

Verdingen: Diese traditionelle Form der Armenfürsorge gab es in der Schweiz im Kanton Bern, aber auch in anderen Kantonen noch bis in die 1950er-Jahre. Hierbei wurden die Kinder armer Familien teils mit elterlicher Zustimmung, teils gegen deren Willen auf Bauernhöfe in Kost gegeben und mussten für ihren Lebensunterhalt arbeiten. Auch uneheliche Kinder waren häufig von der Verdingpraxis betroffen. Dies betraf auch schon kleine Kinder von wenigen Jahren. Je nach den Konditionen konnte das Verdingen für die Bauernfamilie lukrativ sein. Die oft selbst bedürftigen Kosteltern versprachen sich einen finanziellen Zugewinn durch das von der Gemeinde oder den Eltern gezahlte Kostgeld, zudem besaßen sie in dem Kostkind eine unentgeldliche Arbeitskraft, die sie oft rücksichtslos ausbeuteten. Um die Kosten für die Gemeinde zu senken, ging man spätestens seit den 1730er-Jahren dazu über, die Kinder an den Meistbietenden zu versteigern. Trotz des ausdrücklichen Verbots der Almosenkammer wurde diese Praxis mancherorts bis in die Mitte des 19. Jahrhunderts beibehalten. Danach wurde sie durch ein Losverfahren ersetzt, das als „humaner" angesehen wurde.

sie sich dadurch zuzog, mit mir in dieser armseligen Lage sechszehn volle Monate aus".[58] Wenigstens konnte das Kind bei seiner Mutter bleiben, während sonst in nicht wenigen Fällen die Kinder ohne Eltern von Haushalt zu Haushalt herumgereicht wurden.

Schließlich hielt Magdalenas Mutter die entwürdigende Situation nicht länger aus und nahm eine Stelle als Dienstmagd an. Ihre Tochter, nun ohne elterliche Fürsorge, wurde in den Verding gegeben. Als Verdingkind[59] musste Magdalena in der neuen, ebenfalls armen Familie nicht nur hart arbeiten – unter anderem musste sie spinnen, Schafe und Ziegen hüten und, inzwischen fünfjährig, eine der vier Töchter des Hauses, die gelähmt war, bedienen und pflegen – sie wurde auch von zwei der Mädchen unausgesetzt gequält, geschlagen und gedemütigt. Magdalena schreibt: „Das war eine harte Zeit für mich. Hunger und Schläge waren zumal mein tägliches Loos. Ach, wie böse und ungeduldig war doch diese Person, theils über ihre Lähmung und auch theils über den großen Mangel an Lebensmitteln, welcher in derselben Zeit sehr allgemein war! Da mußte ich so recht Spielball ihrer Launen sein."[60] Bildung erhielt sie, die bis zu ihrem 15. Lebensjahr in der Familie blieb, kaum; von ein wenig Bibellesen und Katechismuslernen einmal abgesehen. „In die Schule ließ man mich sehr selten gehen; wenn ich auch Alles zusammen nehme, bis zu meiner Admission zum Abendmahle, so macht es nicht mehr als höchstens zehn Tage."[61] Dass Magdalena nicht lesen und schreiben konnte, erwähnt auch der Herausgeber Tscharner; beides lernte sie erst in der Untersuchungshaft.[62]

Die Mutter konnte Magdalena nicht beistehen, war sie doch in der Amtstadt Signau, etwa 16 Kilometer von Trub entfernt, in Diensten. Statt nun in der Pflegefamilie eine religiöse Erziehung zu erhalten, habe sie, schreibt die Autorin, mit der jüngeren Tochter in Wirtshäuser gehen müssen. Dass dies als moralisch problematisches Verhalten gekennzeichnet wird, ist wohl auf den religiösen Grundtenor der Schrift zurückzuführen und reflektiert die Moralvorstellungen von Obrigkeit und Kirche, die lebhaft die „sinkende Moral" der Jugend beklagten und vor allem die Wirtshäuser als Orte des Unsittlichen brandmarkten. Demgegenüber war der Besuch von Wirtshaus und Tanzboden unter der Jugend weitverbreitet und als Sonntagsvergnügen beliebt. Selbst junge, ledige Frauen konnten durchaus ins Wirtshaus gehen, allerdings nicht allein, sondern in Begleitung von Freundinnen oder Verwandten. So ist wohl auch Magdalenas Begleitung der von ihr als vergnügungssüchtig geschilderten Haustochter zu verstehen.[63]

Wesentlich unangenehmer für Magdalena war, dass sich die Gewalttätigkeiten der Haustochter ins Unerträgliche steigerten: „Jetzt musste mich ihre Mutter mit einem Seil auf eine lange Bank binden und mich mit einer Ruthe so lange auf die bloße Haut schlagen, bis die Tochter es für genug erachtete."[64]

Aus dieser bedrängten Lage wurde sie endlich durch die Mutter erlöst und erhielt eine Stellung auf einem großen Bauerngut in Trub, wo sie wie eine Tochter behandelt wurde, genug zu essen und anzuziehen erhielt und als geschickte Arbeiterin und heitere Gesellschafterin gefiel.

Doch an einer „sittlich-moralischen Unterweisung", die zumindest die Obrigkeit gern gesehen hätte, fehlte es auch hier. Sie gewöhnte sich, so ihre Schilderung, an ein völlig ungebundenes Leben. 1826 ergab sich für sie die Möglichkeit, zur nach Trub zurückgekehrten und inzwischen wieder verheirateten Mutter zu ziehen. Dort hielt sie es aber in dem nach strengen religiösen Moralvorstellungen geführten Haushalt nicht aus und verließ die heimatliche Umgebung.

Es zog sie ins Seeland nach Biel, von wo auch ihr Vater stammte. Vielleicht war dies ihre Hauptmotivation für die Wahl des Ortes, hatte sie doch häufiger Sehnsucht nach ihrem Vater empfunden. Hinzu trat, dass das Seeland, zu dem Biel und Umgebung gehörten, viel bessere Verdienstmöglichkeiten bot als die Region um Trub. Bei günstigen klimatischen Voraussetzungen und guten Böden entwickelte sich im Seeland eine einträgliche Landwirtschaft und Weinbau, dazu kamen die umfangreichen Schifftransporte über den Bielersee. Biel war zudem ein wichtiger Marktort. Wichtigste Erwerbsquelle für Frauen – und Kinder – war das Hanf-, Flachs- und Wollspinnen.[65] In Jens bei Biel arbeitete Magdalena in der Tat zunächst als Spinnerin, im benachbarten Bühl als Tagelöhnerin.

Durch die Bekanntschaft mit einer anderen jungen Frau lernte sie nun auch die Freuden von Alkohol und Tanz kennen, begann, regelmäßig von sich aus Wirtshäuser aufzusuchen. Bald lernte sie einen Mann kennen und ging eine Beziehung zu ihm ein. Dieser verließ sie jedoch trotz gegebenen Eheversprechens. Tief gedemütigt habe sie sich nun, so

schildert die Autorin, noch stärker ihrer „Vergnügungssucht"[66] hinge-
geben. Auch hier verwendet Magdalena einen Topos der Moralliteratur
der Zeit, die als ersten Schritt zum Weg ins Verderben die Vergnügungssucht geißelte. Als 24-Jährige suchte sie sich 1834 in Bühl eine neue
Stellung als Dienstmagd. Ihr Leben schien nun eine positive Wendung
zu nehmen, sie verlobte sich mit einem jungen Mann, der als Wagner
arbeitete und ein gutes Auskommen hatte. Ein Zerwürfnis beendete jedoch die rosigen Zukunftsaussichten: Ihr Eindruck, von ihrem Ver-
lobten nicht genug geschätzt zu werden, führte zu Streit und Trennung,
so die Autorin. Die nächste Beziehung zum ebenfalls unehelich geborenen, armen Leineweber Peter ging Magdalena nur aus Trotz ein, eigentlich habe sie den Mann, der „dem Trunk ergeben"[67] gewesen sei, nicht
geliebt.

Kindsmörderin aus Verzweiflung   Ende des Jahres 1834 nahmen die Ge-
schicke ihren fast erwartbaren Verlauf: Magdalena wurde von Peter
schwanger. Damit entspricht sie dem typischen Fall der unehelich
Schwangeren: Häufig waren Dienstmägde betroffen und oft wurden sie,
entgegen dem Klischee, nicht von ihrem Dienstherrn, sondern von
einem Mann geschwängert, der ihrer eigenen sozialen Schicht ent-
stammte und zu dem bereits eine längere außereheliche Verbindung
bestand.[68]
    Magdalena schildert nun, wie sie sich so sehr ihres Zustandes ge-
schämt habe, dass sie ihn niemandem gegenüber einzugestehen wagte,
weder ihrer besorgten, ahnungsvollen Mutter noch dem Kindsvater gegenüber. Von ihrer Mutter habe sie sich nicht abhängig machen wollen,
von Peter konnte sie sich wegen dessen Armut keine Heirat erhoffen.
Die Autorin schreibt: „Demnach sah ich bei diesem Hinderniß unserer
Heirath nur voraus, daß mein Kind ein uneheliches sein werde. Darin
lag bei den angegebenen früheren Verhältnissen wegen dem Johann W.
[dem früheren Verlobten] und bei meinem Stolze überhaupt der vor-
zügliche Grund, warum mich mein hochmüthiges Herz mit allen Kräften zum Schweigen nöthigte (...)"[69] In der Tat waren oft Ehehindernisse
wie fehlendes Vermögen oder gebrochene Eheversprechen Grund für
die uneheliche Schwangerschaft. Gleichzeitig versuchte Magdalena vergeblich mit allen erdenklichen Mitteln – von Kräutertränken und Ab-

führmitteln über hohe Sprünge bis hin zu heißen Bädern – die unge-
wollte Leibesfrucht abzutreiben.[70] Mehrfach erwog sie, sich umzubringen. Immer mehr verstrickte sie sich in eine schließlich unhaltbare Situation: Inzwischen hatten zahlreiche Personen ihrer näheren Umgebung
Verdacht geschöpft und stellten Vermutungen über eine vorliegende
Schwangerschaft an. Durch das Zusammenleben auf engem Raum – oft
hatten Dienstmägde keine eigene Kammer, ja, noch nicht einmal ein
Bett nur für sich selbst – blieb kaum eine Intimsphäre. Allerdings beließ
es die unmittelbare Umgebung der Schwangeren oft beim bloßen Nach-
fragen[71], so auch im vorliegenden Fall.

Ihre Stellung in Bühl verließ sie überstürzt. Bei dem Versuch, einen
neuen Heimatschein in ihrem Heimatort Trub zu erlangen, um neu in
Dienste treten zu können, wurde sie aufs dortige Sittengericht zitiert:
Offenbar hatte sich der Argwohn gegen sie nun verfestigt. Das Sittengericht spielte eine wichtige disziplinierende Rolle. Es wurde im 16. Jahrhundert geschaffen und zunächst als Chorgericht bezeichnet. Als Sittengericht wurde die Rechtsinstitution nach der napoleonischen Besetzung 1812, während derer sie aufgehoben worden war, wieder eingerichtet. Besetzt mit einem Ammann, einem Pfarrer und einem Chor-
richter (Laienrichter), wurden hier Fälle von Unsittlichkeit wie außer-
ehelicher Beischlaf oder uneheliche Schwangerschaft vor der Gemeinde
untersucht und geahndet.[72]

Von den Sittenrichtern befragt, leugnete Magdalena abermals hartnäckig ihre Schwangerschaft. Das Sittengericht verlangte daraufhin,
dem üblichen Prozedere entsprechend, die Untersuchung durch eine
Hebamme. Magdalena Z. versuchte, diese zu bestechen, doch vergeblich. Ohne ein sie entlastendes Zeugnis erschien sie erneut vorm Sittengericht. „Noch am gleichen Tage stellte ich mich vor die so eben ver-
sammelte Gemeinde und als sie nach meinem Zeugnisse fragte, entgegnete ich ihr mit Flüchen und Ausdrücken, die ich jetzt nicht einmal in
der Erzählung wiederholen möchte. Hierauf wurde mein Gesuch um
einen Heimathschein abgeschlagen. Ich stieß noch einige grobe und
spitzige Worte gegen die Gemeinde aus und entfernte mich. Dazumal
entschloss ich mich fest, mein Kind bei der Geburt zu töten."[73] Nach
ihrer Schilderung wurde also der Verdacht gegen Magdalena nicht weiter verfolgt, sondern nur der Heimatschein verweigert.

Die flehentlichen Ermahnungen der Mutter, die ein Unglück kommen sah, habe sie „aus Hochmut"[74] und mit Zorn abgewiesen, ebenso wie deren Hilfsangebote. Die Schilderung ergibt also bis hier folgendes Bild: Magdalena erscheint nicht von vornherein als chancenlos. Sie bewegte sich als uneheliches Kind und später als Dienstmagd zwar stets am unteren Rand des sozialen Spektrums, doch schien zunächst ein gesellschaftlicher Aufstieg für das hübsche, fleißige Mädchen durch eine vorteilhafte Heirat nicht ausgeschlossen. Erst als Magdalena von einem Mann ihrer Gesellschaftsschicht schwanger wurde, verschlechterte sich ihre Position schlagartig. Doch auch jetzt, das machen die Hilfsangebote der Mutter, die Magdalena erwähnt, deutlich, wäre noch nicht alles verloren gewesen, hätte sie nicht bis zuletzt ihren Zustand, der ihr als persönliche Niederlage erschien, verbergen wollen. Die Begründung, die Magdalena für ihre Geheimhaltung der Schwangerschaft gibt, erscheint also einzig als ihr Charakterfehler.

Durch die einschlägige Forschung wissen wir jedoch, dass das Leben als ledige Mutter soziale Härten mit sich brachte: Eine Dienstmagd mit unehelichem Kind konnte ihre Dienststelle verlieren; zudem war die Gründung einer eigenen Familie kaum mehr möglich. Angst vor Armut und Not, außerdem die Furcht vor Schande und Verlust des guten Rufs konnten also durchaus auch eine Verheimlichung der Schwangerschaft motivieren.[75] Doch diese sozialen Umstände führt Magdalena nicht zu ihrer Entlastung ins Feld.

Gefangen in ihrer Weigerung, anderen ihren Zustand zu gestehen, trat Magdalena in dem Dorf Madretsch, heute ein Ortsteil von Biel, einen neuen Dienst an und erwartete dort bang ihre Niederkunft, die schließlich im August 1835 erfolgte. Auch ihre neue Dienstherrin hatte zuvor Verdacht geschöpft, doch die Hochschwangere stritt alles ab. Bis zuletzt arbeitete sie im Stall, die Wehen durchlitt sie teils in der Futtertenne, teils in ihrer Kammer: Völlig verzweifelt brachte sie schließlich ihr Kind auf dem Abtritt zwischen zwei Schweineställen zur Welt und tötete es gleich darauf, indem sie seinen Kopf zunächst auf die Türschwelle schlug und ihn dann mit einem Beil spaltete. Kaum ist es ihr später möglich, die grausige Tat in ihren Einzelheiten zu schildern. Sie verbarg die Leiche des Kindes zuerst unter einem Strohballen im Abtritt, später im Schweinestall und schließlich in ihrem Bett.

Zunächst glaubte sie sich unentdeckt, doch vor allem die Frauen im Haus ahnten die Tat und zeigten Magdalena am nächsten Tag beim Regierungsstatthalter des nahen Städtchens Nidau an, wozu sie per Gesetz verpflichtet waren.[76] Nach einer ärztlichen Untersuchung, die den Verdacht bestätigte, wurde sie ins dortige Gefängnis gebracht. In den folgenden Verhören bestritt sie zunächst die Kindstötung und behauptete, das Kind habe zwar nach der Geburt gelebt, sei aber gleich darauf gestorben. Dies war strafrechtlich relevant, galt doch eine Totgeburt nicht als Kindsmord. Erst bei der Gerichtsverhandlung gab sie ihre Tat schließlich in vollem Umfang zu und wurde daraufhin am Beginn des Jahres 1836 zunächst zum Tod verurteilt.

Gegen das Urteil wurde Berufung eingelegt: Es folgte eine langwierige Prüfung der Mitschuld des Kindsvaters bzw. der Unzurechnungsfähigkeit der Täterin. Zwar wurden beide Milderungsgründe verworfen, doch, so stellt es die Schrift dar, wegen der guten Führung der Delinquentin, die sich vor allem durch ihre religiöse Bekehrung zeigte, sowie wegen der lebhaften Fürsprache des Gefängnispfarrers und des Herausgebers der Autobiographie, des Physikprofessors B. F. von Tscharner[77], die sich beide intensiv der Verurteilten angenommen hatten, wurde Magdalena Z. im Februar 1837 zu 15 Jahren Kettenhaft begnadigt, die sie im Zuchthaus in Bern absitzen musste. Hier schrieb sie ihre Lebensgeschichte nieder.

Wie wird man zum Verbrecher?

Philanthropen, Juristen, aber auch Kriminalisten, die Sachverständigen der Polizei für Straftaten, machten sich Gedanken über die Entstehung der Kriminalität. Man lebte in dem Gefühl einer, wie man glaubte, wachsenden „Unsittlichkeit", die in den kriminellen Subjekten ihre bestürzendste Ausprägung fand.

Den entscheidenden Wandel in der Beantwortung der Frage nach den Ursachen von Kriminalität brachte das 18. Jahrhundert. Noch in seiner ersten Hälfte hatte man den Straftäter als Sünder und „Bösewicht" angesehen. Im Mittelpunkt stand die Tat als Verstoß gegen die Regeln des Gemeinwesens. Die drakonischen Strafen sollten die Tat sühnen. Im Zuge der Aufklärung verschob sich jedoch seit dem letzten Viertel des 18. Jahrhunderts der Fokus der Aufmerksamkeit auf den Täter und die individuellen Bedingungen seiner Tat, auf seine Psyche.[1] Intensiv wurde darüber diskutiert, welche Motive einen Täter zu seiner Handlung getrieben haben könnten. Es entstand die sogenannte Krimi-

Zum Prototyp des neuen Genres der Kriminalerzählung wurde Schillers *Verbrecher aus verlorener Ehre* (1786), am Ende der Entwicklung steht der immer noch sehr erfolgreiche Kriminalroman. Großer Beliebtheit erfreuten sich auch Sammlungen historischer Strafrechtsfälle, *Pitaval* genannt. Der Name leitet sich von François Gayot de Pitaval ab, der zwischen 1734 und 1743 eine zwanzigbändige Sammlung von *Causes célèbres et intéressantes* zusammenstellte. Große Bekanntheit erlangte auch *Der Neue Pitaval* von Julius Eduard Hitzig und Willibald Alexis, der zwischen 1842 und 1890 erschien. Dem neu erwachten öffentlichen Interesse an spektakulären Kriminalfällen wurde auch durch eine immer breiter werdende Berichterstattung in den Medien entsprochen, die wesentlich dazu beitrug, Kriminalität als allgegenwärtig erscheinen zu lassen.

nalerzählung. Weniger die anschließende strafrechtliche Konsequenz von Verbrechen interessierte, als vielmehr die Lebensgeschichte des Kriminellen, aus der man die Gründe für die Tat abzuleiten suchte.

Selbstdeutungen

Auch die Autoren der Autobiographien versuchen zu begründen, warum sie kriminell geworden waren, doch sie setzen ganz unterschiedliche Akzente. Während Joseph Kürper sich als Opfer der sozialen Verhältnisse sieht, macht Luer Meyer seine ständig steigenden materiellen Ansprüche sowie für ihn unkontrollierbare „Leidenschaften" für seine Taten verantwortlich. Als verstockte Sünderin sieht sich schließlich die Kindsmörderin Magdalena Z.

Opfer der Gesellschaft   Kürpers Leben wurde seiner Ansicht nach von bitterer Not, Elend und sozialem Außenseitertum bestimmt. Er glaubte, ungerecht behandelt und von schlechter Gesellschaft beeinflusst worden zu sein bzw. keine Vorbilder gehabt zu haben. Auch die Tatsache, dass er mit seinem Handwerkslohn nicht zufrieden war, begründet Kürper zunächst mit einer tatsächlichen Unterbezahlung, bevor er die eigenen gestiegenen Ansprüche erwähnt. Die Lebensumstände, das Schicksal, waren verantwortlich für sein Scheitern. Lang ist die Liste derjenigen Personen, denen die Schuld an seinem kriminellen Werdegang zugeschrieben wird. Da war zuallererst die Mutter, die ihr Kind nicht mehr versorgte, ja, es zum Betteln und Stehlen anhielt und es grausam strafte, wenn es nicht genug Essen nach Hause brachte. Da waren die anderen Kinder, die Joseph in der Schule ausgrenzten, die Leidensgenossen im Erziehungsheim, die ihn verdarben, die Schustergesellen, die keine Handwerksehre mehr kannten und die gleichgültigen oder ungerechten Meister, die keine verlässlichen Regeln aufstellten. Kürper klagt: „Wie gut wäre es für jeden jungen, unerfahrenen Menschen in der Fremde, wenn er in den Schutz eines eng geschlossenen Vereins mit festen Ordnungen und Gesetzen eintreten müsste. Wie Mancher würde dem sittlichen Untergang entronnen sein, wenn gerade in der gefährlichsten Zeit des Lebens ehrenfeste Meister und tüchtige Gesellen um ihn und eine stramme Zucht über ihm gewesen wären!"[2] Statt aber die

Zunftordnungen früherer Zeit beizubehalten, strebe alles nur nach größtmöglichem Profit. Verlässlichkeit und wertorientiertes Handeln suchte er als Lehrling in seinem sozialen Umfeld vergebens.

Im Handwerk machte sich in der Tat um die Jahrhundertmitte ein Strukturwandel bemerkbar. Die Zunftordnungen, schon zuvor nicht als starrer Orientierungsrahmen zu verstehen, lösten sich immer mehr auf. Immer weniger glich der Handwerkerhaushalt der früheren patriarchalischen Familienstruktur mit dem wie an Vaterstelle agierenden Meister und den unter strengen Verhaltensvorschriften stehenden Gesellen und Lehrlingen. Gesellen hatten in der Revolution von 1848/49 zu den Revolutionären gehört, die heftig gegen die bestehenden Herrschaftsverhältnisse opponiert hatten. [3] Kürper schildert diesen gesellschaftlichen Wandel als Verfall der Moral und der Sitten.

Außerdem nennt der Autor die gesetzlosen Kumpane im Gefängnis oder in den Vagabundenherbergen, diesen „Brutstätten des Lasters" samt ihren pflichtvergessenen Herbergsvätern, die Dirnen mit ihren Avancen und ihrer Verführung zum Alkoholkonsum, unfähige, korrupte oder nachlässige Staatsdiener oder allgemein die Obrigkeit, die ihn zu Unrecht verdächtigt, als Schuldige an seinem Unglück. Damals tatsächlich feststellbare Unzulänglichkeiten der Polizeiorganisation mögen sich hier reflektiert finden. Mit Bezug auf die vielen Menschen, die er mit seiner betrügerischen Bettelei getäuscht hat, versteigt er sich sogar zu dem Ausruf: „Wer ist eigentlich Schuld daran, wenn heutzutage ein Fleißiger zum Faulenzer und ein Arbeiter zum Stromer wird? Wer anders, als diese gutmütigen Leute, mit ihrer leichtfertigen Wohltätigkeit!"[4]

Selten nur trifft sein kritisches Augenmerk auch ihn selbst und sein Verhalten, so etwa, wenn er davon berichtet, wie sehr er sich geschämt habe, als ihm die Bierbrauerstochter, die er in Mannheim täuschte, auf die Schliche kam. Alles in allem überwiegt die Wahrnehmung, die Umwelt habe ihn zum Kriminellen gemacht.

Die Gier nach Geld   Meyer dagegen litt seiner Darstellung nach keine direkte Not, schon gar keine Vernachlässigung. Er stammte zwar aus der Unterschicht, war jedoch im Dorf über seine durchaus angesehene Familie fest integriert. Unzufrieden aber war er mit seiner sozialen Posi-

tion, weil sie ihm nicht dieselben Partizipationschancen an den Reich-
tümern der Gesellschaft ermöglichte wie anderen. Für seinen Weg in die
Kriminalität macht Meyer die Bekanntschaft mit den Kindern der reichen Bremer verantwortlich.

Diese Begründung verweist auf den historischen Prozess der „Urbanisierung".[5] Er bezeichnet den Ausbau städtischer Strukturen und die
Verstädterung ländlicher Gebiete. Verstärkt zogen Menschen auf Ar-
beitssuche vom Land in die Stadt und lernten dort Wertmaßstäbe und
Konsummuster des städtischen Bürgertums kennen. Über die intensi-
vierten Stadt-Land-Beziehungen begannen diese neuen Orientierungen
schon zu Beginn des 19. Jahrhunderts auch die ländliche Bevölkerung
zu beeinflussen. Die Folge war vor allem in den unterbürgerlichen
Schichten Unzufriedenheit mit der eigenen sozialen Position. Diese
Tendenz wurde schon von einigen Zeitgenossen kritisiert. Man beklagte
die „Vertilgung der Unterscheidungsmerkmale der Stände" sowie die
„Sucht der niederen Stände, sich mit den höheren zu verschmelzen und
deren Genüsse zu teilen".[6] Nach seiner Darstellung war Meyer nicht
mehr bereit, sich mit dem zu bescheiden, was sozial erreichbar schien,
und beschaffte sich deshalb Geld auf kriminelle Weise. Seine Konsum-
wünsche aber orientierten sich nicht an den bürgerlichen Verhältnissen
als kulturellem Muster, das auf ihn so attraktiv wirkte, sondern waren
rein auf den augenblicklichen Genuss abgestellt. Damit folgte er dem
hedonistischen Konsummodell der Unterschichten. Alkohol und Spielsucht trieben den Geldbedarf immer weiter in die Höhe. Der Weg in die
Kriminalität erschien unausweichlich.

Bei Luer Meyer finden wir aber auch stärker als bei Kürper die Benen-
nung eigener Schwächen. Unkontrollierbare Leidenschaften und Begierden seien Auslöser seines Unglücks gewesen. Dazu tritt aber auch
bei ihm die Umwelt: An erster Stelle nennt Meyer die Verführung zum
Schlechten durch andere Mithäftlinge im Gefängnis, das er als „eine
echte Bildungsschule aller Nichtswürdigkeiten und Verbrechen"[7] bezeichnet. Aber auch der Teufel oder ein böses Geschick werden als Begründung für die eigene Kriminalität bemüht. So schreibt Meyer über
seinen erneuten Rückfall: „So sehr ich nun aber im Schoße des Glücks
saß, und soviel ich mich meinerseits bemühte, auf dem Weg, darauf ich
damals war, zu bleiben, so hatte mir dennoch der Teufel schon Netze

gestellt."[8] Meyers Begründungen erwecken so den Eindruck des Ausge-
liefertseins: Entweder konnte er seine Affekte nicht kontrollieren, oder
er war unheilvollen Einflüssen der Umwelt oder einem misslichen Geschick anheimgefallen; über den Verlauf seines Lebens scheint er ebenso
wenig wie Kürper selbst bestimmen zu können.

Lassen wir die Lebenswege einer Reihe anderer Autoren von Gefangenen-Autobiographien Revue passieren, so finden wir weitere Beispiele
für vergleichbare Selbstdeutungen, auch bei denen, die erst in der zweiten Hälfte des Jahrhunderts delinquent wurden. Eine harte Jugend
wegen katastrophaler familiärer Verhältnisse schildert etwa der 1847 in
Mainz geborene Schleifer und Tagelöhner E. G., verurteilt wegen Bettelei, Landstreicherei und Diebstahl. „Wirkliche Kindesjugend habe ich
nicht erlebt, dagegen vom zartesten Kindesalter an schon die rohesten
Mißhandlungen eines unmenschlichen Vaters zu erdulden gehabt."[9]
Der Vater, der „seinen ganzen Lohn versoff", ließ den erst siebenjähri-
gen Sohn schwer arbeiten. Hunger war an der Tagesordnung. Die
Schulaufgaben konnte E. G. oft nicht erledigen. Als der Vater ihn mit 13
Jahren aus dem Haus jagte, ahnte er „daß ich für das ganze Leben verloren war". Die Gesellschaft „nichtswürdiger Schufte" macht der Autor
außerdem für seinen Werdegang als Krimineller verantwortlich. So
glaubt E. G., der immer wieder arbeitslos wurde, dass sein Schicksal be-
siegelt sei. „So musste ich denn ein Stromer werden." Ohne Chance
wegen mangelnder familiärer Unterstützung und Bildung, scheint der
Weg von Menschen wie E. G. in die Kriminalität vorgezeichnet.

Mit einem anderen familiären Problem hatte der 1870 in Berlin geborene Kaufmann K. F. zu kämpfen. Sein Vater sei im „königlichen
Dienst"[10] angestellt gewesen, seine Dienstwohnung habe sich in einem
alten Schloss befunden. Zunächst schildert K. F. eine unbeschwerte
Kindheit mit Spielen im riesigen Schlosspark. Dennoch gibt er seiner
Sozialisation die Schuld an seiner Entwicklung zum Kriminellen, denn
seine Eltern hätten ihn zwar zuweilen mit Prügeln hart bestraft, doch
ihm keine klaren Grundsätze von Gut und Böse vermittelt. Insbesondere das Lügen und Täuschen habe er sich zur Gewohnheit gemacht.
„Mit meinem zehnten Jahre verstand ich bereits, mir durch ‚Ausreden‘
und ‚Notlügen‘ – die ja erlaubt waren – manchen Verdruß in Haus und
Schule zu ersparen; mit 12 Jahren log ich bei jedem möglichen Anlaß

(...)" Seine Mutter habe ihn verhätschelt und nicht konsequent erziehen können, der Vater „war schon durch seine dienstliche Stellung nicht in der Lage, seine Aufmerksamkeit auf meine günstige Charakterentwicklung zu haben". Als Ergebnis entsprechender Inkonsequenz zu Hause habe er nicht gelernt, „mit wenigem auszukommen und Mein und Dein scharf [zu] unterscheiden". Als folgerichtig muss erscheinen, dass K. W., der nach Abschluss seiner Gymnasialzeit Bankangestellter wurde, gleich zu Beginn einen hohen Geldbetrag veruntreute, um das Einstandsgeld in einen prestigeträchtigen Berliner Ruderklub zu bezahlen. Diesen Beitritt hatte ihm der Vater aus finanziellen Gründen verboten. Später wurde K. F. wegen mehrfachen Betrugs, Untreue und Unterschlagung verurteilt.

So wird die fehlende stringente Erziehung im Elternhaus zum Grundübel der eigenen Entwicklung, die als Ausweis mangelnder Charakterstärke gedeutet wird. Das Streben nach höherem gesellschaftlichem Ansehen, nach einem aufwendigeren Lebensstil, als man ihn sich eigentlich leisten könnte, wird, wie bei Meyer, auch hier als Grund von Gesetzesübertretungen angegeben.

Auffallend ist, dass es vor allem die Betrüger, oft mit guter Bildung, sind, die diese Erklärung für ihr Verhalten anbieten. Die Inkongruenz zwischen individuellen Ansprüchen und gesellschaftlichen Umsetzungsmöglichkeiten wird dabei nicht als soziales, sondern als rein persönliches Problem aufgefasst. Man habe sich von unstatthaften „Begierden" und „Leidenschaften" leiten lassen, die man nicht habe kontrollieren können, heißt es. Die eigene Handlungsweise erscheint als verwerfliche Abweichung von der Normalität eines bürgerlichen Lebens, das durch Arbeitseifer, Selbstbeschränkung, Disziplin und Pflichtbewusstsein gekennzeichnet ist. Während Meyer seinen Eltern keinen Vorwurf macht, werden bei K. F. die Eltern zu den eigentlichen Versagern, denn sie konnten ihm keine angemessene Lebensorientierung vermitteln. Klar schält sich bei ihm eine fehlgeschlagene Sozialisation als Begründung der kriminellen Laufbahn heraus.

Eine zu nachsichtige Erziehung, aber auch einen zu früh geweckten und nicht beherrschbaren Sexualtrieb macht schließlich der 1866 geborene E. K. für seine kriminelle Karriere verantwortlich. Er sei ein kränkliches Kind gewesen, die Familie habe ihn schonen wollen. Anforde-

rungen seien deshalb nicht an ihn herangetragen worden. Doch besonders verhängnisvoll sei für ihn sein zu früh geweckter Sexualtrieb gewesen. Ihm seien schon früh Schriften mit erotischem Inhalt in die Hände
gekommen und er habe sich, auf Praktiken der Onanie[11] anspielend,
damit „psychisch und physisch"[12] ruiniert. Die Familie habe lange
nichts von diesem „Abgrund" geahnt, erst eine „genaue Untersuchung
meiner Leibwäsche" durch den Hausarzt habe das Elend an den Tag
gebracht. Die Eltern hätten ihn daraufhin das Zimmer mit seinem jüngeren Bruder teilen lassen. Ein unsittlicher Lebenswandel und „ge-
schlechtliche Ausschweifungen" aller Art seien dann sein Untergang
gewesen. Die unbezähmbaren „Leidenschaften" nehmen hier eine ein-
deutige sexuelle Prägung an.

Dieser Hang zur Sünde Magdalena Z.s Selbstdeutungen über die Gründe,
die sie zur Kindsmörderin werden ließen, zielen vordergründig in eine
etwas andere Richtung als bei den bisher besprochenen Autoren. Ihre
Autobiographie entstand zu einem Zeitpunkt, als sie sich selbst, so ihr
Text, bereits als zutiefst gläubige Christin versteht. Sie macht nicht die
äußeren Umstände für ihr Schicksal verantwortlich, sondern aus-
schließlich ihre eigene charakterliche Unzulänglichkeit. Schon die jugendliche Magdalena nahm bei sich irritierende Charakterzüge wahr;
sie habe schon früh zu Eigenliebe, Zorn, Lustbarkeit und Hoffart geneigt, gibt sie an, außerdem habe sie eine große Vorliebe für Blut und
Feuer gezeigt und dafür, Tiere zu martern – unselige Vorboten ihrer
späteren Gewalttat.[13] Immer wieder wirft sie sich selbst ihre frühere
Empfindungs- und Gottlosigkeit vor.

Ihrer Erzählung ist jedoch eine andere Logik eingeschrieben. Folgt
man ihr, so treten durchaus Umwelteinflüsse hinzu, die Magdalena in-
direkt verantwortlich für ihren Weg in die Kriminalität macht: die uneheliche Geburt und ihr Aufwachsen in Armut benachteiligten und
demütigten sie, die lieblose, ja brutale Behandlung durch eine kranke
Haustochter ließ das Kind gefühlsmäßig abstumpfen, der ausschwei-
fende Lebenswandel einer Freundin verlockte die Jugendliche zu Wirts-
hausbesuchen, die fehlende christliche Unterweisung in den Pflegefa-
milien führte sie auf einen Weg der Unsittlichkeit und die Armut ihres
Geliebten ließ ihr nicht den Ausweg der Ehe. So erscheint plausibel,

dass die ärmlichen Lebensverhältnisse, fehlende Erziehung, trauma-
tische Kindheitserlebnisse und schlechte Gesellschaft zusammenwirkten, um Magdalenas Lebensweg negativ zu bestimmen. Mit dieser Deutung setzt sich die Autorin mehrfach auseinander.

Zunächst, so schildert Magdalena, habe sie auch wirklich diese Lebensumstände, ja sogar Gott, für ihre Sündentat verantwortlich gemacht: „Wer ist denn eigentlich der wahre Urheber dieser ganzen Geschichte?", fragt sie sich in der Untersuchungshaft. „Liegt etwa die
Schuld auf deiner Mutter? Nein, denn sie hätte mich ja gerne von
meinem Falle zurückgehalten. Oder sind deine Meisterleute wegen
ihrer nachlässigen Aufsicht die Schuld an Allem? Auch die nicht; sie
haben mich nie zu solchen schlechten Handlungen verleitet. Ist vielleicht Joh. W. oder Peter die Ursache? Ach nein, selbst dieser Letztere
nicht. Habe ich doch die geringen Winke, die er mir gab, stets nur mit
spöttischer Verachtung aufgenommen und sie nicht einmal anhören
wollen. (...) Gott, Gott hat die ganze Schuld auf sich! Wäre ich nicht so
arm und außerehelich geboren, so wäre ich nie in diesen Fall gekommen. Ich bin ein Kind zum Unglück geboren!"[14] So hadert sie noch mit
ihrem Schicksal. Doch die christliche Bekehrung fordert das scho-
nungslose Sündenbekenntnis, lässt also diese Deutung nicht zu. All-
mählich ringt sie sich daher zur Erkenntnis ihrer alleinigen Verantwortlichkeit durch. Denn, das ist ihr klar: Erst durch diese „peinliche Höl-
lenfahrt zur Buße und Bekehrung" könne sie Anteil nehmen an der
„seligen Auferstehung und Himmelfahrt unsers Heilandes".[15]

Unverkennbar hat sich die Autorin die religiösen Traktate und die
Bekehrungsliteratur zum Vorbild genommen, die sie von dem Pfarrer
und von Tscharner in ihrer Haft zum Lesen bekam. Wie in diesen
Schriften siegt auch bei Magdalena Z. schließlich die Einsicht in die eigene Sündhaftigkeit. Magdalena Z. hat, so scheint es, ihre Lektion per-
fekt gelernt: die Verantwortung für ihre Handlungen selbst zu überneh-
men, um sich aktiv bessern zu können. Die Übernahme der alleinigen
Verantwortung für ihre Taten, die dem christlichen Bußkonzept entspricht, entlastet zugleich die Gesellschaft. Danach gilt: Wenn die sozialen Verhältnisse kriminelles Verhalten nicht hervorbringen, so gibt es
auch keinen Grund, sie zu verändern. Sozialkritik wird so von vornherein ausgeschaltet.

Verbrechen zwischen Unsittlichkeit und Krankheit

Als kriminell galt jemand, der sich der Produktivität des bürgerlichen Lebens und der sozialen Integration verweigerte. Eine scharfe Trennlinie zogen die Kriminalisten zwischen „Bürger" und „Verbrecher". Und dieser „Verbrecher" beging nicht nur eine einzige Straftat. Als „Gewohnheitsverbrecher", der von seinem gesetzwidrigen Tun nicht ablassen konnte, als Rückfalltäter, wurde er zur akuten Bedrohung der Gesellschaft, denn er verursachte nicht nur hohe Kosten, er übte zudem einen verderblichen Einfluss auf die unbescholtenen Bürger aus.[16]

Um die Kriminalität wirkungsvoll zu bekämpfen, wollte man ihr frühzeitig vorbeugen. So versuchten die Kriminalisten, einerseits die Organisationsstrukturen der „Verbrecherwelt" zu ergründen und andererseits zu verstehen, warum jemand straffällig wurde. Nur so, meinten viele Experten, könne man frühzeitig gegen Kriminelle vorgehen bzw. Rückfälle besser verhindern.

Der Täter galt grundsätzlich als verantwortlich für seine Taten; er hatte moralisch versagt und gegen vernunftgemäße Prinzipien verstoßen, weil er den Anfechtungen der Unsittlichkeit nicht widerstanden hatte. Die Ursache von Verbrechen sah man in den schon früher verabscheuten Verhaltensweisen wie „Müßiggang", „Wohlleben", „Ausschweifung", in ungezügelten Leidenschaften und fehlgeleitetem Gewinnstreben. Dieses Betragen war ursprünglich einem christlichen und nunmehr einem idealen bürgerlichen Leben, geprägt durch Selbstdisziplin, Arbeitseifer und Gehorsam, klar entgegengesetzt. Nicht genug, dass der Einzelne den Trieb des Verbrechens in sich tragen konnte, er musste umso mehr in Versuchung geraten, diesen auch auszuleben, wenn er sich in schlechte Gesellschaft begab und negativen Einflüssen nichts entgegensetzen konnte.

Es mehrten sich aber auf der anderen Seite auch verständnisvolle Stimmen von Pädagogen und Theologen, die im Verbrecher einen „Unglücklichen" sahen, der nur einen Schritt vom rechten Wege abgewichen sei. Mitleidig sprachen einige vom Kriminellen als einem „Seelenkranken" oder „moralisch Kranken".[17]

Doch nicht bei allen am Diskurs Beteiligten standen die individuellen Verfehlungen Einzelner im Mittelpunkt; auch die sozialen Verhältnisse wurden als Nährboden der Kriminalität ausgemacht. Insbesondere in der wachsenden Armut und den daraus resultierenden Mängeln an sittlicher und religiöser Erziehung, an Schulbildung und emotionaler Zuwendung für die Kinder erblickte man einen wichtigen Herd des Verbrechens. Als besonders problematisch wurde empfunden, dass sich die Armut in der nächsten Generation fortsetzte. Die Kinder und Kindeskinder armer Eltern verblieben selbst ebenfalls in drückender Armut, so klagte der schweizerische Pfarrer und Dichter Jeremias Gotthelf.[18] Bewusst war den Zeitgenossen durchaus, dass die Gesellschaft der ersten Hälfte des 19. Jahrhunderts von vielfältigen krisenhaften Prozessen und für viele von einem Leben in prekären Verhältnissen geprägt war, und sie brachten die Kriminalitätsentwicklung hiermit ursächlich in Verbindung.

Andere legten eher den Akzent auf die Kritik an unzulänglichen Gesetzen und Fürsorgemaßnahmen des Staates. Der Strafrechtswissenschaftler Eduard Henke etwa schrieb 1823, der Grund des Verbrechens liege „oft weniger in einer moralischen Versunkenheit und Verderbtheit des Verbrechers" als in „mangelhaften Anordnungen und Einrichtungen der bürgerlichen Gesellschaft".[19]

Konfrontiert mit der ernüchternden Tatsache, dass alle Erforschung von Lebenslauf und Täterpsyche nicht zu einer entscheidenden Reduktion von Kriminalität und Rückfalltätern[20] geführt hatte, wurden zum Ende des Jahrhunderts neue Konzepte für das Entstehen von Kriminalität entwickelt. Gescheitert war die Vorstellung, man könne durch sittlich-moralisches Einwirken auf die Kriminellen eine grundlegende Besserung erreichen. Auch wenn die „Besserungsanhänger" nicht verschwanden, so traten jetzt neben Kriminologen vor allem Mediziner, Psychiater und Anthropologen auf den Plan und glaubten, im Körper des Kriminellen den Grund für seine Untaten zu finden. Im Zuge der Entstehung von Evolutionstheorien und Abstammungslehren glaubte man, das „Böse" sei ein Ergebnis von Degeneration. Der Verbrecher sei „minderwertig" aufgrund seiner Erbanlagen. Das Verbrechen wurde pathologisiert.[21] Der „Verbrechenstrieb" wurde analog zur Geistesgestörtheit definiert.[22] Einige machten einen übermäßig ausgebildeten Sexualtrieb bei den Straftätern aus und so mancher war der Meinung, dass diese „Menschenruinen" für immer eingesperrt gehörten, wenn sie sich nicht integrieren ließen oder plädierten gar für Kastration, denn für be-

sonders bedrohlich hielt man die Vererbung des „Minderwertigen"
durch lasterhafte Eltern an ihre Kinder.[23] Das Konzept des italienischen
Mediziners Cesare Lombroso wurde einflussreich. Er behauptete nicht
nur, dass es den „geborenen Verbrecher" gebe, sondern dass dieser auf
dem Entwicklungsstand von „Wilden" stehen geblieben sei. Auch seine
psychischen Dispositionen entsprächen diesem Bild.[24] Lombroso
glaubte an die Sichtbarkeit des Bösen; durch anthropologische Mes-
sungen wollte er den „homo delinquens" wissenschaftlich nachweisen.
Um seine Argumentation weiter zu stützen, befasste sich Lombroso
auch mit den Autobiographien von Gefangenen. Seiner Meinung nach
zeigten sie Mangel an Einsicht in das unmoralische Tun, Eitelkeit und
Egoismus, die ihm zum Beleg einer pathologischen Grundstruktur des
Verbrechercharakters wurden.[25]

   Gegen dieses Konzept erhoben sich kritische Stimmen. Sie fanden
eher, dass ein liederliches Leben, fehlende Hygiene und mangelnde Erziehung unheilvoll zusammenwirkten.[26] Auch der Amberger Anstaltspfarrer Jaeger, dem wir die edierte Sammlung von Autobiographien
verdanken, vertritt diesen Standpunkt. Seine „15-jährige Forschung"
habe ergeben, dass es den geborenen Verbrecher nicht gebe. Er beharrt
darauf, dass es keine biologischen Unterschiede zwischen Kriminellen
und Nichtkriminellen gebe und dass beobachtbare Merkmale, wie sie
Lombroso für verbrechertypisch hält, „lediglich als Folgewirkung des
Milieus anzusehen und psychologische Abweichungen auf mangelhafte
Erziehung usw. zurückzuführen sind".[27] Als Beweis führt er seine Beschäftigung mit dem Geistes- und Seelenleben der Gefangenen auf der
Grundlage ihrer Autobiographien an. Diese böten den wahren Einblick
in die Psyche des Straftäters und könnten dessen Handlungen erklären,
nicht die äußeren Merkmale.[28]

Das Verbrecherbild als Deutungsangebot   Vergleichen wir nun die unterschiedlichen Begründungen, die die Wissenschaft für die Entstehung von
Kriminalität bereithielt, mit den Selbstbeschreibungen der Betroffenen,
so finden wir unübersehbare Übereinstimmungen: Viele Autoren sehen
sich durchaus als moralische Versager, zu schwach, um sich gegen verbre-
cherisches Verhalten, gegen die „Leidenschaften", zu wehren. Die Verantwortung der Gesellschaft und die Verführung durch andere, seien es Ge-

fängniskumpane, falsche Freunde oder verkommene Gesellen, relativieren jedoch die individuelle Verfehlung. Oftmals entstanden aus der Initiative von Gefängnisgeistlichen oder Direktoren, reflektieren die Texte damit exakt die Konzepte für die Entstehung von Kriminalität, die die Fachleute vertreten. Die Akzentsetzungen aber differieren: Kürper macht die Gesellschaft für seine Straftaten verantwortlich und versucht sich so am stärksten zu entlasten. Etwas mehr hat sich Luer Meyer nach Ausweis seines Textes mit eigenen „sittlich-moralischen Mängeln", seinen „Leidenschaften" und „Begierden" auseinandergesetzt. Bei ihm, wie auch bei Kürper, spielt zudem der schlechte Einfluss anderer eine große Rolle. Magdalena Z. schließlich will sich selbst davon überzeugen, dass die Gründe für ihr Tun allein in ihrer Psyche zu suchen sind, doch auch in ihrer Erzählung scheinen umweltbedingte Gründe für ihre Straftat auf. Keiner der Autoren, auch die, die zum Ende des Jahrhunderts in die Mühlen des Gesetzes gerieten, greift das Konzept des „geborenen Verbrechers" auf. Nur E. K., der seinen unbeherrschbaren Sexualtrieb für seinen Abstieg in die Welt der Kriminellen verantwortlich macht, lässt krankheitsbezogene Argumentationen erkennen.

In diesem Befund spiegelt sich die Zurückhaltung gegenüber einer Pathologisierung des Verbrechens, die wir auch bei Pfarrer Jaeger gefunden hatten. Die Gefängnisgeistlichen, mit denen ja auch die Gefangenen am meisten zu tun hatten, sahen Kriminalität weiterhin eher als Resultat sittlich-moralischer Verfehlung. Im Deutungskonflikt zwischen Theologen auf der einen, Medizinern und Juristen auf der anderen Seite, zwischen Moral und Körper, entschieden sich die Autoren der Autobiographien für die Moral.

Der zeitgenössische Diskurs über die Entstehung von Verbrechen gibt den Straftätern Möglichkeiten an die Hand, ihre eigenen Gesetzesübertretungen zu begründen und damit ihre Lebenserfahrungen schlüssig zu deuten. Aus der Autobiographie-Forschung ist bekannt, wie sehr dieser Umstand zur psychischen Entlastung der Person beiträgt.[29] Dies erklärt, warum die Autoren so bereitwillig die angebotenen Erklärungsmuster der Wissenschaftler aufgreifen: Diese Deutungen ermöglichen das Begreifen des eigenen Ich als Täter; zumindest eröffnen sie im Schreiben einen produktiven Umgang mit dem biographischen Bruch, den der Weg in die Kriminalität für jeden Einzelnen bedeutet.

Kriminelle Milieus

Das frühe 19. Jahrhundert war eine Zeit des Umbruchs. Das soziale Gefüge auf dem Land begann zunehmend, seine Bindungskraft zu verlieren. Auf der Suche nach Erfolg verließen immer mehr Menschen ihren Wohnort und zogen vom Land in die Städte (oder auch von Stadt zu Stadt), damit lockerten sich aber zugleich die sozialen Netze der Familie, des Heimatortes. Zwar kehrte so mancher periodisch wieder nach Hause zurück, pflegte weiter familiäre Kontakte oder suchte seinen Ehepartner in der Heimatgemeinde[1], dennoch war oft der Preis für die gestiegene Mobilität wachsende Verunsicherung und Orientierungslosigkeit in der neuen Umgebung, der großen Stadt. Diese war voll neuer Chancen, aber auch Gefahren.[2] Auch wenn es die ländliche Idylle, in der sich jeder fraglos aufgehoben fühlte, sicher nie gegeben hat, so hatte auf dem Land noch stärker die soziale Kontrolle durch die persönlichen Beziehungen funktioniert. Die Stadt aber bot teils willkommene, teils verunsichernde Anonymität. Diese Tendenz verstärkte sich noch mit dem explosionsartigen Wachstum der Städte im Zuge der Industrialisierung während der zweiten Hälfte des Jahrhunderts. So stieg etwa die Bevölkerungszahl in Berlin zwischen 1850 und 1895 von 419 000 auf 1,677 Millionen Einwohner, in Hamburg von 132 000 auf 626 000, in München von 110 000 auf 407 000.[3]

Blicken wir auf Luer Meyer. War er anfangs noch zwischen Bremen und seinem Wohnort Oberneuland hin- und hergependelt, so kehrte er nach seinem dritten Gefängnisaufenthalt 1843 nicht mehr in seine Familie nach Oberneuland zurück. Er zog zu einer Prostituierten, später in ein gemietetes Zimmer. Erspart blieb ihm zwar damit die Schande, sich vor seiner Familie und seinen Bekannten zu seiner erneuten Straffälligkeit bekennen zu müssen, doch gleichzeitig fehlte nun auch ein wichtiger Anker, der ihn von einem Abdriften in die Kriminalität hätte zurückhalten können. In Bremen gab es allerdings weiterhin Bekannte und Freunde der Familie. Anders sah dies im fernen Hamburg aus. Hier, in der weitaus größeren Stadt, konnte Meyer „untertauchen", fernab aller sozialen Kontrolle. Das bedeutete gleichzeitig, dass nun auch helfende oder mahnende Stimmen ausblieben.

Bei Joseph Kürper finden wir ebenfalls die beschriebene Ambivalenz gegenüber der Stadt. Auch er wanderte dorthin auf der Suche nach Verdienstmöglichkeiten. Da er keine Familie hatte, war es bei ihm das Handwerk mit seinen patriarchalischen Strukturen und klaren Verhaltensnormen, das er als positives Gegenbild zu einer Welt voller Verführungen beschwor. Doch wir sahen, auch dies war trügerisch; die sehnliche Suche nach Geborgenheit und Verbindlichkeit scheiterte. So tauchte er ein in den Mikrokosmos des Verbrechens, wie ihn die Stadt bot. Bei ihm war es die Gesellenherberge, die ihn am intensivsten mit der Welt der Kriminalität in Berührung brachte.

In der großen Stadt suchten natürlich nicht nur die Zuwanderer ihr Glück, dasselbe gilt für die Städter und Städterinnen selbst. Nicht selten zogen junge Frauen nicht in eine andere Stadt, sondern blieben in der Stadt ihrer Geburt, obwohl sie keine Unterstützung von zu Hause zu erwarten hatten und sich allein durchschlagen mussten. Lebensläufe von Berliner Prostituierten etwa können dies belegen.[4]

Die Großstadt mit ihrem flirrenden Glanz, der sich vor allem in der Gründerzeit nach 1860 zu entfalten begann, übte eine magische Anziehungskraft auf viele aus. Doch es gab auch die Kehrseite des Wohlstandes, die drangvolle, unhygienische Enge in den Quartieren mit billigem Wohnraum, Prostitution und Kriminalität. Das ängstliche Bürgertum blickte auf diese Welt mit ambivalenten Gefühlen: Faszination und Bedrohungsängste hielten sich die Waage. Überhaupt nahm man die Großstadt als den Ort des Verbrechens par excellence wahr, auch wenn dies keineswegs der Realität entsprach.[5]

Romane, deren literarisches Sujet Kriminelle oder „gefallene" Frauen waren, eroberten den Markt, dazu wurden auch Berichte aus der „Unterwelt" gern gelesen, schufen sie doch durch ihre Schilderungen von Ungebundenheit und freier Sexualität einen Projektionsraum für die Wünsche ihrer Leser. Journalisten erkundeten seit der Mitte des Jahrhunderts vermehrt die Lebenssituation der Unterschicht und gaben als „Augenzeugen" Einblicke in die Lebenswelt der Obdachlosen und Dirnen, der Spieler und Kleinkriminellen.[6] Die Motivationen der Journalisten konnten unterschiedlich sein: Während die einen durch ihre Schilderungen des Lasters dem ehrbaren Leser Schauer über den Rücken jagen wollten, grenzten sich andere nicht moralisch ab, sondern wollten auf das Elend der Unterschichten, aber auch auf deren alternative Kultur aufmerksam machen.

Sehr bekannt geworden ist etwa Hans Ostwald. Der gelernte Goldschmied wurde 1893 arbeitslos und wanderte daraufhin als stellungsloser Geselle 18 Monate durch Deutschland. Ergebnis seiner Erfahrungen „auf der Walze" ist sein autobiographischer Roman *Vagabunden*, der ein großer Erfolg wurde. Ab 1900 konnte er sich deshalb als freier Schriftsteller und Kulturhistoriker seinem Anliegen widmen, die „Kultur von unten" zu dokumentieren. Neben den *Rinnsteinliedern*, einer Sammlung von Liedern der Fahrenden, veröffentlichte er eine zehnbändige Studie über die Berliner Prostituierten sowie zwischen 1904 und 1908 eine Sammlung von Texten namhafter Journalisten und Schriftsteller zur Großstadt in 50 Bänden, die *Großstadt-Dokumente*.[7]

Ein Meister der Sozialreportage war Max Winter. Er veröffentlichte seine Erlebnisberichte, in denen er die dunklen Seiten der Habsburgermetropole Wien schilderte, zumeist in der linken *Arbeiter-Zeitung*. Er verbrachte etwa eine Nacht in einer Wärmestube, im Asyl für Obdachlose oder in den düsteren Trinkstuben der Leopoldstadt.[8]

Trotz ihres sozialen Engagements zeichnen sich die Großstadtreportagen eher durch einen bürgerlich-ethnographischen Blick aus. Dies unterscheidet sie von den Gefangenen-Autobiographien. Auch wenn deren Autoren sich zuweilen selbst von dem „Pöbel" absetzen wollten, den sie beschreiben, so schildern hier doch direkt Betroffene das kriminelle Milieu, zu dem sie sich zumindest phasenweise zugehörig fühlten. Sie lassen uns einen Blick werfen auf den großstädtischen Alltag in Bremen oder Hamburg, in Stuttgart, Mannheim, München oder in Nürnberg, auf eine Lebenswirklichkeit, die sonst oft im Verborgenen bleibt und die differenzierter war, als das Bild, das sich Polizei, Journalisten und „anständige" Bürger davon machten.

Städtische Versuchungen

In Bremen und Hamburg boten sich Meyer nicht nur ungleich mehr Möglichkeiten des Vergnügens, sondern er suchte Orte auf, die ihn in direkten Kontakt mit dem kriminellen Milieu brachten. Bei seinem Aufenthalt in der Stadt konnte der meist klamme Betrüger nur in billigen Unterkünften logieren, in Bremen wohnte er in der Neustadt, in Hamburg in den Vorstädten St. Pauli und St. Georg.

Die Bremer Neustadt war das Wohnquartier der armen Bevölkerung, die vor allem in den feuchten, engen Höfen, den Gängen, hinter den ansehnlicheren bürgerlichen Häusern wohnte. Diese Höfe bezeichnet der Mediziner Philipp Heiniken in seiner 1836/37 verfassten Beschreibung der Stadt Bremen als „Höllen des Jammers, des Elends und der tiefsten Verworfenheit". Er beschreibt weiter: „Kaum drei bis vier Fuß breit, oft sackförmig auslaufend, enthalten sie manchmal zehn, zwanzig und mehrere Wohnungen unter einem Dache, deren jede einzelne nicht einmal immer ein, geschweige denn mehrere abgesonderte Stübchen aufzuweisen hat." Auf feuchtem Fußboden bereiteten sich die Bewohner auf faulem Stroh ihre Bettstatt, „auf welchem, den Thieren gleich, Alt und Jung, Mann und Weib bunt durcheinander ruhen". Es herrsche unvorstellbarer Schmutz, vermehrt durch Abfall und die „Mistjauche der Schweine und Kühe"[9], die die Wohnung zuweilen mit ihren Besitzern teilten. Mangelnde Hygiene, Enge und die Nähe zu Tieren wird ihm zum kriminellen Milieu, in dem es nur „Verworfenheit" geben könne.

Bei Heiniken werden Armut, fehlende Hygiene und Kriminalität zu einer Melange verbunden, der es nicht an Übertreibungen fehlt. Dennoch kann man davon ausgehen, dass in der Neustadt vielerorts dürftige Verhältnisse vorherrschten, in denen auch Luer lebte, als er bei der Prostituierten Hannchen Thilbar wohnte. Sie hatte er bereits bei früheren Aufenthalten in Bremen kennengelernt und dann im Arbeitshaus in Bremen wiedergetroffen.[10]

Prostituiertenmilieu und Wirtshaus War Meyer schon in Bremen im Milieu der Prostituierten zu Hause, so trifft dies erst recht auf seinen Aufenthalt in Hamburg zu. Dort hatte man 1806, zur Zeit der französischen

Besatzung, konzessionierte Bordelle eingerichtet, betrieben von Bordellwirten oder -wirtinnen, die dafür zu sorgen hatten, dass die Dirnen sich, wie vorgeschrieben, registrieren und wöchentlich einmal ärztlich untersuchen ließen.[11] Konzessionierte Bordelle gab es bald in vielen Teilen der Stadt, die meisten jedoch in der Neustadt und auf dem Hamburger Berg, dem späteren St. Pauli. Bis 1834 existierte keine öffentliche Einschränkung für die Positionierung der Bordelle, doch Beschwerden aus der Bevölkerung führten schließlich zur Einführung von „Sperrbezirken" um das Rathaus, rund um die Binnenalster sowie um die gutbürgerlichen Wohn- und Geschäftshäuser.

In anderen Stadtteilen konzentrierte sich dagegen, geballt in bestimmten Straßen, die stetig wachsende Prostitution, etwa am Gänsemarkt, am Dammtorwall und in den Vorstädten. Die Aufforderung des „Vereins der Inneren Mission", das „schändliche Dirnenwesen" einzuschränken, führte zu nichts, der Senat sah die Prostitution als „notwendiges Übel" an.[12]

Die Dirnen kamen vom Land oder wohnten bereits in der Stadt; das „unschuldige Landmädchen", das in der großen Stadt verführt wird, ist oft nur ein Topos.[13] Die Prostituierten waren Töchter von kleinen Handwerkern, Fabrik- oder Landarbeitern, Beamten oder Händlern und hatten zuvor oft als Dienstmädchen, Fabrikarbeiterinnen, Ladengehilfinnen oder Serviererinnen gearbeitet.[14] Dies führte dazu, dass generell alle allein lebenden, berufstätigen jungen Frauen unter den Generalverdacht der Prostitution gestellt wurden.[15] Manche waren wegen vorehelicher Beziehungen zu einem Mann von ihrer Familie verstoßen worden, kamen aus zerrütteten Familienverhältnissen oder wurden von der Stiefmutter oder dem Stiefvater schlecht behandelt, von wieder anderen waren beide Eltern verstorben. Einige hatten ihre Stellung verloren, verdienten zu wenig oder wurden schwanger.

Ein furchtbares Erlebnis musste die erst 15-jährige Pauline Pillon zu Protokoll geben. Sie und ihre zwei kleinen Brüder waren von ihrer Mutter eines Tages plötzlich verlassen worden. Ihre Brüder seien ins Waisenhaus gekommen, sie selbst habe eine Stelle als Kindermädchen gefunden. Dort blieb Pauline ein halbes Jahr, zog dann zu einer Schulfreundin, die ein Jahr älter war, und deren Mutter. Zunächst arbeitete Pauline in einer Tuchfabrik. Da aber der Lohn nur sehr gering gewesen sei, hätten sie und ihre Freundin begonnen, mit Herren in die Separeezimmer von Bierlokalen zu gehen.[16]

Während die feineren Etablissements von den bürgerlichen Herren frequentiert wurden, fanden sich in den engen, dunklen Gängen der Alt- und Neustadt oder in den Kneipen mit illegaler Prostitution eher die weniger betuchten Freier ein: Seeleute, ledige oder verheiratete Arbeiter, Wandergesellen, auch Schüler.[17] Hier, so schilderte der Mediziner Alfred Urban, würden die Männer stark bedrängt und fast mit Gewalt in die Räumlichkeiten gezerrt.[18] Umgekehrt konnten aber auch Prostituierte davon berichten, dass ihnen Gewalt von ihren Freiern angetan wurde.[19] So wie es soziale Unterschiede bei den Freiern gab, existierten sie auch bei den Dirnen. Aussehen und Alter sowie die Fähigkeit, schnell gute Umgangsformen zu erlernen, begründeten für manches Mädchen den Aufstieg in die Sphären gehobener Prostitution. Statt sich in dunklen Gassen den Freiern anbieten zu müssen, verkehrten diese Prostituierten in den feineren Lokalen, in den Ballhäusern, Theatern oder Varietés. Hier musste man sich auch teurere Kleidung leisten können. Die besonders Erfolgreichen wurden von vermögenden Freiern ausgehalten, manchmal in eigenen Wohnungen.

1871 hätte eigentlich auch Hamburg aufgrund der neuen Reichsgesetzgebung die Bordelle auflösen müssen, doch man weigerte sich beharrlich. Zu diesem Zeitpunkt gab es 191 Bordelle in der Hafenstadt, 940 Dirnen waren eingetragen.[20] Die illegale Prostitution existierte natürlich daneben fort. Für deren Bekämpfung standen 1888 nur acht Beamte der Sittenpolizei zur Verfügung, erst später wurde das Personal aufgestockt.

In St. Pauli[21] entstand eine regelrechte Vergnügungsszene, die einschlägigen Etablissements standen dicht an dicht. Eine besondere Spezialität waren dort die Tanzbordelle. Auf einen bürgerlichen Beobachter konnten derartige Vergnügungen eher verstörend wirken. „Hier wird der Tanz bis zum Wahnsinn wild getrieben, und in dem engsten Raume, bei einer ohrzerreißenden Musik, in einem pestilenzialischen Gestanke, unter betrunkenen Mannspersonen, wirbelt man beinahe ohne Aufhören umher."[22] Für die Arbeiter, Gesellen oder Seeleute besaßen die Tanzböden und Schankwirtschaften jedoch einen großen Reiz, man tummelte sich hier oft bis zum frühen Morgen. Dabei war das Ambiente eher karg: „Die innere Einrichtung der öffentlichen Häuser in St. Pauli ist ziemlich altmodisch und Nichts weniger als elegant. Die Wände sind einfach verkalkt und schmutzig, die Fußböden abgetreten, an den Fenstern hängen vergilbte Gardinen. (...) die der Prostitution bestimmten (...) Kämmerchen liegen in dem 1ten und 2ten Stockwerk, sind schmal und engfenstrig und enthalten meist Nichts als Bett und Waschgeschirr und nur ausnahmsweise ein Sopha."[23]

In den Bordellen arbeiteten häufig gerade die ortsfremden Mädchen. Sie wurden schnell völlig vom Bordellwirt abhängig, der ihnen zuerst „Geschenke" machte, um sie ihnen anschließend zu überhöhten Preisen vom Verdienst abzuziehen. Oftmals waren die Mädchen auch gezwungen, Wucherpreise für Kost und Logis im Bordell zu zahlen.[24] Erschwerend trat hinzu, dass die Dirnen durch den Alkoholzwang oftmals selbst zu Alkoholikerinnen wurden.

Viele gaben an, nicht die Zuhälter seien am schlimmsten, sondern die Bordellwirtinnen, denn sie plünderten die Mädchen aus. „Ein Kamm zum Beispiel für fünf Mark, ein Paar Strümpfe zehn Mark, ein Hemd zwanzig Mark, ein Schlafrock zweihundert Mark, ein Paar Schuhe vierzig Mark, dazu die Woche sechzig Mark Kostgeld und Trinkgeld für die Putzfrau, Friseure usw."[25] Zwar brauche man nicht auf die Straße zu gehen und entgehe damit der Gefahr der vielen Kontrollstrafen, aber ihren Leib gäben die Mädchen doch nur für die Blutsaugerinnen preis.

Neben den Bordellen lockten die illegalen Spielhöllen. Hier versuchte auch Luer Meyer sein Glück. Er schreibt: „In Hamburg suchte ich mich durch Spiel zu ernähren, und würde mich auch wohl, wenn ich nur einigermaßen haushältterisch mit meinem Geld umgegangen hätte, mich damit gefristet haben; aber leider sind mit dem Spiele auch fast immer alle anderen Laster verbunden, in welche ich mich auch gar bald stürzte, und um so leichter, als die Spielhöllen, darin ich mich aufhielt, so recht zwischen den liderlichen Häusern lag, die man mit dem Namen „Bordellwirthschaften" betitelt und die mit den Spielspelunken Hand in Hand gehen."[26] Meyer verspielte in den Spielhöllen sein ganzes Geld. Im Bordell verbrachte er den Teil der Nacht, in dem er nicht spielen konnte, da er keine gültigen Papiere besaß und so keine reguläre Beherbergung fand. Wieder ohne Mittel, beging er weitere Betrügereien und ruinierte dazu durch seinen Lebenswandel seine Gesundheit. Er schildert seinen

Zustand plastisch: „Wenn ein Mensch Tag und Nacht unausgesetzt am Spieltische sitzt, dabei unmäßig trinkt und die paar Stunden, die ihm das Spiel vergönnt, in Bordellwirthschaften liegt, so kann es nicht verbleiben, dass derselbe sich binnen kurzer Zeit sowohl am Leibe als am Geiste total zerrüttet, und so ging's mir auch. Denn, als meine geraubte Beute so ziemlich wieder vergeudet war, (...) sah ich nur noch einer lebenden Leiche ähnlich, die sich nur mühsam über die Straße hin zu dem Spieltische schlepte um dort die so lästige Langeweile zu vertreiben."[27] Nur die erfolgreiche Behandlung eines Arztes, eines Doktor Marcus aus Altona, habe ihn gerettet, sei er doch sonst binnen eines Vierteljahres „aufs Stroh" gebracht worden.

Der Kontakt zu Prostituierten spielt auch in anderen Lebensberichten eine große Rolle. Geradezu toposhaft taucht dort die Verbindung von Alkohol und käuflicher Liebe in den Schilderungen als Begründung für den gesellschaftlichen Abstieg auf. Dies ist kein Zufall, schließlich galt derjenige, der den enthemmenden Wirkungen des Alkohols nicht widerstehen konnte, als dem sittlich-moralischen Verfall preisgegeben und besonders anfällig für die Verführungen durch die Dirnen. Alkohol, und hier vor allem der Branntwein, führe zu Sittenverfall, Verlust religiöser Orientierungen und zur Vergnügungssucht, so glaubte man schon im Vormärz.[28]

In den meisten Städten gab es keine konzessionierten Bordelle, stattdessen mussten sich die Dirnen registrieren und ärztlich untersuchen lassen. Es gab eine Vielzahl von Orten, an denen Prostituierte zu finden waren: In bestimmten Straßen, übel beleumundeten Wirtschaften, Cabarets oder Varietés, in Balllokalen, Tanzsalons oder beim Pferderennen. Die sexuellen Handlungen fanden dementsprechend in angemieteten Zimmern, in Absteigen oder unter freiem Himmel statt.

Die blühende illegale Prostitution beschreibt der Maschinenschlosser M. K. Er schildert die Erlebnisse des 18-jährigen Arbeitslosen Karl[29] in Nürnberg Mitte der 1880er-Jahre. Dieser hatte vergeblich Arbeit gesucht und seine wenigen Habseligkeiten bereits versetzt. In einer Gaststätte lernte er einen weiteren Arbeitslosen kennen, der sich in sein Vertrauen einschlich und mit dem er Freundschaft schloss. Dieser täuschte ihn über seine wahre Betätigung. „Der neue Freund Karls war aber nicht, wie er angab, ein Schlosser, sondern ein verkommenes, gemeines

Individuum, das als Zuhälter sein Wesen trieb, dessen Dirne aber wegen Überschreitung der Unzuchtsbefugnis eine sechswöchige Haftstrafe im Gefängnis verbüßte."[30] In Nürnberg war zu dieser Zeit die Prostitution nur im Bordell erlaubt. Wahrscheinlich hatte die Betreffende gegen das Reglement verstoßen.[31] Der neue „Freund" versuchte nun, Karl zu betrügen und sich so über Wasser zu halten, bis seine „Nährmutter"[32] wieder auf freiem Fuß war. Man wollte in einem Wäldchen „am Forsthofer Schießhaus" übernachten, um Geld zu sparen, doch statt eines einfachen Nachtlagers bot sich Karl dort hinter dichtem Gestrüpp ein ganz anderes Bild: „Hier saßen und lagen ein halbes Dutzend Burschen und ebensoviel Mädchen auf ausgebreiteten Decken, gebildet aus auseinandergetrennten Hopfensäcken. Etliche Stücke Leinwand und noch zusammengerollte Decken, sowie ein Haufe zusammengetragener Waldstreu deuteten darauf hin, dass hier eine regelrechte Herberge sei. Die Mädchen hatten sich ihrer Oberkleider entledigt, wahrscheinlich aus schonenden Gründen, und bildeten in ihrem schmutzigen Untergewande ein würdiges Pendant zu den ebenfalls nicht sehr reinlich aussehenden Burschen." Karl sei zu Bier und Essen eingeladen worden. Das Bier habe bei ihm „mächtig gewirkt. Obschon halb betrunken, ekelten ihn doch die Liebkosungen der Dirnen an. Ihre offen zur Schau getragenen üppigen Reize übten gar keine Anziehungskraft auf ihn aus, er hatte kein Verlangen nach Lust, denn die Sorge um die Zukunft lastete zu schwer auf ihm. Mit der Zeit aber und der zunehmenden Trunkenheit unterlag seine moralische Festigkeit, er nahm teil an der allgemeinen Orgie und schlief schließlich ermattet im Schoße seiner Nachbarin ein." Am nächsten Morgen wusch er sich wie die anderen in einem nahegelegenen Teich, verzehrte mit den neuen Gefährten die Reste des Essens vom Vortage und versteckte die Spuren des Nachtlagers, die Decken, „in einer Grube und unter Spreu". Karl war, so der Autor M. K., in einen Haufen „arbeitsscheuen Gesindels" geraten, das sich von Diebstählen und „der körperlichen Preisgabe der Mädchen" nährte. Auf die Illegalität der Prostitution spielt der Autor an, wenn es heißt: „Im Wirtshaus oder privat durften sie nicht wohnen, weil die Polizei ihnen sonst auf die Spur gekommen wäre."

Tagsüber hielt man sich im Gasthaus „Zu den fünf Türmen" in Nürnberg auf. Karl fiel auf, dass hier die Gäste nicht genötigt wurden, etwas zu verzehren, wie dies in anderen Gasthäusern üblich sei. „Ganze Tische voller Leute saßen da, ohne etwas zu genießen, spielten Karten oder sangen." Der Grund, warum der Wirt dies duldete, erklärte sich so: „Jetzt war zwar noch kein Geld vorhanden, denn die Mädchen konnten bei Tage nicht ins ‚Geschäft' gehen, aber abends, wenn ‚verdient' war, dann begann das Zechen, das den Verlust der Tageseinnahme vollständig aufwog."

Das Wirtshaus als Ort des Kontakts zum kriminellen Milieu taucht auch in anderen Autobiographien auf. Der Fabrikarbeiter K. G. etwa nennt die „niedersten Wirtschaften"[33], die „Beizen" oder „Kaffeeklappen" als die Orte in München, an denen einschlägige, in kriminelle Handlungen mündende Bekanntschaften gemacht werden können. „Da ist's zwar nicht sonderlich sauber und dabei oft sündteuer; aber halt fidel!" „Hier fühlt man sich gleich wie daheim", setzt er ironisch hinzu. Nicht alle dieser Wirtschaften seien gleich oder zu jeder Zeit schlimm. „(...) die eine ist vorzüglich morgens gefährlich, die andere mittags, nachmittags, andere abends; denn die Münchner zweifelhafte Welt hat für die verschiedenen Tageszeiten die verschiedenen Wirtschaften." Vormittags säßen in diesen „Beizen" die Dirnen. „(...) einige ‚Freifräulein' restaurieren sich bei Bier und Schweinsrippchen von den Strapazen der letzten Nacht und sammeln Kräfte für die nächste; ihre ‚Stenz' (Zuhälter) sind eben anwesend, wahrscheinlich in ‚Geschäften'." Schnell sei hier die Bekanntschaft mit den käuflichen Damen gemacht, indem man ein Glas Bier spendiere. Alkohol spielt in vielen Schilderungen des kriminellen Milieus eine Rolle. Das gemeinsame Zechen gehörte selbstverständlich zur Geselligkeit dazu, wobei so mancher sein Urteilsvermögen verlor und sich betrügen ließ. Die enthemmende Wirkung des Alkohols trug dazu bei, dass alle Bedenken gegenüber unrechtmäßigen Handlungen über Bord geworfen wurden.

Zurück zu Karl. Er gab seine innerliche Distanz immer mehr auf, dies sei ein Zeichen seiner „Schwachheit". Später wurde er zwar von seinem „Freund" um Geld betrogen, konnte sich aber aus der „schlechten Gesellschaft" nicht mehr lösen und wurde ebenfalls Zuhälter. Er bezog mit einem der Mädchen, mit dem er eine Beziehung unterhielt, eine Wohnung, schaffte einige Kleidung an und lebte von dem „Sündengelde", das es verdiente. M. K. resümiert: „So sank Karl, ein Kind ordentlicher

Eltern, mit einer sorgfältigen Erziehung, mit der vielseitigsten Kenntnis seines lohnenden Berufes, von Stufe zu Stufe."[34]

Seine Schilderung, Karl sei vom Freier zum Freund und dann zum Zuhälter geworden, entspricht durchaus der Realität. In der Tat waren die Zuhälter nicht nur die Verbrecher, die die Dirnen schlecht behandelten und ausbeuteten, sondern sie waren oftmals auch die Liebhaber der Frauen. So schreibt eine Berliner Prostituierte, ihr Zuhälter sei kein „Sklavenhalter", sondern er sei ihr Geliebter, auf den sich ihr „Anlehnungsbedürfnis", ihre „Liebessehnsucht" richte, „die in der rein gewerbsmäßigen Handhabung des geschlechtlichen Verkehrs keine Befriedigung findet".[35] Auch Ehemänner betätigten sich als Zuhälter. Idyllisch aber war das Verhältnis von Dirne und Zuhälter nicht; oftmals verhinderte der „Louis" mit Gewalt, dass sich seine Freundin von ihm trennte.[36] Sich als Zuhälter betätigt zu haben, war weder für „Karl" noch für Joseph Kürper ein Ruhmesblatt, galt es doch gemeinhin unter Männern als ehrenrührig, vom Geld einer käuflichen Frau zu leben.

Das Motiv der Verführung als Ursache krimineller Handlungen wird in den autobiographischen Erzählungen immer wieder mit einem „Freund", der sich mit scheinbarer Anteilnahme in das Vertrauen des Erzählers einschleicht, und vor allem mit Prostituierten verbunden. Schon ihre Gegenwart wird etwa von Meyer oder Kürper als Versuchung, geradezu als Bedrohung wahrgenommen. Die Dirne wird zur Personifikation weiblicher Verführungskünste schlechthin.

So sieht auch Joseph Kürper die Dirne als die große Versucherin. „Die fahrenden Frauenzimmer überschwemmen Deutschland mehr und mehr und vergiften die Jugend. Wie viele junge Menschen sind denn gegen die Versuchungen der Sinnlichkeit fest gewaffnet? Gerät einer einmal in eine solche schlechte Herberge, wo diese Schlangen ihr Wesen treiben, so muß es ein Wunder sein, wenn er ihren Lockungen entgeht. (...) Vielfach läßt er in solchen Höhlen der Unzucht all seine Barschaft, und was noch ärger, seine Sittlichkeit, seine Ehre und Gesundheit! Aber nicht allein dies, die Arbeitslust geht da verloren. (...) Am traurigsten ist es, wenn seine einzige Beschäftigung darin besteht, den „Beschützer" einer solchen fahrenden Dirne (Louis) zu spielen."[37] Die ganze Ambivalenz dieser moralischen Entrüstung wird aber auch wieder bei Kürper oder dem Autor M. K. deutlich, wenn sie nun selbst von den Diensten der zuvor

Verdammten finanziell profitieren. Wie „Karl" betätigte sich auch Kürper als Zuhälter. Anfang der 1870er-Jahre ging er für sechs Monate dieser Betätigung in Mannheim nach. Hier sei die Polizei besonders nachlässig und diesem Unwesen gar nicht gewachsen gewesen.[38] Seinen Arbeitsalltag beschreibt er so: „Wenn es dunkel wurde, rückten wir aus, gewöhnlich in den Mannheimer Schlossgarten, wo unter dem Schutze der Nacht die Unzucht wilde Orgien feierte. Ich war mit einem Dolchmesser und einem kurzen amerikanischen Todschläger bewaffnet und zu allem bereit."[39] Er stand Schmiere und gab Alarm, sobald die Polizei sich näherte. Auch auf Schützen- und Sängerfesten und auf allen „Bällen zweideutiger Art in Ludwigshafen, Mannheim und Heidelberg" fand er sich mit den Prostituierten ein und machte gute Geschäfte. Die Polizei, über dieses Treiben durchaus informiert, dulde die Prostitution „so halb und halb" als notwendiges Übel. Notfalls mit Waffengewalt trieb Kürper bei den Freiern das Geld ein, sollten diese die Bezahlung verweigern. Diese ließen sich meist schnell bewegen, denn sie fürchteten die Entdeckung ihrer Aktivitäten; man wollte nicht seinen guten Ruf beschädigen.

Prostituierte erscheinen also in den Lebensgeschichten als Verführerinnen, doch auch als Freundinnen oder Partnerinnen beim illegalen Gelderwerb. Zwar verurteilen die Autoren im Nachhinein das horizontale Gewerbe und die Zuhälterei entsprechend den bürgerlichen Wertmaßstäben, die ihnen im Gefängnis vermittelt wurden, doch die geschilderten Erlebnisse zeigen, dass käufliche Liebe eine dauerhafte Beziehung nicht ausschloss.

Die Last mit der Sucht   Bei Luer Meyer waren wir den Spielhöllen als Orten krimineller Aktivitäten begegnet. Im Gegensatz dazu verfiel der Kaufmann B. J. der Spielsucht zunächst bei legalem Spiel. Trotz einer guten kaufmännischen Ausbildung und einer vorteilhaften Anstellung geriet er deshalb ebenfalls auf die schiefe Bahn. Seine Arbeitskollegen hätten ihn, so gibt er an, zu Alkohol, Spielsucht und Bordellbesuchen verführt. Der Verlust der Arbeit, Obdachlosigkeit, das Umherziehen als Vagabund folgten; mehrere Diebstähle brachten ihn ins Gefängnis. Nach seiner Entlassung hielt er sich zunächst mit betrügerischem Kartenspiel und als Zuhälter über Wasser. Dann folgte eine geschäftlich überaus erfolgreiche Phase als Buchmacher in Paris und Nizza, wo diese

Tätigkeit zwar in einem Halbweltmilieu stattfand, doch nicht direkt kriminalisiert war. Einen magischen Reiz übte nun das Spielcasino auf den vermögend gewordenen B. J. aus. Hier wurde zwar legal gespielt, doch häufig um so große Summen, dass nicht selten der wirtschaftliche Ruin und der Weg in die Kriminalität folgten.

Eindringlich schildert B. J. seine Eindrücke im Casino. Nicht die Spelunken zwielichtiger Vergnügungsviertel waren der Schauplatz, sondern die mondäne Welt: „Nun ließ ich auch einen Blick auf die Gesellschaft gleiten; lauter Menschen comme il faut gekleidet; man weiß eigentlich nie recht, mit wem man es zu tun hat, und doch diese Gegensätze! Ein Fürst neben einem ehemaligen Zuchthäusler, eine adelsstolze Gräfin neben einer Halbweltlerin. Wer fragt aber hier danach? Hier sind alle gleich. Hier funkeln alle Augen vor Begierde: Gold!"[40] Zuweilen hatte B. J. durchaus Glück, doch das gewonnene Geld wurde sogleich in Bausch und Bogen wieder ausgegeben: „Man kennt den Wert des Geldes nicht; hier 500 Francs für ½ Dutzend Abzüge, dort 1000 Francs für einen Brillantring nebst Busennadel, hier 200 Mark für einen Reitkursus, dort 300 Francs für eine mit einer leichtfertigen Chansonette durchtrollten Nacht usw." So geht es „bis man den Becher der Lust bis zur Neige geleert hat und einen nun der Ekel packt, der uns für kurze Zeit wieder zur Besinnung kommen läßt". Doch dann begann der Kreislauf von neuem. Häufiger noch hielt die Glückssträhne schon im Casino nicht an. So schildert der Autor einen Abend, an dem er zunächst 18 000 Francs gewonnen hatte, aber damit nicht zufrieden war. „Dabei malte ich mir die Zukunft in den rosigsten Farben, wenn es mir gelingen würde, mit 50–60 000 oder gar 100 000 Mark nach Deutschland zurückzukehren. ‚Dann kannst du ein Geschäft anfangen‘, erzählte ich mir selbst, ‚wieder ein anständiges, achtbares Mitglied der Gesellschaft werden!‘" Doch die Fortsetzung des Spiels führte zur Katastrophe, innerhalb einer Stunde hatte er allen Gewinn und noch 500 Francs verloren.

Leben auf der Straße und in Gesellenherbergen

Fassten die Entlassenen nicht wieder Fuß in ihrem alten Beruf, so folgte meistens zunächst ein Prozess der Dequalifizierung. Treffend beschreibt dies der Fabrikarbeiter K. G., der sich in einem längeren Text intensiv mit

der Frage der Vagabunden befasst: „Er [der Entlassene] wird Eisenbahn-
arbeiter an Rohbauten, arbeitet an Straßenbauten, an Flusskorrekti-
onen, wird ein ‚Alles-Arbeiter' in Großstädten (Viehtreiber, Kohlenschip-
per, Maurerhandlanger usw. usw.), treibt sich mit einem Zirkus, einer
Schaubude usw. eine Zeit lang im Lande herum, gerät am Ende gar unter
die Zigeuner, was öfter vorkommt, und dann ist er ohnehin schon am
Ziel."[41] Das hier gemeinte „Ziel" ist das Leben auf der Straße, die Obdachlosigkeit. In der öffentlichen Meinung wurde häufig behauptet, die
Obdachlosen seien sittenlos und liebten den Müßiggang. Die bedrängte
ökonomische Situation, die oft der Grund für die Entwurzelung war,
wurde dagegen nicht thematisiert. In den Autobiographien finden wir
zwar auch die Bemerkung, wegen des leichten Geldverdienens beim Betteln verlöre man die Lust zum Arbeiten, andererseits wird hier das Leben
als Vagabund nicht mit persönlichem Verschulden begründet. Deutlich
wird, dass es oft eine persönliche Krisensituation ist, die die Menschen in
die Armut, zum nichtsesshaften Leben treibt.[42]

An anderer Stelle führt K. G. aus, warum das nichtsesshafte Leben
psychische Folgen haben muss: Arbeitslosigkeit, der Mangel an Ordnung, das Leben in den „sittlich verpesteten" Herbergen, das „gebräuch-
liche, im Volk für schändend nicht geltende ‚Fechten' [das Betteln] mit
seinen Genossen, der Alkohol; die Polizeiberührung, die Gefängnis-
haft" und die „geringschätzige Behandlung der Handwerksburschen",
das alles ließe die Menschen „abstumpfen" und sie gegenüber allem,
auch sich selbst, gleichgültig werden.[43] Der Weg in die Kriminalität war
wirklich vorgezeichnet: Nichtsesshafte waren stets von der polizeilichen
Festnahme und der Haft oder Abschiebung bedroht. Auf der anderen
Seite war das Betteln nicht grundsätzlich gesellschaftlich stigmatisiert:
So mancher kann von freigebigen, mitleidigen Menschen berichten, die
ihnen reichlich Geld, Nahrungsmittel oder Kleidung gegeben hätten,
obwohl offenbar die Toleranz gegenüber Bettlern insgesamt abnahm.

Der Meinung, dass die Obdachlosen, die „Stromer" nur arbeits-
scheues Gesindel seien, widerspricht K. G. aus seiner Erfahrung heraus
ganz entschieden. Er betont dagegen die Härten des Vagantenlebens.
„Der Landstreicher entwickelt in seinem selbstgewählten ‚Berufe' mehr
körperliche Tätigkeit als durchschnittlich jeder Arbeiter. Nicht nur
meilenweit von Ort zu Ort, sondern wohlgemerkt von Haus zu Haus,

treppauf, treppab, ununterbrochen vom Morgen bis in die Nacht, bei Regen und Schnee, sengender Gluthitze oder Eiseskälte, Stürmen – kurz, im Wetter oder Unwetter zieht er seine Kurven und Zick-zack-Linien, da hört doch ganz gewiß das ‚Vergnügen‘ auf! Unter welch mißgünstigen Auspizien beginnt zumeist diese, im Grunde äußerst einförmig verlaufende Tätigkeit [des Bettelns] – wie kärglich ist durchschnittlich selbst in Gegenden, die sozusagen ein Dorado des Stromertums sind, das Resultat dieser Anstrengungen; denn den Preis der Nachtherberge mit obligatem Schnapsrausch übergipfelt es äußerst selten.“⁴⁴ Dazu käme die „unzweideutige Verachtung“, die dem Obdachlosen entgegengebracht werde, der Schimpf und der Hohn, die Aussicht aufs Zwangsarbeitshaus sowie die Scham über das eigene Tun.

Von großen körperlichen Anstrengungen, kräftezehrenden Märschen und Krankheiten berichten auch die Autobiographien. Die Nichtsesshaften zogen allein umher, mit einer Partnerin wie der zeitweilig stellungslose Niederösterreicher Josef Ludolf J. oder auch in kleineren Gruppen. Ohne festen Wohnsitz musste man schnell auf der Straße leben, wenn man kein Geld für eine Wohnung hatte, oftmals waren es aber auch die fehlenden Legitimationspapiere, die den Betroffenen nur die Wahl ließen, wie Luer Meyer im Bordell zu hausen, oder in den berüchtigten Gesellenherbergen. Hier fanden sich keineswegs nur wandernde Gesellen ein, sondern Vagabunden aller Art. Sehr plastisch schildert Joseph Kürper den Anblick etwa der „Tippelbrüder“ in Mannheim: „Da ist einer, dem ist das Hosenbein an den Knieen abgerissen, dort schaut einem andern das schmutzige Hemd an den Ellenbogen oder an einem viel verdächtigeren Platze heraus. Der eine hat keine Absätze mehr, der andere keine Sohlen, der Dritte verstattet seinen Fußzehen freie Luft und Aussicht. Ein vierter hat gar das ganze wacklige Gebäude seines Schuhwerks mit einem Stricklein fest zusammengebunden. Von Zeit zu Zeit kratzt sich einer in den wirren Haaren oder fährt sich mit den Fingern in den Halskragen, wo es gewissen Tierlein zu warm geworden sein mag. Und nun die Weiber, deren Gewerbe man sofort am Gesicht erkennt! Was für Frisuren, Flitter und Fetzen! Die meisten haben ihre Röcke mit Fanzeln besetzt und wenn eine bisweilen stille steht, scharrt sie mit dem einen Fuß am andern, weil der Staub unter den Strümpfen – beißt.“⁴⁵

Auch wenn dies ein „fideles Elend" sei, das er geschildert habe und die meisten sich auch nicht unglücklich fühlten, wie Joseph Kürper meint, sondern im Gegenteil einen gewissen Reiz darin sähen, so sei es doch „traurig, daß in einem christlichen Lande (...) ein Teil der Jugend seine Tage so verbringt".

Mit welchen Strategien sich die Gäste der Herbergen durchschlugen, schildern etliche Lebensberichte. Besonders häufig wird Betteln und der betrügerische Bettel genannt. Die erbettelte oder erschwindelte Ware habe man gleich beim Herbergsvater loswerden können, der sich als Hehler betätigte. Außerdem waren die Herbergen bekannt dafür, dass man dort falsche Papiere bekam, für viele die einzige Möglichkeit, nach einer Gefängnisstrafe wieder neue Arbeit zu finden. „Die leeren Formulare solcher Ausweise kommen meist aus Mitteldeutschland, aus Saalfeld und Sonneberg"[46], weiß K. G. Die gefälschten Papiere dienten auch dazu, sich etwa als Bemitleidenswerte auszugeben, deren Anwesen durch Blitzschlag, Hagel oder Viehseuche zerstört worden sei. Meist erhielten die Schwindler so von den gutgläubigen Bauern Geld.

All diese zur Kultur der Vaganten gehörigen Elemente schildert Kürper[47], wenn er auf seinen Aufenthalt in der Herberge „Zum Köhler" in Darmstadt eingeht: „Die weite Stube war mit Tabaksdampf und Gästen gefüllt. Es herrschte unglaubliches Leben und Treiben, da klirrten die Gläser, dort wurde ein Zotenlied gesungen." Nachdem man ihn genötigt hatte, Schnaps zu spendieren, riet ihm ein Vagabund: „Bleibe hier, Darmstadt ist ein guter Platz, da kannst Du Dir morgen einige Groschen holen. Du bist noch sehr gut gekleidet; ich werde Dir dann einige gute Winde zeigen, wo Du Geld und auch einige Stäudchen holen kannst. Heute Abend werde ich Dir im Schlafzimmer eine zünftige Fleppe machen. Jetzt laß noch einen einschenken, morgen wird sich's rentieren, das sag ich Dir." Die „Winde" waren gute Gelegenheiten, wo es etwas zu holen gab, eine Fleppe war ein Legitimationspapier. Plötzlich schlug der Herbergsvater Alarm: Die Polizeikontrolle nahte. Alle ohne gültige Papiere sollten sich „dünne machen". Alle Anwesenden wurden kontrolliert, ein Gesuchter von der Polizei mitgenommen. Kaum waren die beiden Gesetzeshüter aber verschwunden, tauchten die, „die sich nicht sauber unter dem Brusttuch fühlten", wieder auf. Danach wurde Branntwein gezecht bis zur Sperrstunde um 23.00 Uhr.

Kürper erhielt tatsächlich einen falschen Pass auf den Namen Jacob Junker, Bäcker und Konditor aus Brücken, Bezirksamt Homburg, Königreich Bayern. Die Unterschrift des Bürgermeisters sowie die des Bezirksamtes in Homburg waren unleserlich. In der Folgezeit verwendete er dieses Papier für seinen betrügerischen Bettel. Auch er erwähnt die Nähe zum Milieu der Dirnen. Es sei an der Tagesordnung, dass in den Herbergen Prostitution stattfinde. Entweder, sie versuchten selbst, den Unbedarften mit sich zu locken und umschwärmten ihn wie Bienen

Die Gaunersprache wird auch Rotwelsch oder das Jenische genannt. „Rotwelsch" bedeutet eine falsche oder betrügerische Sprache, das „Jenische" dagegen kommt von „tsan", das in der Zigeunersprache „wissen" bedeutet. Das Jenische ist also eine kluge Sprache. Außerdem verständigte man sich über eine Zeichensprache, die „Zinken". Sie gaben etwa an, wo das nächste Wirtshaus lag oder verwiesen auf eine gelungene Betrügerei. Viele Bestandteile dieser Sondersprache, die aber regional durchaus variieren konnte, stammen bereits aus dem Mittelalter. Schon im 16. Jahrhundert listet das *Liber vagantorum* die Begriffe und Zeichen der Vagantensprache auf, weitere Sammlungen kamen hinzu. In seiner 1914 veröffentlichten Schrift *Das deutsche Gaunertum* befasst sich Friedrich Christian Benedict Avé-Lallemant auch intensiv mit der Gaunersprache. Mit kaum verhohlener Bewunderung schreibt er: „Bei dem tiefen Geheimnis, auf dem der ganze Organismus des Gaunertums begründet ist, sind die durch Jahrhunderte hindurch zusammengetragenen, immer verbesserten Verständigungsmittel sehr zahlreich und mannigfaltig. Sie tragen alle Spuren ihrer Schöpfung und Vervollkommnung durch Übereinkunft an sich und geben sowohl von der Verworfenheit, wie auch von dem Scharfsinn und Übermut ihrer Erfinder Zeugnis." Die Sprache sei Ausdruck der „gemischten, schmutzigen Volkselemente". (Bd. 2, S. 45) Um eine Kultur, die verloren zu gehen droht, zu bewahren, hat dagegen der Wiener Ethnologe Roland Girtler ein ganzes Lexikon der Begriffe und Zeichen zusammengestellt. Viele Begriffe wie „Kassiber" (für ein im Gefängnis geschmuggeltes Schriftstück) oder „Beiz" oder „Beisl" (für ein kleines Wirtshaus) oder „blau sein" (für betrunken sein) sind in die Alltagssprache eingegangen.

oder sie würden vom „Hausbursch noch gegen einen Schnaps" an einen zugereisten Gesellen verkuppelt.[48]

Die Begriffe „Fleppe" oder „Winde" zeigen an: Die Vagabunden hatten offenbar eine gemeinsame Sprache, die als Signum der Gruppenzugehörigkeit funktionierte: Die Gaunersprache.[49]

Auch unsere Autoren zeigen sich von dieser Sondersprache fasziniert, wie der im Milieu erfahrene K. G. Er schreibt: „Lauscht allabentlich, nachdem die ‚duften Kunden' sich in der ‚Penne' (der Herberge) glücklich vor Anker gelegt und die ‚Wachtmeister' (Schoppengläser) mit dem edlen Kartoffelblut (‚Sorof') kreisen, den feurigen Schilderungen der Tagesereignisse (...). Der ‚blasierteste' ‚Chausseegraben-Tapezierer' (Stromer) wird warm, kommt das uralte und ewig neue Thema vom genasführten ‚Deckel' (Gendarm), vom geprügelten ‚Schroter' (Dorfpolizist) aufs Tapet."[50]

Bei all diesen Schilderungen und Betrachtungen schwingt eine ambivalente Sicht mit. Einerseits werden die Fahrenden von den Autoren der Autobiographien als liederliches Volk, die Herbergen und Kneipen als Lasterhöhlen charakterisiert, also mit moralischen Wertungen belegt. Andererseits zeigen sich die Lebensberichte fasziniert von der anderen Kultur der Nichtsesshaften. Mehr oder weniger offen werden ihr Einfallsreichtum und die lustige Gesellschaft, die man in den Herbergen finden konnte, beschrieben. Das exzessive Feiern, Tanzen, Singen und Saufen wurde einerseits als Zügellosigkeit interpretiert und scharf kritisiert. Zu krass war bei einem Lebensstil, bei dem Ärmlichkeit und Prasserei Hand in Hand gingen, der Gegensatz zum bürgerlichen kulturellen Modell des Sparens und des Verzichts.[51] Andererseits lebte man ohne die Hemmungen der Wohlanständigkeit auch intensiver und konnte sich so manche Unbeherrschtheiten leisten. Kaum jemand aber wagt so ehrlich zu sein wie Joseph Kürper, der bekennt, in den christlichen „Herbergen zur Heimat" sei es ihm schlicht zu langweilig.

Die Strafverfolgung

Den prozessualen Rahmen der Strafgerichtsbarkeit bildete im 18. und bis weit ins 19. Jahrhundert hinein die *Constitutio Criminalis Carolina*, die *Peinliche Halsgerichtsordnung* oder kurz die *Carolina* genannt, die 1532 von Kaiser Karl V. erlassene Strafgerichtsordnung.[1] Sie schuf zum ersten Mal einheitliches Recht im Reich, setzte für Delikte wie Mord, Totschlag, Raub, Brandstiftung oder Zauberei drastische Strafen bis hin zur Todesstrafe fest und legte durch die Einführung des Inquisitionsprozesses die Grundlage für die Durchführung der Hexenprozesse. Um das Geständnis des oder der Angeklagten zu erzwingen, konnte die Folter eingesetzt werden, eine Bestimmung, der immer häufiger nachgekommen wurde. Die *Carolina* enthielt die „salvatorische Klausel", das heißt, sie war gegenüber der Strafgerichtsbarkeit der Reichsstände nachrangig, sodass auch immer zugleich das jeweilige Landrecht galt. Das Ergebnis war eine heterogene und manchmal widersprüchliche Normengrundlage.

Im Zuge der Aufklärung, etwa seit den 1770er-Jahren, kritisierten Juristen, reichs- und landesherrliche Beamte diese Zustände grundlegend. Einer der führenden Kritiker war der italienische Jurist Cesare Beccaria, auf den sich auch viele deutsche Kritiker beriefen. Bemängelt wurde die fehlende Systematik, Zersplitterung und Uneinheitlichkeit der Strafgesetzgebung, dazu Unbestimmtheit und daraus folgende Rechtsunsicherheit, Willkür und eine sozial unausgewogene Rechtsprechung. Man diskutierte und verlangte die Humanisierung des Strafvollzugs durch Abschaffung von Folter und Todesstrafe, die Einführung der Verhältnismäßigkeit von Delikt und Strafe, die Einschränkung oder Beseitigung von willkürlichen richterlichen Entscheidungen, die Abschaffung der körperlichen Züchtigung sowie die Reform des Strafvollzugs in Gefängnissen und Zuchthäusern.[2] Die Strafe sollte nicht mehr auf religiös begründeten Vergeltungs- und Wiedergutmachungsvorstellungen beruhen, sondern abschreckend (präventiv) wirken, zudem zur Besserung des Täters führen. Geschaffen werden sollte eine einheitliche Kodifizierung des Straf-, Polizei- und Strafprozessrechtes, dazu eine Klassifikation der strafbaren Handlungen und der jeweiligen Strafen. Delikte wie Zauberei oder Hexerei sollten aus dem Strafkatalog verschwinden.

Diese Reformvorstellungen konnten sich zunächst nur in geringem Maße durchsetzen, neue Gesetzgebungen wie in Preußen das *Allgemeine Landrecht* (ALR) von 1794 und die *Criminal-Ordnung* von 1805 hielten weiterhin an der *Carolina* fest, auch wenn schließlich zumindest in Preußen die Folter faktisch abgeschafft wurde.[3]

Das Strafgesetz im 19. Jahrhundert

Ein tiefgreifender Wandel setzte erst durch die napoleonische Besetzung von Reichsterritorien und die Einführung des in vielen Punkten moderneren *Code pénal* ein. Er brachte eine Systematisierung des Deliktkatalogs und eine klare Zuordnung von Delikt und Strafe. Außerdem schrieb er einen dreigliedrigen Instanzenzug, der niederen, mittleren und hohen Gerichtsbarkeit, vor.

Die Bestimmungen zur Durchführung des Strafprozesses glichen in vielen Zügen dem, was wir heute kennen: Es wurden Schwurgerichte, eine öffentliche, mündlich geführte Gerichtsverhandlung (statt Austausch schriftlicher Gutachten), die Unschuldsvermutung und Verteidigungsgarantie für den Angeklagten und die Staatsanwaltschaft als öffentlicher Ankläger eingeführt.[4] Der Sicherheit des Staates wurde große Wichtigkeit beigemessen, dementsprechend wurden politische Delikte, die sich gegen die äußere und innere Sicherheit des Staates richteten, strenger bestraft.

Der Grundzug dieser Reform war Zentralisierung, Rationalisierung und Verstaatlichung (wegen der Abschaffung der Patrimonialgerichtsbarkeit), Tendenzen, die sich nach dem Ende des Heiligen Römischen Reichs Deutscher Nation 1806 noch weniger als zuvor realisieren ließen. Stattdessen verlagerte sich die Verantwortung für die Strafrechtspflege vollends auf die Territorien. In den meisten Ländern orientierte man sich nun gerade nicht oder nur sehr partiell an dem modernen französischen Strafrecht, sondern ließ die *Carolina* einschließlich des Inquisitionsprozesses und älteres Recht weiter bzw. wieder gelten.[5] Relativ stark orientierte sich einzig Bayern in seinem neuen Strafgesetzbuch von 1813 an französischem Recht[6] und außerdem das Herzogtum Oldenburg, das die Kodifikation 1814 übernahm.

In äußerst mühsamen Verfahren wurden dann ab 1830 – die Julirevolution in Frankreich hatte hier Katalysatorfunktion – begleitet von einer engagierten wissenschaftlichen und publizistischen Öffentlichkeit, in den anderen Ländern neue Strafgesetzgebungen verabschiedet: 1838 in Sachsen, 1839 in Württemberg, 1840 in Hannover, 1841 im Großherzogtum Hessen und 1845/51 in Baden. Nach dem Scheitern eines gesamtdeutschen Strafrechtsentwurfs 1848/49 kamen schließlich 1851 Preußen und 1852 Österreich hinzu. Sachsen und Bayern gaben sich nochmals 1855 und 1861 neue Gesetze. Überall traten zusätzlich zahlreiche Einzelgesetze hinzu, die strafbares Verhalten definierten. Anders als die anderen Kodifikationen (mit Ausnahme Bayerns) orientierte sich das preußische Strafgesetzbuch stark am *Code pénal* Napoleons und bildete damit den Ausgangspunkt für das Reichsstrafgesetzbuch, das erst 1871, nach der Reichseinigung, Wirklichkeit werden konnte.

Parallel zur Kodifikation des Strafrechts wurde das Gerichtswesen in den einzelnen Ländern nach 1813 reorganisiert bzw. neu gestaltet.[7] Der Strafvollzug blieb zunächst weitgehend ohne rechtliche Neuregelung; das erste moderne Strafvollzugsrecht in Deutschland erließ Baden im Jahr 1845.

Übereinstimmend unterschieden alle neuen Strafrechtskodifikationen zwischen Verbrechen gegen den Staat und gegen die Bürger, verhängten überwiegend Freiheitsstrafen statt Körperstrafen[8] oder Zwangsarbeit bei öffentlichen Baumaßnahmen, setzten einen verbindlichen Strafrahmen fest und legten die Dreiteilung der strafbaren Handlungen – Übertretung, Vergehen, Verbrechen - wie im französischen Recht zugrunde. Der zwei- bzw. dreigliedrige Instanzenzug wurde eingeführt.[9] Nicht übernommen wurden dagegen die Öffentlichkeit und Mündlichkeit der Gerichtsverhandlung und die Mitwirkung von sozialen Gruppen an der Rechtssprechung durch Schöffen oder Geschworene. Diese Einrichtungen empfand man als „revolutionär" und lehnte sie daher ab. Man hat für die Neuregelungen daher den Begriff der „defensiven Modernisierung"[10] geprägt.

Besondere Aufmerksamkeit erfuhr überall das politische Strafrecht.[11] Bis zum Ende des 18. Jahrhunderts galten politische Delikte wie Majestätsbeleidigung als Angriff auf die Person des Monarchen. Die strafrechtliche Behandlung der politischen Kriminellen hatte sich zuvor stark von der der „normalen" Täter unterschieden. In der Regel wurde bis zur Revolution 1848 Festungshaft[12] verhängt, bei der der Gefangene leichtere Haftbedingungen vorfand als in den Zuchthäusern.

Schon das *Allgemeine Landrecht* von 1794 aber setzte an die Stelle des Delikts der Majestätsbeleidigung den „Hochverrat", der sich nun nicht mehr gegen den Monarchen, sondern gegen den Staat richtete und mit der Todesstrafe geahndet werden konnte. Im Vormärz, der Zeit zwischen 1810 und 1848, bildete sich eine breite bürgerlich-liberale Oppositionsbewegung, die für Freiheitsrechte, eine Verfassung und nationale Einheit eintrat und sich damit in schroffem Gegensatz zur bestehenden Herrschaftsordnung befand. Auf diese Opposition, die auf Großveranstaltungen ihre Überzeugungen kundtat, reagierten die Regierungen mit Verfolgung und Repression. Berüchtigt waren die *Karlsbader Beschlüsse* von 1819 mit ihren rigorosen Bestimmungen. So galt etwa ein striktes Versammlungsverbot und Pressezensur.

Die neuen Kodifikationen der Jahrhundertmitte stellten nun den Schutz des Staates und seiner Ordnung ganz in den Mittelpunkt. Durch hartes Durchgreifen suchten die Gesetzgeber revolutionäre Tendenzen im Keim zu ersticken. Bestraft wurde Beleidigung des Staates, Zugehörigkeit zu einer „kriminellen Vereinigung" wie Burschenschaften und Gesellenvereinen, Zensurvergehen, illegale Versammlungen, Aufruhr, Hochverrat und „Widersetzlichkeit". Einzig für politische Verbrechen wurde auch ein einheitliches Strafrecht des Deutschen Bundes geschaffen. In den Einzelstaaten wurde die politische Polizei etabliert.

Doch soziale Ungerechtigkeit und wirtschaftliche Probleme der beginnenden Industrialisierung ließen die Stimmen, die einen grundlegenden Wandel der gesellschaftlichen Verhältnisse forderten, nicht verstummen, vor allem in den Reihen der Arbeiter. Gegen die nach der Jahrhundertmitte langsam erstarkende Arbeiterbewegung wurde besonders das Verbot von Verbindungen und Vereinen eingesetzt. Im

Kaiserreich, vor allem unter Bismarcks *Sozialistengesetz* von 1878, wurden die Sozialdemokraten schließlich zu „Staatsverbrechern" erklärt. Attentate, die Anarchisten im Ausland verübt hatten, wurden zum Vorwand dafür genommen, die Gangart gegenüber dem politischen Gegner in Deutschland zu verschärfen.[13] Die Sozialdemokratie, so behauptete Bismarck, bilde den Nährboden für die Anarchie. Die Arbeiterbewegung erschien als „reißendes Gewässer", das alle Schutzdämme der Gesellschaft unter sich zu begraben drohe.

Nicht mehr nur Handlungen oder Schriften, sondern bereits die oppositionelle „Gesinnung" konnte nun für einen Hochverratsprozess ausreichen. Das Reichsstrafgesetzbuch stellte im reformierten §130 schon „Anreizung zu Gewalttätigkeiten" unter Strafe und wählte damit eine so weite Formulierung, dass auch Reden auf politischen Versammlungen darunterfallen konnten.

Ein weiteres zentrales Anliegen der Strafgesetze der Jahrhundertmitte war der Schutz des bürgerlichen Eigentums.[14] Sozialer Wandel und die Pauperisierung ließen in der Wahrnehmung der Gesetzgeber wie der Bürger die Gefahr der Eigentumskriminalität[15] steigen. Die neuen Strafgesetze sahen drastische Strafen für Diebstahl vor. Untersuchungen zur Rechtsprechung der Gerichte zeigen, dass diese verschärften Strafen auch in der Realität umgesetzt wurden. Vor allem bei Rückfalltätern wurden drakonische Strafen verhängt, nicht selten finden sich mehrjährige Arbeitshausstrafen, bei Rückfall sogar mehrjährige Zuchthausstrafen für Diebstahl, wie wir bei Luer Meyer gesehen haben.[16]

Die Strafverschärfungen standen in der Tradition der Vormoderne, denn auch dort waren Vagabunden, Bettler, Randgruppen und Unterschichten als bedrohlich für Eigentum und Gesellschaft wahrgenommen worden. Die daraus resultierende „Schieflage" des Strafrechts und der Rechtsprechungspraxis zuungunsten der Armen wurde also fortgeschrieben. Arme und Landstreicher, später zunehmend auch Jugendliche, Arbeiter und politisch Engagierte wurden zur Bedrohung des Staates und seiner Eigentumsordnung stilisiert. Im Reichsstrafgesetzbuch von 1871/72 fand dies seinen Ausdruck. Im Wiederholungsfall (und der trat sehr häufig ein) wurden etwa für Betteln und Vagabundieren bis zu einem Monat Haft im Arbeitshaus verhängt. Später wurden die Strafzeiten drastisch verschärft.[17]

Religions- und Sexualdelikte wurden dagegen teilweise entkriminalisiert: Vorehelicher Geschlechtsverkehr, Kuppelei, Sodomie und Konkubinat entfielen zeitweilig als Straftatbestand, Ehebruch wurde nur nach Antrag des Ehemanns verfolgt und weniger streng bestraft.[18] Auf der anderen Seite sollten die „Triebe" dennoch diszipliniert werden: Sittlichkeitsverbrechen wie Prostitution wurden nun durch die niedere Gerichtsbarkeit der Ämter, Kommunen und die Polizei verfolgt und konnten empfindliche Arbeitshausstrafen nach sich ziehen. Nach der Mitte des 19. Jahrhunderts trat dann sogar wieder eine Verschärfung der Strafpraxis für illegale Prostitution, Kuppelei, Ehebruch oder Homosexualität ein.[19] Illegale Prostitution etwa konnte mit Ausweisung über die Stadt- bzw. Landesgrenze oder mehrwöchigem Arrest im Strafarbeitshaus bestraft werden, im Wiederholungsfall verlängerte sich nicht nur das Strafmaß, es konnte außerdem eine Nachhaft bis zu zwei Jahren verhängt werden. Diese war im Arbeitshaus zu verbüßen.[20]

Die Bilanz der Kodifikationen um die Jahrhundertmitte fällt also gemischt aus: Während frühere Forschungen vor allem die Rückständigkeit des alten, vormodernen Systems betonten und die Neuregelungen in all diesen Strafgesetzkodifikationen als Humanisierung, Liberalisierung und Rationalisierung des Strafvollzugs feierten, differenzieren neuere Untersuchungen. Sie weisen darauf hin, dass das alte System des Strafrechts, so kritikwürdig es auch war, doch auch positive Aspekte besaß: So ermöglichte es informelle Lösungen, das Aushandeln von Sanktionen durch Gnadengesuche und außergerichtliche Einigungsverfahren, was die Gerichte entlastete und der schnellen Konsensfindung diente. Andererseits hielten sich auch im neuen Strafrecht zahlreiche „vormoderne" Regelungen wie etwa die Zuständigkeit von Patrimonialgerichten, die dem landsässigen Adel Einflussmöglichkeiten gaben, das Festhalten an traditionellen Strafzwecken und im Bereich des Ordnungsrechts eine Kontinuität zu frühneuzeitlichen Regelungen. Außerdem findet sich keine einsinnige Tendenz zur „Entkriminalisierung", sondern sogar eine neue Kriminalisierung im Bereich der politischen Justiz und später der Sexualdelikte.

Kindsmord und Strafrecht   Eine besonders intensive Diskussion wurde um die Bestrafung des Kindsmords geführt. Wir erinnern uns: Die Autobiographie der Magdalena Z. bezieht ihre innere Spannung aus der dramatischen Schilderung einer religiösen Bekehrung, die schließlich in der Aufhebung der Todesstrafe für die Delinquentin gipfelt. Doch wie ist diese Darstellung einzuschätzen? Kann sie auch historische Glaubwürdigkeit beanspruchen?

Unter Kindsmord bzw. Kindstötung versteht man die vorsätzliche Tötung eines Kindes unmittelbar nach der Geburt. Im 18. und 19. Jahrhundert wurde vor allem die Tötung des außerehelich gezeugten Kindes verfolgt.[21] Strafrechtlich verfolgt wurden auch das Verheimlichen einer außerehelichen Schwangerschaft, das Vernachlässigen des neugeborenen Kindes etwa durch das Nichtabbinden der Nabelschnur, die Abtreibung und die Kindesaussetzung.

Kindsmord, aber auch der nichteheliche Geschlechtsverkehr sowie Ehebruch waren Todsünden im Sinne des Kirchenrechts, das eigene Sanktionen vorsah. Von staatlicher Seite wurde dem später durch die entehrenden Unzuchtsstrafen Rechnung getragen.

Für die strafrechtliche Verfolgung war seit 1532 die *Carolina* maßgeblich, auch in der Schweiz. Sie legte die Todesstrafe für Kindstötung fest. Diese wurde in der Regel durch Ertränken vollzogen. Die Kindstötung, das Gewaltdelikt von Frauen schlechthin, galt als besonders verwerflich, weil sie erstens als Verwandtenmord angesehen wurde und zweitens besonders eklatant der als natürlich stilisierten Mutterliebe[22] widersprach. Bei Verdacht der außerehelichen Schwangerschaft wurden Hebammen zur Überprüfung der Verdächtigen herangezogen.

Zur Bemessung der Strafe war die Tötungsabsicht entscheidend. Viele Angeklagte behaupteten daher, das Kind sei bereits tot geboren. Seit Mitte des 18. Jahrhunderts wurde daher durch die sogenannte Lungenprobe[23] geprüft, ob das Kind bei der Geburt noch gelebt hatte. Weitere Verteidigungsstrategien waren die Behauptung, es habe sich um eine Früh-, oder Sturzgeburt gehandelt oder die Gebärende sei kurzzeitig ohnmächtig geworden.

Während zu Beginn des 18. Jahrhunderts insgesamt die Verhängung der Todesstrafe[24] zurückging, traf dies zunächst nicht auf die Kindsmörderinnen zu. Hier wurden noch zu 75 Prozent Todesurteile ausgesprochen, aber nicht immer vollstreckt, sondern auf dem Gnadenwege umgewandelt.[25] Erst eine im Zuge der Aufklärung intensiv geführte Debatte um den Kindsmord[26] brachte in der zweiten Hälfte des 18. Jahrhunderts in manchen Regionen einen Wandel mit sich. An die Stelle der Todesstrafe traten vielerorts lange Zuchthausstrafen.[27] In der öffentlichen Wahrnehmung erschien Kindsmord als „Massendelikt"[28], unzählige literarische Schriften befassten sich damit. Die Todesstrafe, so machten die Kritiker geltend, sei völlig ungeeignet, präventiv zu wirken. Man argumentierte mit der sozialen Notlage der Kindsmörderinnen, vor allem aber wurde eingewandt – so von dem Pädagogen Johann Heinrich Pestalozzi –, dass diese im Augenblick der Geburt durch den außergewöhnlichen psychischen Zustand von einer Art „Wahn" befangen seien und deshalb nicht zurechnungsfähig sein könnten. Der Kindsmord entwickelte sich zum Schlüsseldelikt in der Forderung nach einer Strafrechtsreform.[29] Zur Verhinderung von Kindsmord solle der Staat die Ehehindernisse beseitigen, Alimentationsregelungen verbessern und Findelhäuser gründen.

Zurück zu Magdalena Z.: In der Schweiz galten in jedem Kanton andere strafrechtliche Bestimmungen für die Aburteilung des Kindsmords. Während etwa in Zürich 1820 das letzte Todesurteil ausgesprochen wurde und das neue Strafgesetzbuch von 1835 nur noch Zuchthausstrafe vorsah[30] und außerdem das Sittengericht 1836 abgeschafft wurde, bildete im konservativen Kanton Bern seit 1823 das *Gesetz über den Kindsmord* die Rechtsgrundlage, so auch im Jahr 1836, dem Jahr der Verurteilung Magdalenas. In diesem Gesetz hatte die Kindsmorddebatte keine Spur hinterlassen: Noch immer stand auf Kindsmord die Todesstrafe.[31] Ledige Frauen mussten weiterhin eine Schwangerschaft den Behörden bekannt machen. Im Text spiegelt sich auch eine weitere Besonderheit der Berner Justiz: Immer noch war das Geständnis der Angeklagten unabdingbar, erst 1842 wurde der Indizienprozess eingeführt. In diesen Punkten erscheint also die Schilderung der Autorin glaubwürdig. Auch die Sittengerichte wurden im Kanton Bern erst 1852 abgeschafft.

Dennoch muss die Darstellung der Autobiographie in Bezug auf die Strafzumessung verwundern. Zwar legt das Gesetz von 1823 noch die Verhängung der Todesstrafe fest, doch hatte sich wohl, quasi als Ausgleich für die Höchststrafe, auch in Bern eine umfassende Gnadenpraxis etabliert.[32] So erscheint also die Begnadigung Magdalenas keineswegs als eine derart singuläre Entscheidung, wie der Text sie inszeniert. Der unerhörte Gnadenakt als quasi göttliches Eingreifen, motiviert aus der religiösen Bekehrung der Delinquentin, ist offenbar eher eine Interpretation der Autorin bzw. des Herausgebers als eine realitätsgerechte Darstellung.

Die Polizei zwischen Prävention und Ermittlung

Die Hauptaufgabe der Polizei[33] ist es bis heute, die öffentliche Sicherheit und Ordnung zu gewährleisten. Ihr obliegt die Gefahrenabwehr im Bereich der inneren Sicherheit, das heißt, die Polizei soll auch Verbrechen verhindern, also präventiv wirken. Als Strafverfolgungsbehörde muss sie zudem bei strafbaren Handlungen oder Ordnungswidrigkeiten ermitteln. Im Fall von Verstößen gegen das Strafrecht geschieht dies durch die Kriminalpolizei, die sich allerdings erst im Kaiserreich als eigenständiger Zweig der Polizeiorganisation herausbildete.[34]

Im Lauf des 19. Jahrhunderts wandelte sich das Gesicht der Polizei ganz erheblich. Zuerst standen Ordnungsaufgaben auf kommunaler Ebene im Vordergrund der Polizeiarbeit. Ob die Ahndung von Ruhestörungen, das Wachen über die Einhaltung der jagdrechtlichen Bestimmungen oder das Ausstellen von Pässen – für all das war die Polizei zuständig. Erst mit der Einrichtung der Kriminalpolizei trat dann der Sicherheitsaspekt mehr und mehr in den Mittelpunkt.[35] Die erfolgreiche Verfolgung von Verbrechen stand und fiel naturgemäß mit einer vor Ort präsenten und einsatzfähigen Polizei. Am Anfang stand eine personell gering ausgestattete kleine Schar von Gesetzesdienern, die sich überwiegend aus dem Militär rekrutierte und über keinerlei Spezialkenntnis verfügte, am Ende des Jahrhunderts findet man eine effektivere Polizeiorganisation mit beträchtlich erhöhtem und zum Teil speziell geschultem Personal, versehen mit neuen technischen Möglichkeiten zur Verbrechensbekämpfung. Gab es in der ersten Hälfte des Jahrhunderts noch die gutsherrliche Polizeigewalt, so setzte sich bis Ende des Jahrhunderts das staatliche Polizeimonopol durch (Preußen 1872).

Grundlage der polizeilichen Arbeit, soweit es die Prävention betraf, war zunächst vor allem das Beobachten.[36] Zum Problem wurde, dass es verhältnismäßig einfach war, seine Identität zu wechseln, da das Passwesen noch nicht sehr weit entwickelt war. Der Betrüger, der „Gauner", hatte leichtes Spiel, da seine kriminelle Tätigkeit auf der Vorspiegelung einer falschen Identität beruhte. Außerdem erschwerte die Mobilität der Kriminellen ihre Identifikation. Die Polizei, die gar an die Existenz von ganzen Gaunergesellschaften glaubte[37], musste daher alles daran setzen, Instrumente zum zweifelsfreien Identitätsnachweis zu entwickeln und die Kommunikation der Polizeidienststellen untereinander zu verbessern. Doch erst im letzten Drittel des 19. Jahrhunderts wurden Passregister, Personalakten und Vorstrafenregister eingeführt.[38] Durch eine möglichst genaue Rekonstruktion der sozialen, kulturellen und kriminellen Praktiken des „Gaunertums" wollte man dem Betrüger auf die Spur kommen.[39]

In der zweiten Hälfte des 19. Jahrhunderts bildeten sich differenziertere Bilder vom „Verbrecher" heraus, an denen sich auch die Polizeiorganisation orientierte. Man glaubte, es gebe den „geisteskranken" Verbrecher, den man mit Sexual- und Gewaltstraftaten assoziierte[40], eine spezifische „Jugendkriminalität" und, vor dem Hintergrund von Diebesbanden, den „gewerbsmäßig" Eigentumsdelikte begehenden „Berufsverbrecher".[41] Hinzu trat nach 1848 der „politische Verbrecher". Insbesondere die Groß-

Eugène François Vidocq war eine schillernde Figur, Krimineller und Kriminalist zugleich. Als Frauenheld und Gelegenheitsdieb, Husarenhauptmann, Duellant und Urkundenfälscher schlug er sich durch, kam immer wieder mit dem Gesetz in Konflikt. Aus den Gefängnissen, in die man ihn brachte, konnte er wiederholt fliehen. Trotz zwischenzeitlichem Erfolg als Kaufmann holte ihn seine kriminelle Vergangenheit immer wieder ein. Um diesen Kreislauf zu beenden, bot Vidocq schließlich der Polizei seine Dienste an und wurde prompt deren Spitzel während seiner Haft. Wieder in Freiheit, arbeitete er weiter sehr erfolgreich als Polizeiagent. Schließlich gründete er 1810 die „Brigade Sûreté", aus der die französische Kriminalpolizei hervorging. Viele Mitarbeiter, unter denen auch Frauen waren, stammten wie der Gründer aus dem kriminellen Milieu. Vidocq bewegte sich nicht immer im Rahmen der Legalität, die Beschwerden mehrten sich. So nahm er 1833 seinen Abschied und gründete ein Detektivbüro.

stadt galt als ein zur Kriminalität geradezu einladender Ort, gab es dort doch weniger soziale Kontrolle als auf dem Land.[42] Vorbild für den Ausbau der Kripo war zunächst Frankreich mit seiner Sûreté. [43]

Alphonse Bertillon entwickelte eine biometrische Messmethode zur karteimäßigen Erfassung der Verbrecher, die 1882 in Paris eingeführt wurde. Auch in England wurde eine effizientere Polizeitruppe gebildet: In London gründete Sir Robert Peel, der damals Innenminister war, 1829 die „Bow Street Runners". 1842 wurde das berühmte „Scotland Yard" ins Leben gerufen.

In Deutschland verfügte Berlin im 19. Jahrhundert über die am besten organisierte und ausgestattete Polizei im Deutschen Reich. Die dortigen Verhältnisse dienten den anderen Städten und Regionen im Reich zum Vorbild, ohne dass sie jedoch über vergleichbares Personal oder gleiche Mittel verfügt hätten. Dennoch zeigen sich in Berlin wichtige Tendenzen der Entwicklung.

Die Berliner Polizei   Ein erstes Polizeipräsidium wurde in Berlin 1806 gebildet.[44] Zu diesem Zeitpunkt existierte noch keine Kriminalpolizei, stattdessen ermittelten Kommissare, die dem Gericht zugeordnet waren, in Zivil. 1830 löste man dann die Kriminalpolizei als eigene, zunächst nur kleine Abteilung aus der allgemeinen Polizei heraus. Zuständig war sie für Sicherheits-, Kriminal- und Sittensachen.

Nach der Revolution von 1848 sollte eine Verstärkung der Polizei das Aufflammen weiterer Proteste und Aufstände verhindern, eine bessere Präsenz der Polizeibeamten vor Ort wurde propagiert. 1852 wurden 36 Reviere mit je einem Kriminalkommissar gebildet. Einer Zentrale unterstand nun ein zahlenmäßig aufgestocktes und qualifizierteres Personal. Inspektoren, Kommissare und zahlreiche Schutzleute begaben sich auf Verbrecherjagd.

Schon bald stellten sich Probleme ein: Nicht immer hielt sich die Kriminalpolizei selbst an die Gesetze, nach denen sie die persönliche Freiheit der Verdächtigen zu achten hatte. Die mutmaßlichen Verbrecher wurden kurzerhand in „Isoliergewahrsam" genommen, ohne dass sich die Verhafteten angemessen gegen diesen Übergriff hätten wehren können. Außerdem beklagte vor allem die Justiz das eigenmächtige Vorgehen der Polizei und Kompetenzüberschreitungen. Erst spät setzte sich das „Legalitätsprinzip" durch, nach dem die Polizei verpflichtet war, alle Verbrechen zu erforschen und ihre Ermittlungsergebnisse unverzüglich der Staatsanwaltschaft zur Kenntnis zu bringen. Die Spannung zwischen dem Selbstständigkeitsbedürfnis der Polizei und den Anforderungen der Staatsanwaltschaft lebt bis in die heutigen Kriminalfilme fort.

1872, als Berlin Reichshauptstadt geworden war, verstärkte die Kripo ihre Bemühungen, für Ruhe und Ordnung in der Stadt zu sorgen; Observationen wurden durchgeführt und Listen von Prostituierten und Personen, die unter Beobachtung standen, geführt. Mehrere Reorganisationen der folgenden Jahre schufen eine immer ausgefeiltere Organisationsstruktur. Die Kriminalpolizei wurde in Berlin etwa in zahlreiche Unterabteilungen je nach Diebstahlsart aufgeteilt.[45] Zwar stiegen die Möglichkeiten der erkennungsdienstlichen Erfassung der Täter, gleichzeitig erhöhte sich aber deren Mobilität. Mit Patrouillen, Überprüfungen und gezielten Razzien im berüchtigten Milieu versuchte die Polizei, zum Erfolg zu kommen.

Probleme gab es vor allem bei der Rekrutierung von geeignetem Personal.[46] Um als Schutzmann aufgenommen zu werden, musste der Bewerber neun Jahre Militärdienst absolviert haben und den Rang eines Unteroffiziers bekleiden. Erst ab 1875 waren auch ungediente Bewerber erwünscht, eine „Entmilitarisierung" der Polizei setzte ein. Die Kriminalpolizei versuchte, sich die fähigsten Beamten zu sichern und genoss auch einen besseren Ruf als die reguläre Polizei, doch auch sie klagte über ungeeignete Bewerber, die zu alt seien, dem Trunk verfallen, Plattfüße hätten oder mit den Sozialisten sympathisierten, was man selbstverständlich als Ausschlusskriterium für eine Beschäftigung im Staatsdienst ansah. Das Salär war vor allem zu Beginn gering. Dass Polizisten auf unrechtmäßige Weise ihr Gehalt aufbessern wollten, wie es manche Autobiographie schildert, erscheint daher durchaus glaubwürdig.

Kommissare mussten als (Reserve-)Offiziere gedient haben und zudem finanziell unabhängig sein, da sie während der Ausbildung kein Gehalt bezogen. Die Ausbildung geschah vor Ort und suchte auch Spezialkenntnisse zu vermitteln, aber erst nach 1900 wurden erste Polizeischulen gegründet, die die Professionalität der Beamten garantieren sollten. Bewaffnet musste die Polizei sein, doch 1860 reichte noch ein kräftiger Stock, die Schutzmänner trugen Säbel. Pistolen galten als zu wenig treffsicher und umständlich. In den letzten Jahrzehnten des 19. Jahrhunderts waren jedoch die Verbrecher immer besser bewaffnet, sodass auch die Berliner Kriminalschutzmänner Revolver bekamen. Sie scheinen jedoch selten benutzt worden zu sein.[47]

Die staatliche Bekämpfung der erstarkenden Arbeiterbewegung führte in Preußen, das hier eine Vorreiterrolle einnahm, zur Einrichtung der Politischen Polizei[48] als Sonderabteilung. In der Folgezeit, am eklatantesten in der NS-Zeit, geriet sie zum Erfüllungsgehilfen staatlicher Repression.

Polizei in der Kleinstadt   Völlig unzureichend aus Sicht der Polizei gestalteten sich dagegen die Verhältnisse auf dem Land, wo häufig neben einem Amtsvorsteher nur wenige Polizeidiener, Gendarmen oder Landdragoner ihren Dienst versahen und lediglich auf Anzeigen aus der Bevölkerung reagierten, Verbrechensverhütung aber meist überhaupt nicht betreiben konnten. Ähnliches galt auch für die kleineren Städte.

So sollte zwar die Polizei in Bremen nach der Instruktion von 1815 „das Land von Vagabunden und Bettlern rein halten"[49], Leute ohne gültigen Pass abschieben, Anzeigen aufnehmen und Delinquenten bei der Polizeidirektion abliefern, doch fehlte es häufig an dem nötigen Personal. Auch nach der Revolution von 1848 änderte sich dieser Missstand nicht, da das untere Criminal-Gericht, zuständig für alle leichteren Fälle, die Polizeidiener unter Umgehung der Polizeidirektion direkt mit seinen Angelegenheiten betraute, sodass diesen kaum Zeit für den regulären Dienst blieb. Das „Ausforschen von Verbrechern" sowie die Aufgaben der politischen Polizei, der Fremden- und Sittenpolizei (so die Aufgabenbeschreibung für die Kriminalpolizei von 1852) konnten unter diesen Umständen oft nicht ausreichend erfüllt werden, war man doch mit einer steigenden Verbrechensrate in der inzwischen 60 000 Einwohner umfassenden Stadt mitsamt dem Auswandererhafen Bremerhaven konfrontiert. Respekt wollte man sich aber durch die Kleidung verschaffen: Man trug einen Anzug oder einen Frack aus blauem Tuch mit vergoldeten Knöpfen und Samtkragen sowie eine seidene Halsbinde.[50]

In Bremerhaven waren um 1852 die Verhältnisse noch dramatischer. Hier stemmten sich lediglich ein Amtmann und ein Polizeikommissar der wegen seines vorgerückten Alters und seiner Leibesfülle „fast unbrauchbar"[51] war, gegen die zunehmende Zahl von Verbrechen. Immerhin waren 1852 unter anderem 34 Diebstähle, acht Schlägereien, vier Unterschlagungen, fünf Widersetzlichkeiten gegen die Behörde, drei Fälle von Betrug, zwei von Desertion von einem Schiff, drei von Erpressung und neun Fälle von unerlaubter Rückkehr nach einer Ausweisung zu ahnden.[52] Allerdings besaß der Kommissar die für die zahlreichen ausländischen Seeleute notwendigen Sprachkenntnisse. Vier Dragoner und vier Aushilfsdragoner sollten die Täter fassen.

Erst in den 1880er-Jahren änderten sich die Verhältnisse in Bremen, als statt der oft alkoholisierten Nachtwächter des nachts Polizeidiener unterwegs waren und die Kneipen kontrollierten, außerdem Kommissare und Schutzmänner einer jetzt bestehenden kriminalpolizeilichen Abteilung zugeordnet wurden.

Neue Techniken   Für die Fahndung gab es seit dem Spätmittelalter Steckbriefe[53] mit Personenbeschreibungen, seit dem 18. Jahrhundert Gaunerlisten. Schon 1820 führte man in Berlin eine Liste verdächtiger Personen oder ehemaliger Straftäter. Ab 1852 existierte ein Fahndungsblatt, das *Königliche Central-Polizeiblatt*, das Ende des 19. Jahrhunderts dreimal wöchentlich aufgelegt wurde. Seit 1899 erschien in täglicher Aktualisierung das *Deutsche Fahndungsblatt*.[54]

Die hohe Rückfallkriminalität ließ den Wunsch nach einem umfassenden Register entstehen, in dem auch die Vorstrafen verzeichnet sein sollten. So führte man seit 1877 Verbrecheralben mit Personenbeschreibungen, Angabe von Spitznamen, Handschriftenproben (bei Betrügern) und Merkmalsverzeichnis. Um 1900 gab es in Berlin bereits 20 Bände für insgesamt 20 500 Personen. Ein großes Problem stellte aber die Zuordnung dar; 1880 etwa wurden nur sechs Prozent der Straftäter durch das Verbrecheralbum erkannt – ein zu geringer Prozentsatz für den enormen Aufwand, ganz zu schweigen von der Handhabbarkeit, die später durch ein Karteikartensystem des nun vorhandenen Erkennungsdienstes verbessert wurde. Bessere Möglichkeiten für die Ermittlung schuf der Einsatz der Fotografie. 1899 richtete man in Berlin das erste Fotolabor für polizeiliche Zwecke ein.[55]

Zur Identifizierung des Täters hielt man sich im Reich zunächst an die Bertillonage, die 1893 zuerst in Hamburg eingeführt wurde. Hier mussten 11 Körpermaße in die Kartei eingetragen werden. Es liegt auf der Hand, dass das System dort seine Schwächen hatte, wo Körperbau und Körpermaße sich verändern mussten, wie bei schwangeren Frauen oder Jugendlichen.

Eine wesentliche Verbesserung stellte demgegenüber die Daktyloskopie dar, die auf der Abnahme von Fingerabdrücken beruhte. Von E. R. Henry zuerst in Britisch-Indien entwickelt, wurde sie 1901 in Scotland Yard eingeführt, 1903 in Deutschland zuerst in Hamburg.

Zunehmend nutzte man zudem die Möglichkeiten der Mikroskopie, der Toxikologie, der Ballistik und der Forensik (Gerichtsmedizin), um den Tathergang zu erschließen und belastbare Beweise zu erhalten. 1886 wurde in Berlin ein Leichenschauhaus eingerichtet.

Die Delikte

Wenn wir etwas darüber erfahren wollen, wie häufig welche Delikte im 19. Jahrhundert verübt wurden, müssten wir eigentlich Kriminalstatistiken heranziehen, doch diese liegen vor allem für die erste Hälfte des Jahrhunderts keineswegs für alle Regionen vor.[56] Dort, wo es sie noch nicht gibt, hat die Forschung stattdessen auf Gefängnislisten oder Verurteilungsregister zurückgegriffen. Letztere wurden bei den Gerichten angelegt, um das geleistete Arbeitspensum der Justiz nachzuweisen. Das heißt, dass nicht die Ermittlungen der Polizei insgesamt abzulesen sind, sondern nur diejenigen, die zu einer Verurteilung der Täter geführt haben.

Die leichten Vergehen wurden zudem von der Polizei vor Ort geahndet und meist durch eine Geldstrafe abgegolten; auch sie erscheinen in diesen Registern nicht. Und mehr noch: Die sogenannte Dunkelziffer, Verbrechen, die zwar begangen, aber nie angezeigt und deshalb auch nicht verfolgt wurden, ist ebenso wenig greifbar.[57] Statistische Schwankungen können zudem dadurch hervorgerufen werden, dass sich die Gesetzeslage oder die Zuständigkeitsbereiche der Gerichte verändert hatten.

Im 19. Jahrhundert war Kriminalität zum großen Teil ein Problem von Männern, das heißt, überwiegend begingen Männer Straftaten. Man spricht sogar von einem „Verschwinden der Frauen" aus den Statistiken an der Wende vom 18. zum 19. Jahrhundert und darüber hinaus.[58] Der Anteil der verurteilten Frauen lag etwa in Baden zwischen 1829 und 1847 beim Hofgericht bei etwa 12 Prozent, beim Amtsgericht bei 15 Prozent und erreicht damit einen ähnlichen Wert wie heute. Auch in der zweiten Hälfte des Jahrhunderts bleibt dieses Bild gleich. Das war noch in den vorhergehenden Jahrhunderten anders, da hier die Verurteilungen wegen „Unsittlichkeit" – die überwiegend Frauen trafen – einen höheren Prozentsatz ausmachten. Der „typische" Straftäter war also (auch) im 19. Jahrhundert männlich und ein Dieb, außerdem war er zwischen 20 und 30 Jahre alt.[59] Deutlich weniger Männer machten sich des Betrugs und der Hehlerei schuldig.

Frauen wurden vor allem wegen Diebstahls und Prostitution verurteilt, dazu, ebenso wie die Männer, wegen Vagabundierens oder Bettelei. Ein nur geringer Prozentsatz von Frauen und Männern hatte Gewaltdelikte verübt: Bei Männern wird in den einschlägigen Statistiken Mord, versuchter Mord oder Totschlag, Vergewaltigung, Brandstiftung oder Misshandlung der Ehefrau genannt. Bei den Frauen waren der Kindsmord bzw. Abtreibung das Gewaltdelikt par excellence, hinzu traten Kindsmisshandlungen. Außerdem machten Frauen sich auch dann strafbar, wenn sie als Unverheiratete eine Schwangerschaft verheimlichten.

Eigentumsdelikte Das alles dominierende Delikt des 19. Jahrhunderts war der Diebstahl. Untersuchungen zur Kriminalitätsentwicklung dieser Zeit bestätigen einhellig diesen Befund.[60] Die Zahlen bleiben dabei nicht konstant, sondern es wird deutlich, dass zunächst bis zur Jahrhundertmitte eine steigende Zahl von Tätern wegen Eigentumsdelikten (Diebstahl, zum Teil mit Einbruch, Betrug, Unterschlagung) verurteilt wurde.

Dies zeigt zum Beispiel die Auswertung der Verurteiltenstatistik des Königreichs Württemberg für die Jahre 1830–1848. Ihr Ergebnis: Auf der Ebene der Kreisgerichte, also der unteren Ebene, findet sich insgesamt eine starke Zunahme der Verurteilungszahlen in den Jahren 1845/46 für die Delikte Diebstahl, Bettelei und Vagieren (Umherziehen ohne festen Wohnsitz).[61] Insgesamt machten sie fast zwei Drittel aller Verurteilungen aus.

Beim Criminal-Gericht, also dem Gericht für schwerere Kriminalfälle, bezogen sich 1830 und 1839 50 Prozent der Verurteilungen auf
Eigentumsdelikte. 1848 schließlich betrafen sogar 75 und mehr Prozent der ausgesprochenen Verurteilungen Diebstähle. Es ergibt sich
also derselbe Befund wie auf der unteren Gerichtsebene.[62]

Gibt es einen Zusammenhang zwischen wirtschaftlichen Krisen und
der Häufung dieser Art von Delikten? Dies scheint auf den ersten Blick
klar, denn sehr plausibel will scheinen, dass zunehmende Armut auch
den Hang zu Eigentumskriminalität erhöht. So sahen es jedenfalls auch
die Zeitgenossen. Sie brachten diese Delikte und ihre Häufung mit der
„Nahrungs- und Verdienstlosigkeit" der Menschen in Verbindung,
sahen in ihnen also Armutskriminalität. Und in der Tat herrschte zum
Beispiel in der ersten Hälfte des 19. Jahrhunderts neben den Jahren
1816/1817 vor allem in den Jahren 1846/47 eine verheerende wirtschaftliche Krise. Nicht nur in Württemberg sprach man 1847/48 vom
„Hungerwinter", in dem 18 bis 24 Prozent der Bevölkerung mit kostenlosen Getreidegaben unterstützt werden mussten. Die Notlage kulminierte in den Brotkrawallen in Stuttgart und Ulm im Mai 1847, in denen
sich eine aufgebrachte Menge durch Überfälle auf Bäckereien die so
dringend benötigte Nahrung stahl.[63]

Häufig tauchen neben Diebstahl und Betrug auch die Delikte Vagabundieren und Bettelei in den Statistiken auf. Dieser Zusammenhang
ist etwa für Baden untersucht worden. Auch in dieser Region war die
erste Hälfte des 19. Jahrhunderts von wirtschaftlichen Krisen geprägt.
Viele Menschen wurden entwurzelt und zogen ohne festen Wohnsitz
umher. Die Behörden versuchten durch eine Flut von Gesetzen und Erlassen, dem Problem der Nichtsesshaftigkeit beizukommen. „Jauner",
Landstreicher und Bettler mussten mit der verstärkten Verfolgung
durch die Gendarmen rechnen, die Festnahmen für diese Delikte stiegen zwischen 1830 und 1840 um 150 Prozent, mehr als 50 Prozent aller
Anzeigen und Verhaftungen insgesamt. Fremde ohne gültige Pässe
wurden abgeschoben.[64] Dass die gestiegene Eigentumskriminalität in
Baden tatsächlich auf eine wirtschaftliche Notlage zurückzuführen
war, wird auch durch die Sozialstruktur der Täter bestätigt. 82 Prozent
der vor dem badischen Hofgericht zwischen 1829 und 1847 Abgeurteilten galten als „vermögenslos".[65] Auffallend viele Delinquenten gehörten

dem Handwerkerstand an, also einer Berufsgruppe, die in besseren wirtschaftlichen Zeiten durchaus ihr Auskommen finden konnte.[66] Oft
waren gerade die über 50-Jährigen betroffen, die durch Krankheit oder
altersbedingt nicht mehr erwerbstätig sein konnten.

Gegen die These der zunehmenden Eigentumsdelinquenz aufgrund
von wirtschaftlichen Krisen sind verschiedene Einwände geltend gemacht worden. So müsse bedacht werden, dass die statistischen Erhe-
bungsmethoden zunehmend effizienter wurden und so mehr Straftaten erfasst werden konnten, die Gesetzgebung verschärft wurde, die
Anzeigebereitschaft in der Bevölkerung sich erhöhte und die Polizei vor
Ort häufiger präsent war. Dass die von ihr untersuchten Diebstähle
nicht aufgrund einer Notlage begangen worden waren, sondern die sich
verschärfenden sozialen Spannungen innerhalb der ländlichen Unterschicht spiegelten, wurde jüngst dargelegt.[67] Alle diese Faktoren müssen
in der Tat relativierend bedacht werden, können aber den gesamten
Entwicklungstrend nicht entkräften.[68] Auch in der zweiten Hälfte des
Jahrhunderts blieb der Diebstahl dominant, zum Teil verbunden mit
Hehlerei.[69]

Wie verhält sich die allgemeine Deliktstruktur zu der in den Autobiographien? Auch in diesen Texten, deren Autoren zumeist in der zweiten Hälfte des Jahrhunderts straffällig wurden, dominiert der Diebstahl
als häufigstes Delikt, insgesamt 70 Prozent der Autoren begingen Diebstähle. Als Diebe waren uns schon Luer Meyer und Joseph Kürper begegnet. Auffallend ist die hohe Quote der Wiederholungsfälle, dies entspricht ebenfalls den statistischen Befunden. Ganz anders dagegen ist
das Bild bei Betrügereien. Während sie in den Statistiken deutlich hinter dem Diebstahl rangieren, wurden 60 Prozent der Autoren wegen
Betrugs inhaftiert. Die im Vergleich zum statistischen Durchschnitt
hohe Repräsentation dieser Delikte ist vielleicht darauf zurückzuführen, dass die Betrüger in der Regel eine bessere Schulbildung genossen
hatten, sich besser schriftlich ausdrücken konnten und deshalb lieber
ihre Lebensgeschichte aufschreiben wollten als weniger gebildete Straftäter. 29 Prozent der Autoren haben sich Unterschlagung oder Urkundenfälschung zuschulden kommen lassen.

Für die zweite Jahrhunderthälfte enthalten die Gefangenen-Autobiographien ein schier unerschöpfliches Reservoir an Betrugsvarianten.

Unterschlagung und Diebstahl waren die Delikte, derer sich etwa S. P. E. aus Gotha schuldig machte. Er wollte eine Ausbildung als Kaufmann absolvieren. Mit 12 Jahren trat er seine Lehrzeit an und entdeckte schon bald, dass in der Papier- und Galanteriewaren-Handlung mit „unrechtmäßig erworbenen Sachen"[70] gehandelt wurde. Dies habe sein jugendliches Gemüt verdorben und dazu geführt, dass auch er kleinere Gegenstände aus dem Geschäft stahl und verkaufte. Daraufhin verlor er seine Stellung als Kaufmannsgehilfe und musste sich als Fabrikarbeiter verdingen. Von seinen Kollegen sei er grausam als „Tintenbub" und „papierner Tagelöhner" verspottet worden, da man den Grund seines „Abstiegs" in die Arbeiterschaft zu kennen glaubte. Um die Quälgeister ruhig zu stellen, spendierte S. P. E. großzügig Bierrunden. Seine Schulden bezahlte er, indem er vergünstigte Schuhwaren an seine Arbeitskollegen verkaufte. Die Schuhe hatte er bei einem Schuhwarenhändler erschwindelt, wobei er sich zunutze gemacht hatte, dass sein Vater als Werkführer in einer Schuhwarenfabrik tätig war. Vier Monate Gefängnis brachte ihm diese Tat ein. Nachdem er sich nach der Haftzeit als Schiffsjunge und Hausdiener verdingt hatte, gelang ihm der Aufstieg zum Kommis in einer Maschinenfabrik. Gleichzeitig lernte er ein Mädchen kennen und stürzte sich in Vergnügungen und Feste. Das notwendige Geld beschaffte sich S. P. E. aus der Geschäftskasse, die ihm anvertraut war. Als der Diebstahl aufflog, stellte sich der Delinquent nach einem Selbstmordversuch der Polizei. Nach Verbüßung seiner Haftzeit beging er eine weitere Unterschlagung von ihm anvertrauten Geldern, die ihm eine Haftstrafe von drei Jahren und zwei Monaten einbrachte.

Der Zusammenhang von Armut und Kriminalität setzt sich in der zweiten Hälfte des 19. Jahrhunderts fort. Der Lebenslauf von Joseph Kürper kann hierfür als gutes Beispiel dienen, denn auch am Beginn seiner kriminellen Laufbahn in den 50er- und 60er-Jahren des 19. Jahrhunderts standen Betteln und Diebstahl aus Not. Des Öfteren wurde er wegen Vagabundierens belangt, als er, immer auf der Flucht vor der Polizei, von einem Ort zum anderen zog.

Andere Autoren erlebten den engen Zusammenhang zwischen Verlust der Arbeit, Verarmung, Verlust der Wohnung und schließlich Obdachlosigkeit, was regelmäßig zu entsprechenden Sanktionen führte, vor allem wenn noch Bettelei hinzukam.[71]

Ein erneuter Anstieg der Eigentumskriminalität und der Obdachlosigkeit ist vor allem in der Wirtschaftskrise nach den Gründerjahren zu verzeichnen. Viele Betroffene verloren mit ihrer Arbeit auch bald ihre Wohnung, da es noch keine staatliche Arbeitsvermittlung gab. Hinzu kam, dass in den Großstädten wie Berlin oder Hamburg ein akuter Mangel an bezahlbarem Wohnraum herrschte, so wohnte etwa im Hamburger Gängeviertel 15 Prozent der Bewohner zu fünft in einem beheizbaren Raum.[72] Die städtischen Obdachlosenasyle[73] waren hoffnungslos überfüllt, in ihnen durfte man sich sowieso nur fünf Tage hintereinander aufhalten. Diese handfesten sozialen Probleme wurden jedoch selten als Grund für das Vagabundieren genannt. Zumeist galten Vagabunden als schwache, nutzlose Menschen, die die Ordnung störten und sich nur nicht genug bemühten, sich sozial zu integrieren.

Aus diesen Gründen schwand auch die Toleranz gegenüber Bettlern im Kaiserreich zusehends. In Berlin etwa wurde nach 1871 das Polizeiaufgebot verstärkt, denn die Öffentlichkeit verlangte immer stärker, die „Landplage" der Bettelei zu beseitigen.[74] Die zahlreichen Bettler wurden zwar in Gewahrsam genommen, jedoch zumeist zunächst nicht verurteilt: In Berlin wurden jährlich bis zu 30 000 Bettler aufgegriffen, aber nur fünf Prozent fanden sich im Arbeitshaus wieder. Wenn noch zum Leben auf der Straße Alkoholkonsum hinzutrat, kam es nicht selten zu Ruhestörungen oder Körperverletzungen, die zu längeren Haftstrafen führten. Erst zu Beginn des 20. Jahrhunderts wurden Obdachlosigkeit und Bettelei weniger stark verfolgt.

Gewaltdelikte   Gewaltdelikte wie Mord, Kindsmord, Totschlag oder schwere Körperverletzung spielten zahlenmäßig eine wesentlich geringere Rolle in den Statistiken.[75] Dies gilt für das gesamte 19. Jahrhundert und auch dann noch, als im Zuge der Industrialisierung die Bevölkerung in Städten wie Berlin oder Hamburg sprunghaft zunahm. In Berlin wurde deshalb auch erst 1902 eine Mordkommission gebildet. Dies steht in krassem Gegensatz zu der großen Aufregung, die spektakuläre Mordfälle in der Öffentlichkeit verursachten[76] und der besonderen Aufmerksamkeit, die Gewalttäter (auch Sexualtäter) in den Konzepten der Wissenschaftler vor allem zum Ende des Jahrhunderts erzielten.

Stark bewegt hatte die Öffentlichkeit auch ein Raubmord in Eiderstedt im Jahr 1842. Der Mörder Carsten Hinz hat ebenfalls eine Autobiographie hinterlassen, aus der die Vorgeschichte der Gewalttat deutlich wird.

Hinz' Eltern waren als Tagelöhner auf den benachbarten Höfen tätig, besaßen aber ein kleines Häuschen und ein paar Schafe, die Carsten schon als kleiner Junge hüten musste. Eine Schule besuchte er bis zu seinem 16. Lebensjahr überhaupt nicht, und dann auch nur kurz, da er an einer ansteckenden Krankheit litt, dem Kopfgrind, verursacht durch fehlende Hygiene.

Seine erste Dienststelle versah er nur mit Unwillen, „ungeschickt, nachlässig und träge“.[77] Widersetzlichkeit und Trotz seien dazugekommen. Diebstähle, die Carsten schon früh begangen hatte, aus „Langeweile“, wie er schreibt, häuften sich nun. „Bald stellte ich den Mädchen im Dorf nach oder suchte Händel mit den Knaben, auch fing ich an, zum Wirtshaus zu gehen und mit den Knechten Branntwein zu trinken und Karten zu spielen, wozu ich den Eltern die Schillinge wegstahl.“

Die Ermahnungen des Vaters akzeptierte er nicht und da er groß und stark war, wagte dieser auch nicht mehr, die Hand gegen seinen Sohn zu heben. Spiel und Alkohol spielten eine immer größere Rolle in Carstens Leben. „Meine Ausschweifungen, und besonders das Laster des Trunkes, welches mich völlig beherrschte, hatten meine Kräfte und meine Casse erschöpft; meinen Dienstlohn hatte ich schon vorweg und ganz durchgebracht; dazu war ich vielen Leuten im Dorfe Geld schuldig geworden.“[78] Carsten versetzte auch noch seine letzten Sachen und vertrank das Geld.

Ein Diebstahl brachte ihn ins Stockhaus von Tönning, ein weiterer ins Zuchthaus nach Glückstadt. Dort erhielt er kurz vor seiner Entlassung den Hinweis, bei dem alten Ehepaar Hamann sei viel Geld zu holen, der Raub sei auch leicht auszuführen, da nur eine Dienstmagd da sei. Er habe schon zu diesem Zeitpunkt vorgehabt, den alten Bauern und das Dienstmädchen umzubringen, gibt Hinz an. Er brach auch wirklich in das Wohnhaus der Hamanns ein und schlug wie ein Rasender auf den alten Bauern und die Magd ein. Der Bauer erlag seinen schweren Verletzungen, die Magd überlebte schwer verletzt. Geld hatte Hinz aber keins erbeutet. Nach der grausigen Tat habe ihn „eine unendliche Traurigkeit" befallen, „und das Bewußtsein meiner That lag auf mir wie eine ungeheure Last".[79]

Sittlichkeitsdelikte   Grundsätzlich glaubte man im gesamten 19. Jahrhundert nicht ernsthaft daran, dass die Prostitution völlig abgeschafft werden könne.[80] Viele verwiesen etwa auf das Problem, dass unverheirateten jungen Männern keine vorehelichen Kontakte möglich waren außer zu Dirnen. Gleichzeitig nahm man jedoch die Prostituierte als Verführerin des Mannes[81] wahr, die ihn nicht nur zu unzüchtigen Handlungen brachte, sondern ihn auch noch gesundheitlich und finanziell ruinierte.[82] Die Prostituierten wurden als derart bedrohlich wahrgenommen, weil sie ihre „unsittlichen" Kontakte nicht auf Männer aus der Unterschicht beschränkten, sondern auch gutbürgerliche Freier „anlockten", indem sie freizügig ihre weiblichen Reize entblößten. Die Angst vor dieser sozialen Grenzüberschreitung, vor dem Infragestellen der bürgerlichen Ordnung, wurde im Topos der „Verführung" gefasst.[83] Auf jeden Fall meinte man, die Dirnen bestrafen zu müssen, da sie ein Gewerbe mit der Unzucht betrieben. Die Freier gingen dagegen straffrei aus.[84] Auf keinen Fall sollten Dirnen mit Kindern in Berührung kommen; eigene Kinder wurden ihnen nach deren zehntem Lebensjahr weggenommen.[85]

Die Ambivalenz gegenüber der Prostitution zeigte sich auch an der „Bordellfrage". In vielen Städten des Reichs wurden Bordelle verboten – 1857 etwa endgültig in Berlin.[86] Die Haltung der Polizei war hier jedoch höchst inkonsequent. Nicht nur, dass Bordelle trotzdem weiter fortbestanden, es wurden nach dem Verbot sogar noch neue Konzessionen für Bordellwirte erteilt. Die Dirnen lebten daher in einem Zustand der Rechtsunsicherheit.[87] Dort, wo die Bordelle aufgelöst worden waren, waren die Dirnen bald überall auf den Straßen der Städte anzutreffen – ein Grund, weswegen man in Hamburg eine gegensätzliche Strategie verfolgte und die Bordelle beibehielt. Zuhälter gab es hier nur für die illegalen Dirnen.

Die Zahl derjenigen, die wegen gewerbsmäßiger Unzucht verurteilt wurden, stieg im letzten Drittel des 19. Jahrhunderts beständig, ebenso wie die Zahl derjenigen, die ihren Lebensunterhalt auf diese Weise illegal zu verdienen suchten. Mit der Registrierung wurden die Dirnen zu

Hamburger Bordellreglement von 1834 [Auszug]

§ 1
Zuvörderst sollen alle Bordellwirthe, Wirthinnen und eingezeichnete Mädchen stets eingedenk sein, daß ihr an sich schändliches und verwerfliches Gewerbe nur geduldet, nicht aber erlaubt, oder gar autorisirt oder gutgeheissen wird (...)

§ 12
Die öffentlichen Mädchen aller Art dürfen sich nicht unterfangen, es sei bei Tag oder bei Nacht, Vorübergehende auf den Strassen anzureden oder gar anzuhalten, noch ihnen aus den Fenstern zuzuwinken oder sie anzurufen. Sie dürfen ferner bei Licht nicht ohne heruntergelassene Rouleaux oder Vorhänge in den Zimmern sitzen.

§14
Im alten und neuen Jungfernstieg, auf der Esplanade und auf dem Wall zwischen der Lombardsbrücke und dem Steintor darf sich kein öffentliches Mädchen (...) blicken lassen. (...) Den Bordellwirthen und Wirthinnen, so wie den öffentlichen Mädchen, ist der Zutritt zum ersten und zweiten Rang sowie zum Parkett des Stadttheaters gleichermaßen untersagt.
(Zitiert nach Urban (1927), S. 25f.)

„Kontrollmädchen", die zum großen Teil „käufliche Liebe" im Bordell (wenn vorhanden), sonst aber auch in gemieteten Zimmern oder „Schlafstellen" nachgingen. Der Straßenstrich wurde verboten, denn die bürgerliche Öffentlichkeit beschwerte sich über die Allgegenwart der Prostituierten. Mit strikten Reglementierungen wollte man dem abhelfen. So durften die Dirnen nicht mehr nach Anbruch der Dunkelheit ihre Wohnungen ohne männliche Begleitung verlassen und keine öffentlichen Gebäude wie Theater oder Cafés aufsuchen. Die Prostitution sollte „unsichtbar" werden.

So erging es auch Hedwig Hard, die uns ihren Lebensbericht hinterlassen hat.[88] Sie stammte aus einer Kleinstadt im Rheinland, ihr Vater war Bahnbeamter. Von ihrer Mutter ungerecht, lieblos und mit großer Härte behandelt, suchte sie als 16-Jährige Liebe und Zuwendung in den Armen eines Fabrikantensohns. Nachdem ihre Liaison den Eltern hinterbracht worden war, wurde sie heftig geschlagen. „Mein Vater war kaum ins Zimmer getreten, als er auf mich losstürzte und mich an den Haaren durchs Zimmer schleifte. Dann riß er seinen Lederriemen, den er statt der Hosenträger trug, herunter und schlug so lange auf mich los, bis ich zusammenbrach. Blutend aus Mund und Nase fand ich mich am Boden wieder."[89] Sie floh mit nur zwei Mark und ohne Papiere nach Köln, wo sie zunächst keine Bleibe hatte. Sie hatte, wie so viele, die gegen die herrschende Sexualmoral verstoßen hatten, von ihrer Familie nun keine Unterstützung mehr zu erwarten. Auf der Suche nach einer Stelle lernte sie eine junge Frau kennen, die bereits als Dirne einschlägige Erfahrungen gesammelt hatte, ihr Kleider schenkte und mit ihr ins Varieté ging. Berauscht vom ungewohnten Alkohol, ließ sich Hedwig auf einen Studenten aus Bonn ein und wurde für ihre Liebesdienste bezahlt. Weitere Bekanntschaften kamen hinzu; aus der Gelegenheitsprostitution entwickelte sich ein Leben als Dirne.

Eines Abends, als Hedwig mit ihrer Freundin noch unterwegs war, wurden beide Frauen von der Polizei kontrolliert. Die Freundin ergriff das Hasenpanier, aber Hedwig, da ohne Papiere, wurde zur Wache abgeführt. Auf dem Weg dorthin versuchte der Polizist, sich an ihr zu vergreifen, was sie heftig abwehrte. „Als er mit seinem bärtigen Mund, nach Schnaps stinkend, mir ins Gesicht kam, ekelte ich mich so vor ihm, daß ich ihn zurückstieß"[90], schreibt sie. Nach acht Tagen in Untersuchungshaft wurde sie, da sich ihre Eltern auch nicht für sie verwendeten, zu 14 Tagen Arbeitshaus verurteilt, wegen „gewerbsmäßiger Unzucht und Umhertreibens". Dass sie auch den Übergriff des Polizisten vor Gericht angegeben hatte, schlug ihr zum Nachteil aus. Wegen „schwerer Beamtenbeleidigung" kamen zwei Monate Haft hinzu. Bitter schreibt sie: „Ich war sechzehn Jahre alt, niemals bestraft gewesen und musste zwei Monate ins Gefängnis, weil ich einen Schutzmann beleidigt hatte und ich hatte doch nur die Wahrheit gesagt. Später bin ich vorsichtiger gewesen und hab mir die Schutzleute so gut es ging zum Freunde gemacht. Lieber bin ich ihnen zu Willen gewesen, denn das war das beste; das rettete mich oft vor dem Einsperren."[91]

Später ließ sie sich als Prostituierte in Wiesbaden registrieren. Fast unmöglich fand sie es, das strikte Reglement einzuhalten, das ihr vorschrieb, schon um 17.00 Uhr zu Hause zu sein und öffentliche Lokale zu meiden. „Ich habe einmal sieben Tage Haft bekommen, weil ich in einer Konditorei eine Tasse Kaffee trank und gesehen wurde."[92] Ein andermal hatte sie in einem Geschäft eingekauft, während ein Schutzmann vor der Tür wartete und sie festnahm, als ihr Einkauf beendet war. Der Grund: Die Straßenlaternen waren schon angezündet gewesen.

Strafbar machte man sich auch, wenn man Wohnraum an Dirnen vermietete, denn das galt als Mittel, der „Unzucht Vorschub zu leisten". Vor allem Witwen, die damit ihre schmalen Börsen aufbessern wollten, vermieteten an Dirnen oder betätigten sich als illegale Bordellwirtinnen.[93] Jährlich wurden in Berlin 400 bis 700 Personen wegen Kuppelei verurteilt.[94] Andere Vermieterinnen dagegen lehnten Prostituierte als Untermieterinnen ab. Auch Hedwig Hard berichtet, dass sie mehrfach umziehen musste, wenn ihre Zimmerwirtin bemerkte, womit sie ihr Geld verdiente. In einer westfälischen Garnisonsstadt konnte sie in ihrem angemieteten Zimmer nicht bleiben. „Der Zulauf war derart, daß die Nachbarn sich beschwerten."[95]

Die strafrechtliche Verfolgung von Zuhältern wurde erst zum Ende des 19. Jahrhunderts verstärkt. So erwähnte Joseph Kürper in seinem Lebensbericht zwar, dass er sich um 1870 als Zuhälter im Mannheimer Stadtpark über Wasser hielt, doch die Polizei griff offenbar nicht ein. Verhaftet und verurteilt wurde er jedenfalls erst nach einem misslungenen Einbruchsversuch.

Frauen konnten auch wegen Abtreibungen verurteilt werden, allerdings geschah dies nur bei einem Siebtel der Angeklagten. Ersttäterinnen wurden häufig nur ermahnt. Die Abtreibungsrate war besonders in den Großstädten enorm hoch, denn Frauen verloren ihren Arbeitsplatz, wenn sie unehelich ein Kind bekamen.[96]

Erpressung Auch Unzucht mit Minderjährigen und, anders als heute, Homosexualität waren strafbar. Wagte jemand entsprechende Annäherungsversuche, so war er erpressbar.

Schon mehrfach straffällig geworden war der 1874 in Norddeutschland geborene B. J., als er mit einer Erpressung erneut ins Visier der Polizei geriet. Er schildert sein Verhalten als Verzweiflungstat. Nach einem Diebstahl aus dem Gefängnis entlassen, gelang es ihm nicht mehr, eine neue Arbeit zu bekommen. Völlig mittellos landete er schließlich in Berlin. Dort habe er gemeinsam mit einem Kumpan einen „Päderasten"[97] erpresst. Dieser Mann hatte sich also strafbar gemacht und wurde so zu einer leichten Beute für Erpresser. Über die genaueren Tatumstände erfahren wir nichts.

Das Opfer hatte sich bereits um 1000 Mark erleichtern lassen und zudem seinem Erpresser seine goldene Uhr gegeben. B. J. kam nun auf die Idee, sich an den Mann zu wenden und ihm anzubieten, diese Uhr gegen eine Zahlung von 100 Mark auszulösen. Das sei ein „Geschäft"[98] gewesen, behauptet unser Autor. Und weiter: „Da jedoch nicht umgehend Antwort erfolgte, schrieb ich in meiner kritischen Lage und Aufregung – ich hatte die Nacht in einem der zweifelhaftesten Nacht-Cafés zugebracht, da ich in eine Penne [in ein Obdachlosenasyl] nicht gehen wollte, einen Gasthof aber nicht bezahlen konnte – einen zweiten Brief, worin der Passus vorkam: ‚Wenn ich nicht umgehend Antwort erhalte, sehe ich mich veranlaßt, die Uhr ihrer Frau anzubieten' (...)" Seine Handlungsweise rechtfertigt er sogleich: „Dies war eine Drohung, aber man bedenke meine Lage, mir blieb ja nichts übrig, als zu verhungern oder ein Verbrechen zu begehen; und war dieser Päderast ein nicht viel größrer Verbrecher als ich?" Im Verlauf seiner Geschichte erzählt der Autor von einem weiteren Erpressungsversuch, diesmal an einem Homosexuellen. Homosexualität war ein Straftatbestand.[99] Seine Tat rechtfertigt B. J. nicht nur mit seiner Situation, die ihm keine andere Wahl gelassen habe, sondern auch mit der moralischen Minderwertigkeit seiner Opfer. Indem er die Tat als „Geschäft" kennzeichnet, konstruiert er eine Gegenseitigkeit der Beteiligung an seiner Tat, die in Wahrheit nicht existiert.

Politische Delikte   Im Vormärz bzw. während und nach der Revolution von 1848/49 stieg die Zahl der politischen Delikte rapide an, denn die strafgerichtliche Praxis wurde deutlich verschärft, besonders nach der Julirevolution in Frankreich 1830 und dem Aufflammen radikal-demokratischer Tendenzen im Reich. Wir finden Hochverrat, Widerstand gegen die Staatsgewalt, Verstöße gegen das Versammlungsverbot oder das Pressegesetz verzeichnet.[100]

Hohe Zahlenwerte sind auch bei den „Ehrendelikten" bzw. „Injurien", worunter vor allem die Beleidigung von Amtspersonen fiel, sowie bei „Widersetzlichkeit" (Widerstand gegen die Staatsgewalt) zu finden. Diese Delikte nahmen im Zuge der Revolution 1847/48 stark zu.[101]

Eine Welle von Hochverratsprozessen brachte dann die 1848er-Revolution, 57 allein in Preußen 1849, dazu Hunderte von Prozessen wegen „Aufruhr", worunter sich Verstöße gegen das Pressegesetz verbargen.[102] Auch in der Restaurationszeit nach 1848 blieb die Zahl dieser Delikte zunächst recht hoch, da man durch drakonisches Durchgreifen den gesellschaftlichen Protest zu ersticken suchte. Schon schriftliche Äußerungen, nicht nur Handlungen, konnten einen Hochverratsprozess in Gang bringen.

Das Selbstverständnis[103] politischer Straftäter ist deutlich unterschieden von dem anderer Krimineller, wie ihre Lebenserinnerungen zeigen. Grundsätzlich glauben politische Täter, dass sie ein Recht auf ihre gesetzeswidrigen Aktionen haben, da sie die Gesellschaft und deren Gesetze nicht als bindend anerkennen. So wurde etwa die politische Agitation, das Abhalten von Versammlungen und das Verteilen von Schriften mit oppositionellem Inhalt zur Notwendigkeit, wollte man Staat und Gesellschaft einer grundlegenden Änderung zuführen. Die politischen Gruppierungen unterschieden sich nicht nur in ihrem Programm, ein entscheidendes Kriterium war die Ablehnung oder Befürwortung von Gewalt bei der angestrebten Veränderung der Gesellschaft.

Die politischen Kriminellen, deren spannende Lebensgeschichten ich vorstellen möchte, stehen stellvertretend für diese grob skizzierten Entwicklungen. Ihre soziale Herkunft, ihre Motive und Ziele sowie ihre Gefängniserfahrungen spiegeln den Wandel politischer Kriminalität im 19. Jahrhundert. Diese Gefangenen verfassten ihre Memoiren, um ein Beispiel für den notwendigen politischen Kampf zu geben und andere zur Nachahmung anzuregen.

Die Rebellen, die im Zusammenhang mit dem Vormärz bzw. der Revolution 1848/49 gegen bestehende Gesetze verstießen, stammten oft aus bürgerlich-intellektuellen oder adligen Familien, so auch Otto von Corvin-Wiersbitsky, der gleichermaßen mit der Waffe wie mit der Feder für seine Überzeugungen kämpfte.[104] Geboren 1812 als Sohn eines Offiziers aus ostpreußischem Adelsgeschlecht, begann er zunächst eine

militärische Laufbahn, arbeitete aber seit 1835 als Journalist im Umkreis der Jungdeutschen[105]. 1848 nahm er aufseiten der Revolutionäre
an den Barrikadenkämpfen in Berlin teil, beteiligte sich am badischen
Aufstand und verteidigte als Bürgerwehroberst Mannheim gegen die
preußischen Truppen. Von diesen wurde er wenig später zur Übergabe
der Festung Rastatt gezwungen; dorthin hatten sich die letzten Rebellen zurückgezogen. Die siegreichen Preußen verurteilten Corvin
wegen Hochverrats zum Tod; später wurde er zu sechs Jahren Festungshaft begnadigt.[106] Er verbrachte seine Haftzeit im neu erbauten Zellengefängnis von Bruchsal.[107] Kurz vor seinem Tod publizierte er die zahlreichen Briefe, die er während seiner Haftzeit an seine Frau Helene
schrieb.[108] 1855 wurde er acht Monate vor Ablauf der regulären Zeit aus
der Haft entlassen, mit der Auflage, auszuwandern. Er emigrierte zunächst gemeinsam mit seiner Frau nach England und ging später als
Sonderberichterstatter für die Londoner *Times* in die USA, wo er auf
etliche seiner ehemaligen Mitkämpfer traf. Er berichtete vom Amerikanischen Bürgerkrieg, später nahm er sogar aktiv am Kampf teil und trat
als Oberst in den Dienst der Nordstaaten. 1867 kehrte Corvin schließlich nach Deutschland zurück, arbeitete als Korrespondent für die *New
York Times* und war als Schriftsteller tätig.

Mehrfach betont Corvin während seiner Haftzeit, dass er zu seinem
Verhalten stehe und keinen Schritt bereue. Der preußische Staat, der
ihn hinter Gitter gebracht hatte, galt ihm als ein Unrechts- und Will-
kürregime, dem er sich wegen seiner uneigennützigen Motive moralisch
überlegen wusste. Doch seine künftige Opferbereitschaft hielt sich in
Grenzen. So schreibt er im Dezember 1849 an seine Frau: „Denke ich
wie diese Revolution von 48 wie eine Bombe in mein Haus gefallen ist
und so alles zerstört und mich arm wie Hiob gemacht hat, dann thut
mir manchmal das Herz weh, besonders wenn ich an Dich Du armes
Weib denke! (...) Und für wen haben wir das [behagliche Heim] geopfert? – für was? Nun, aus Ehrgeiz oder Eigennutz habe ich es nicht gethan, das Zeugnis kann ich mir geben; ich that es, weil ich den inneren
Trieb in mir fühlte. – Doch nun will ich Egoist werden und es andern
überlassen sich für das Volk zu opfern."[109] Die Politik im Reich, die im
Zeichen der Restauration stand, war ihm so zuwider, dass er sich sein
zukünftiges Leben nur in einem Staat in Übersee denken konnte.

Mit dem Erstarken der Arbeiterbewegung geriet eine ganz andere Gruppe politischer Täter ins Visier der Polizei: Es waren die Führer der sozialdemokratischen Opposition bzw. später des Anarchismus, die zumeist aus einfachen Verhältnissen stammenden Arbeiterführer.

Einer von ihnen war Johann Most.[110] 1846 als Sohn eines Schreibers in Augsburg geboren, machte er mit 16 Jahren eine Buchbinderlehre, wurde um diese Zeit aber schon zum ersten Mal verhaftet, weil er der „Christenlehrstunde" am Sonntag ferngeblieben war.[111] Seit 1866 war er in verschiedenen Verbindungen der Arbeiterbewegung aktiv, zunächst in der Schweiz, dann in Österreich. Wegen seiner politischen Aktivitäten wurde der feurige Redner 1869 in Wien arretiert. Ein Jahr später wurde er zu fünf Jahren Kerker verurteilt, wegen „Einführung, Verbreitung und Durchführung des Eisenacher social-democratischen Programms in Österreich" und damit wegen Hochverrats.[112] Zur Motivation für seine Taten legt Most dar, dass er sich weder als Märtyrer noch als „Opferlamm" sehe, vielmehr handele er „einfach nach meinen inneren Impulsen und fand darin meine Befriedigung, meinen höchsten Lebensgenuss".[113] Weit davon entfernt, seine Taten zu bereuen, fühlte sich Most regelrecht „geschmeichelt", als er verurteilt wurde: „Andererseits kitzelte es mich nicht wenig an der Ehrgeizdrüse, dass mich eine kaiserliche Regierung zum ‚Hochverräter' stempelte und mir damit das Zeugnis ausstellte, dass ich ein waschechter proletarischer Rebell sei."[114] Dies sei auch seinen politischen Weggefährten so gegangen. „Keiner war beklommen oder sonstwie deprimirt, Alle waren stolz darauf, selbst als Verurtheilte in der Lage zu sein, für den Sozialismus in ganz eminenter Weise Propaganda zu machen."

Einen Teil seiner Haftzeit verbrachte Most auf der Festung Suben (Innviertel) und wurde nach etwa einem Jahr 1871 im Zuge einer Generalamnestie für politische Gefangene begnadigt und nach Augsburg abgeschoben. Wie einen Triumphzug beschreibt Most seinen Abschied aus Wien, Tausende von Arbeitern hätten ihn zum Bahnhof begleitet.

Unbeeindruckt von den bisherigen Verurteilungen agitierte Most weiterhin für die Sozialdemokratie, diesmal in Chemnitz. Er trat der „Sozialdemokratischen Arbeiterpartei" bei und wurde Chefredakteur der *Chemnitzer Freien Presse* und der satirischen Zeitschrift *Nussknacker*, nicht ohne wieder im Gefängnis zu landen. In der achtmonatigen Haft im Gefängnis in Chemnitz verfasste er einen populären Auszug aus dem *Kapital* von Karl Marx und trug damit entscheidend zur Popularisierung marxistischen Gedankenguts in Deutschland bei. 1874 und 1877 wurde er als Abgeordneter der sozialrevolutionären „Sozialistischen Arbeiterpartei" (SAP) in den deutschen Reichstag gewählt. Wegen einer Rede über die „Pariser Commune" wurde Most 1874 erneut verhaftet. 19 Monate Gefängnis verbüßte der streitbare Arbeiterführer in Berlin-Plötzensee und wurde anschließend aus Berlin ausgewiesen.

Im Londoner Exil radikalisierte sich Most immer mehr, begrüßte das Attentat auf Zar Alexander II. und sympathisierte mit den russischen Revolutionären, was ihm eine 16-monatige Zuchthausstrafe einbrachte. Später emigrierte Most in die USA und schloss sich den dortigen Anarchisten an. Er gab 26 Jahre lang die Zeitung *Freiheit* heraus. Most starb 1906; seine Memoiren erschienen zum Teil posthum zwischen 1903 und 1907 in New York.[115]

Eine schillernde Persönlichkeit war der 1870 in Straubing in einfachen Verhältnissen geborene Josef (Sepp) Oerter.[116] Auch er lernte die Buchbinderei – das war kein Zufall, waren doch überproportional viele Drucker und Buchbinder linken politischen Ideen gegenüber aufgeschlossen. In seiner zwischen 1902 und 1908 verfassten Autobiographie gibt er an, wegen der gesellschaftlichen Ungerechtigkeiten und der großen Kluft zwischen Arm und Reich zunächst zum „Gefühlssozialisten" geworden zu sein.[117] Seit 1887 näherte er sich anarchistischen Ideen an. Bei Aufenthalten in London und New York knüpfte er viele politische Verbindungen. Wegen des Schmuggels unerlaubter Schriften wurde er nach seiner Rückkehr nach Deutschland 1893 zunächst in Mainz zu einem Jahr und drei Monaten Haft und dann für dasselbe Vergehen vom Schwurgericht in Duisburg zu acht Jahren Zuchthaus verurteilt; dort wurde ihm erschwerend ein „Verstoß gegen das Dynamitgesetz" zur Last gelegt. Die von ihm geschmuggelten Schriften enthielten angeblich den Aufruf zu Sprengstoffanschlägen, wurden aber nach Oerters Angaben im Prozess nicht vorgelegt.

Auch Oerters Selbstverständnis war von einem ausgesprochen starken Sendungsbewusstsein geprägt. Moralisch fühlte er sich den Staatsorganen weit überlegen, ihnen gegenüber, so beschreibt er stolz, bestand seine Hauptstrategie in verächtlichem Schweigen. Er war überzeugt davon, dass er als Anarchist keine Gerechtigkeit von der Justiz erwarten konnte. „Die ersten Worte des Herrn Vorsitzenden an Sie haben mich überzeugt, daß ich schon verurteilt war, als ich diesen Saal betrat. Mit Stolz nenne ich mich Anarchist", schreibt er.[118]

Nach seiner Haft engagierte Oerter sich weiterhin für den Anarchismus, als Redner, ab 1906 als Chefredakteur der anarchistischen Zeitschrift *Der freie Arbeiter*. 1908 allerdings verlor er wegen Unterschlagung seine Ämter. 1913 trat Oerter der SPD bei, ab 1916 übernahm er die Chefredaktion der SPD-Zeitung *Volksfreund* in Braunschweig. In der Folgezeit stieg er, der nach der Spaltung der SPD in die Führungsspitze der USPD gewählt worden war, zu einem der bedeutendsten Politiker Braunschweigs auf. Seit 1920 war er Ministerpräsident des Landes Braunschweig, musste jedoch schon 1921 sein Amt wegen Korruptionsvorwürfen aufgeben. Aus der USPD wurde er ausgeschlossen und wandte sich daraufhin der NSDAP zu. Oerter starb 1928.

Orte der Einschließung

Wurde ein Täter von der Polizei ergriffen, so wurde er zuerst ins Untersuchungsgefängnis, ins Detentionshaus, gebracht. Nach der Verurteilung musste dann die Strafe im Arbeits- oder Zuchthaus verbüßt werden, wenn man sich nicht des unbequemen „Subjekts" durch eine Deportation in die Kolonien zu entledigen suchte.[119] Die Funktion der Arbeits- und Zuchthäuser differenzierte sich im Lauf des 18. und zu Beginn des 19. Jahrhunderts aus. Im Arbeitshaus[120] verdienten mittellose, arbeitsfähige Arme ihren Lebensunterhalt. Hier sollten sie zur Arbeitsdisziplin[121] erzogen werden, worin man das wichtigste Mittel zur Bekämpfung der Bettelei erblickte. Auch anderes „liederliches Gesindel" wie Vaganten, Prostituierte und Kleinkriminelle sollten hier diszipliniert und zu funktionstüchtigen Mitgliedern der Gesellschaft umerzogen werden. Beflügelt durch merkantilistische Ideen, hoffte man im 18. Jahrhundert, durch die Arbeit der Insassen die Kosten für deren Unterbringung bestreiten, ja, sogar noch Gewinne erzielen zu können, eine Hoffnung, die sich regelmäßig nicht erfüllte.[122] Die Armenhäuser dienten im Gegensatz zu den Arbeitshäusern der Versorgung der Armen, die wegen Alters oder Krankheit nicht arbeitsfähig waren.[123]

Nicht eindeutig von den Arbeitshäusern abgegrenzt in Funktion und Insassenstruktur waren die Zucht- und Werkhäuser, die bereits – nach Amsterdamer Vorbild – zu Beginn des 17. Jahrhunderts gegründet worden waren (zuerst in Bremen 1609). Es wurde ebenfalls Zwangsarbeit verrichtet, und neben dort einsitzenden Kriminellen fanden sich auch hier Bettler, Vaganten oder Prostituierte, dazu Kinder von Straftätern, jugendliche Delinquenten, psychisch Kranke und arbeitsfähige Arme. Ende des 18. Jahrhunderts wandelte sich der Charakter der Zucht- und Werkhäuser grundlegend: Nun fungierten sie mehr und mehr als regelrechte Strafanstalt. Die Vermischung der Insassengruppen galt nämlich zunehmend als problematisch, der Topos vom Gefängnis als „Pflanzschule des Verbrechens" bildete sich schon im 18. Jahrhundert.[124] Das „Zuchthaus" nahm bald nur noch Schwerverbrecher oder Mehrfachtäter auf, während der restliche Personenkreis einschließlich der Kleinkriminellen in den Arbeitshäusern einsitzen musste. Männer und Frauen wurden zunächst nicht strikt getrennt, erst seit dem zweiten Drittel des 19. Jahrhunderts finden wir vermehrt die Einrichtung von geschlechtergetrennten Gefängnistrakten.

Im Rahmen der Ausdifferenzierung der Institutionen gab es ab den 1820er-Jahren Bestrebungen, „verwahrloste" Kinder und Jugendliche in eigenständigen Einrichtungen oder in Familien auf dem Land unterzubringen, was sich jedoch als problematisch erwies.[125] „Rettungshäuser" wurden gegründet, die vor allem arme Kinder und solche delinquenter Eltern aufnahmen. Für Jugendliche, die gegen das Gesetz verstoßen hatten, wurden Erziehungsanstalten eingerichtet, die sich, wie auch Joseph Kürper beschreibt, kaum von Gefängnissen unterschieden.

Psychisch Kranke, zu denen man auch Epileptiker[126] zählte, wurden noch im 18. Jahrhundert in den verschiedenen Gefängnissen oder in „Tollhäusern" eingesperrt, wenn sie als gefährlich galten. Ungefährliche Kranke wurden in der Familie betreut.[127] Erst Ende des 18. Jahrhunderts erkannte man, dass psychisch Kranke behandlungsbedürftig sind. Jetzt entstanden erste Kliniken, zunächst in privater Hand.[128] Diese Art von Behandlung konnten sich aber zunächst nur die besseren Stände leisten. In der zweiten Hälfte des Jahrhunderts entwickelte sich die Anstaltspsychiatrie.[129]

Die Reform des Strafvollzugs

Ob auffällig gewordene Kinder und Jugendliche sich im Arbeitshaus, ob Delinquenten im Untersuchungsgefängnis, im Arbeits- oder im Zucht- und Werkhaus einsitzen mussten – zunehmend gab es Stimmen, welche die in den Orten der Einsperrung herrschenden Zustände für skandalös hielten. Offenkundige Missstände wie mangelnde Hygiene vor Ort und brutale Willkür des Gefängnispersonals stießen in einer Zeit, die sich Humanität und, im Gefolge der amerikanischen *Declaration of Independence* (1776) und der Französischen Revolution, Menschenrechte auf ihre Fahnen geschrieben hatte, auf großes Missfallen. So war es kein Wunder, dass Theoretiker und Praktiker seit dem Ende des 18. Jahrhunderts verstärkt auf eine Reform des Strafvollzugs sannen. Die Motive dieser Reformer variierten: Herrschte bei den einen eher ein zeittypischer Erziehungsoptimismus oder religiöser Rettungseifer, so stand bei anderen angesichts überfüllter Gefängnisse und einer hohen Rückfallquote die Reduzierung der Kosten im Vordergrund.

Reformansätze

Am Anfang stand der englische Philanthrop John Howard[1], der in seiner Eigenschaft als High Sheriff von Bedfordshire mit den unhaltbaren Zuständen in den dortigen Gefängnissen in Berührung kam. Überall fand er mangelnde Hygiene, wozu nach dem damaligen Verständnis auch die schlechte „faulige" Gefängnisluft gehörte, von der man eine hohe Ansteckungsgefahr ausgehen sah. Zerrüttung des Körpers und der Seele gleichermaßen sei das Ergebnis.[2] Man fürchtete, dass eine Ansteckung durch dieses „Kerkerfieber" auch auf die Wohngebiete im Umkreis der Gefängnisse ausgreifen könne. Zudem kritisierte Howard das System, dass die Gefängnisbediensteten keine Entlohnung erhielten, sondern sich von den Gefangenen für Essen, Bett und Kleidung bezah-

len ließen – war es doch offenkundig, dass weniger bemittelte Unglückliche in erbärmlichen Umständen vegetierten, ja, zum Teil trotz verbüßter Strafe nicht entlassen wurden, da sie kein Entlassungsgeld bezahlen konnten. Schließlich sah er auch eine „moralische Schädigung"
durch „Stumpfsinn, Alkohol und Glücksspiel".[3] Seine Reformvor-
schläge sahen erstens vor, gute hygienische Verhältnisse, Heizung, ausreichende Nahrung und eine medizinische Versorgung für die Gefangenen zu gewährleisten. Zweitens sollten die Insassen besonders nachts
voneinander separiert, tagsüber sinnvoll beschäftigt und nach ihren
Straftaten klassifiziert werden. Drittens solle man verbindliche Regle-
ments für die Häftlinge wie für das Anstaltspersonal schaffen.[4]

Howard besuchte zunächst weitere Haftanstalten und Hospitäler in
England und Wales, dokumentierte die dortigen Verhältnisse nach
einem präzisen Schema und veröffentlichte dann seine viel rezipierte
Schrift *The State of the Prisons in England and Wales*. Sie kann als eine der
ersten sozialwissenschaftlichen empirischen Untersuchungen gelten.[5]
Eine unermüdliche Reisetätigkeit führte den Reformer Ende der 1770er-
und in den 1780er-Jahren durch zahlreiche europäische Staaten, unter
anderem auch in einige deutsche Länder und in die Schweiz; insgesamt
soll er fast 100 000 Kilometer zurückgelegt haben. Howard, zu den cal-
vinistischen „Independents" gehörig und in engem Kontakt zu Londoner Quäkern, sah in den Kriminellen verlorene Seelen vor Gott, mit
denen er fühlte und die er zu retten trachtete.

Die Glaubensgemeinschaft der Quäker, die es auch noch heute gibt, leitet
sich aus einer ursprünglich eschatologisch (endzeitlich) orientierten Erweckungsbewegung des 17. Jahrhunderts ab. Gegründet wurde sie von dem
Engländer George Fox (1624–1691). „Quäker" (Zitterer, gemeint war wohl
das „Erzittern" vor dem Wort Gottes) war ursprünglich ein Spottname,
wurde aber später von den Anhängern, die sich zunächst „Religiöse Gesellschaft der Freunde" nannten, selbst übernommen. 1662 in England zunächst verboten, wurden die Quäker dort 1689 wieder zugelassen.

Grundsätze sind neben Einfachheit, Gleichheit (auch von Frauen und
Männern) und Wahrhaftigkeit die Betonung der göttlichen Gegenwart im
Menschen, die Idee der „inneren Offenbarung" und soziales Engagement.

Selbst bedürfnislos und von einer knappen Getreidediät lebend, galt er den Zeitgenossen als ein „wahrer Menschenfreund", der weder seine Finanzen noch seine Gesundheit für seine Mission schonte. Als er sich 1790 während einer Besichtigung von Strafanstalten im ukrainischen Cherson auf der Krim an Typhus infizierte und starb, wurde er für seine Anhänger zum Märtyrer.

Die Schriften Howards fanden auch im deutschsprachigen Raum reges Interesse, denn seine Thesen trafen den Nerv der Zeit. Die soziale Frage und das Problem der hohen Rückfallquote, so hofften viele, könnten durch eine nach genau definierten Kriterien durchorganisierte, mit einem spezialisierten Verwaltungsapparat versehene „Anstalt" gelöst werden.[6] Die Rezeption der Schriften Howards förderte vor allem der von der Aufklärung wie vom Pietismus beeinflusste Heinrich Balthasar Wagnitz, Prediger am Zucht- und Arbeitshaus in Halle.[7] Auch Wagnitz begriff sich als Philanthrop. In der Vorrede seines 1791 erschienenen Buchs *Historische Nachrichten und Bemerkungen über die merkwürdigsten Zuchthäuser in Deutschland* heißt es: „Heil den Menschenfreunden, die sich auch des Bruders, des Menschen im Kerker erbarmen! Wieviele tausend Unglückliche mögen noch jetzt in Deutschland in dumpfen Höhlen, auf faulem Stroh, von Ungeziefer halb zerfressen, schmachten und ihr Daseyn verfluchen. Und wären sie die größten Verbrecher, so bleiben sie Menschen, ein Werk des erbarmenden Schöpfers."[8]

Anders als der von einer Erbschaft lebende Howard konnte sich Wagnitz keine ausgedehnten Reisen leisten und war auf die Schilderungen seiner zahlreichen Korrespondenzpartner angewiesen. Seine Kriterien für die Beurteilung von Anstalten waren jedoch an seinem Vorbild Howard orientiert: Architektur und Lage der Anstalt, Bekleidung, Ernährung, ausgeübte Arbeiten, Hygiene, Zustand der Betten und der Luft, Personal, Strafen, Gottesdienst, Hausordnung, moralische Besserung, Finanzierung sowie Zahl, Delikte, Mortalität und Gesundheitszustand der Insassen sollten untersucht werden. Wagnitz systematisierte so die Beobachtungen und entwarf zugleich das Bild einer idealen Strafanstalt.

Seine Schriften sind ein früher Beitrag zu einem intensiven Diskurs über die Besserung des Gefangenen. Im Strafrecht stand weiterhin der Vergeltungsgedanke im Vordergrund, bei der die Strafe einen Ausgleich für die Tat schaffen sollte, die die Gesellschaft geschädigt hatte. Die Gefängnisreformer verlegten sich dagegen auf die individuelle Prävention, die auf die Tat und den Charakter des Täters abgestimmt werden sollte.[9]

Das Besserungskonzept   Am Ende des 18. Jahrhunderts hatte sich das Bild des Straftäters grundlegend gewandelt: Er galt nun als „Kranker" bzw. als jemand, dem nur die richtige Erziehung fehle. Daraus folgte, dass die Persönlichkeit des Straftäters in den Vordergrund rückte und damit die Frage, wie er zum Verbrecher hatte werden können. Wenn es gelänge, den Gefangenen zu „bessern", könne man auch seinen Rückfall in die Kriminalität verhindern. Strafe wurde so immer mehr als Therapie begriffen, die „Besserung" wurde zum eigentlichen Strafzweck.

Zwar hatte man auch schon in den frühneuzeitlichen Zucht- und Werk- bzw. Arbeitshäusern eine „Besserung" durch den Zwang zur Arbeit erreichen wollen, doch jetzt glaubte man, diese „Besserung" könne nicht nur bei Kleinkriminellen erreicht werden, sondern selbst Schwerverbrecher seien grundsätzlich besserungsfähig. Und diese Wandlung sollte nicht nur äußerlich bleiben, sie sollte die Seele erreichen. Gefängnisse wurden zu „Krankenhäusern" für die „moralisch Verderbten". Der Strafvollzug sollte die „krankhaften" Verhaltensweisen des Müßiggangs, der ungezügelten Leidenschaften, der schlechten Gewohnheiten und des Ungehorsams ausmerzen und stattdessen Mäßigung, Arbeitseifer und Gehorsam in Körper und Seele des Gefangenen einpflanzen. Wagnitz betont dabei besonders die christliche Erziehung, die Buße und die Orientierung an sittlich-religiösen Werten umfasst.

Insgesamt galt die „Besserung" trotz mancher Einwände den meisten als Königsweg. Alle Kritik und Lösungsvorschläge aber hatten den Nachteil, dass sie im deutschsprachigen Raum zunächst reine Theorie blieben, während es anderswo schon Umsetzungsversuche gab, zuerst in den USA. Hier hatte der Mediziner Benjamin Rush, der aus dem Kreis der Quäker stammte, 1798 die Strafanstalt Walnut Street in Pennsylvania gegründet. Schwerverbrecher wurden hier strikt isoliert. Der Gedanke einer sittlich-moralischen Besserung, verknüpft mit aufrichtiger Reue und Buße, trug das Konzept des Strafvollzugs, erkennbar schon im Begriff des „penintentiary" als Bezeichnung für die Strafanstalt (penitence heißt Reue oder Buße). Walnut Street entwickelte sich zum Mekka der europäischen Reformer in Europa.

Zunächst verhinderten die Napoleonischen Kriege (1792–1815) und die Krise der Staatsfinanzen weitere Reformbemühungen. Doch in den unruhigen Zeiten nach 1830, in der der gesellschaftliche Wandel nicht selten zu sozialen Protesten führte, musste der Strafvollzug umso mehr im Mittelpunkt stehen. Bald reichte es nicht mehr, sich als Philanthrop für Reformen einzusetzen, die Argumentationen wurden „professioneller". Es entstand die Disziplin der „Gefängniskunde", deren Vertreter sich in neuen Publikationen äußerten, sich in Vereinen und auf Kongressen trafen und sich brieflich austauschten. Beteiligt waren Persönlichkeiten unterschiedlicher Berufe: Mediziner, Juristen, Architekten, Ökonomen, Staatsbeamte, Theologen und Gefängnisdirektoren. Ihre Gedanken fanden auch Eingang in die Bürokratien und konnten dort Reformmaßnahmen anstoßen.[10] Musterstrafanstalten sollten die Reformansätze realisieren, einheitliche Anstaltsordnungen die Aufgaben der Verwaltung, ihre Hierarchie, die Behandlung der Gefangenen und die Ziele des Strafvollzugs festlegen.[11] Einer der einflussreichsten Experten in diesem Diskurs war der Hamburger Mediziner Nikolaus Heinrich Julius.[12]

Bis zu Beginn der 1850er-Jahre war Julius der führende Vertreter der „Gefängniskunde". Er gab von 1829 an das erste Publikationsorgan der neuen Disziplin, die *Jahrbücher der Straf- und Besserungsanstalten, Erziehungshäuser, Armenfürsorge und andere Werke der christlichen Liebe*, heraus. 1842 folgte die Zeitschrift *Jahrbücher der Gefängniskunde und Besserungsanstalten*. Julius besuchte die Gefängnisse in England, Schottland und Irland, später die Mustergefängnisse in den USA. 1839 erschien seine Schrift *Nordamerikas sittliche Zustände*. Danach engagierte Julius sich bei den Plänen zu einer preußischen Gefängnisreform.

Ein weiterer wichtiger Vertreter der neuen Gefängniskunde war der Jurist Carl Joseph Anton Mittermaier. Er war als Präsident des Vorparlaments von 1848 und badischer Abgeordneter der Nationalversammlung eine zentrale Figur des süddeutschen Liberalismus. Als Gefängnisreformer unterhielt er ein umfangreiches internationales Korrespondenznetz und war Mitherausgeber der angesehensten deutschen Strafrechtszeitschrift, des *Archivs des Criminalrechts*. Dass ein Strafrechtswis-

senschaftler sich so dezidiert mit dem Strafvollzug befasste, blieb eine
Ausnahme; die meisten seiner Kollegen begaben sich nicht in die „Nie-
derungen" der Praxis.[13]

Am Ende des Diskurses stand der Bautyp des Zellengefängnisses
sowie die Definition wichtiger Parameter: Beschäftigung der Gefangenen durch Arbeit, feste Anstaltsordnungen und – wenigstens zum
Teil – religiöse Unterweisung der Gefangenen. Es blieb nicht beim in-
tellektuellen Austausch: Zwischen 1830 und 1840 wurden etliche Groß-
projekte verwirklicht. Sehr einflussreich waren die Konzepte der Strafanstalt in Auburn (Bundesstaat New York, eröffnet 1820), das „Eastern
Penitentiary" in Philadelphia (Pennsylvania, eröffnet 1829), aber auch
das Genfer „Maison pénitentiaire" von 1823 unter seinem Direktor
Christophe Aubanel.[14]

Entscheidend für die Meinungsbildung wurden die Praktiker vor
Ort, die Gefängnisdirektoren wie Georg Obermaier in München oder
Julius Füeßlin[15] und Carl August Diez in Bruchsal. Einer dieser ambiti-
onierten Praktiker war der weniger bekannte, doch tatkräftige Friedrich
Heinrich Wilhelm Hoyer, der die Strafanstalt im oldenburgischen
Vechta in den 1840er-Jahren reformierte.[16] Hoyer wurde 1843 Direktor
der Strafanstalt in Vechta. Als Jurist war er ein Beispiel für die nun ein-

Hausordnung der Strafanstalt in Vechta [Auszug]

§ 3

Der Neuankömmling wird dem Direktor vorgeführt und dieser ermahnt ihn
„sein Verbrechen zu bereuen und mit Ernst an seine Sinnesänderung und
Besserung zu denken, weil er dadurch nicht blos sein Leben in der Straf-An-
stalt erträglicher machen, sondern auch am besten für sein künftiges Wohl-
ergehen sorgen werde. Besonders schärft er ihm Gehorsam, Arbeitsamkeit
und Schweigen ein.

§ 10

Die Sträflinge dürfen nicht miteinander sprechen, noch sich durch Zeichen,
Geberden, Blicke, Briefe, Klopfen sich Mittheilungen machen, sie dürfen
nicht singen, laut lachen, noch ein unnöthiges Geräusch machen.

setzende Akademisierung der Anstaltsdirektoren.[17] Trotz mancher Widerstände, vor allem aus finanziellen Gründen, setzte er sich mit seinen Vorstellungen durch und ließ 1846 einen Zellentrakt zur Durchführung der Einzelhaft bauen. Die von ihm entwickelte Hausordnung für Vechta ist tief vom Gedanken der religiösen Besserung, aber auch der Disziplin durchdrungen.[18]

Aspekte eines reformierten Strafvollzugs

Immer wieder wurden die neuen Gefängnisse und deren Ansätze diskutiert. „Im gefängnispolitischen Reformprozess ragten die Modellanstalten wie Berge aus der Anstaltslandschaft heraus; die Insassen wurden zu Versuchsobjekten von genau protokollierten Experimenten des Strafens."[19] Nicht zufällig werden in der Forschung deshalb die Gefängnisse auch als „Laboratorien" bezeichnet.

Eines sollten die neuen Anstalten auf jeden Fall gewährleisten: Sie sollten hygienische, gesundheitsförderliche Bedingungen bieten, genug Luft und Licht in den im Winter heizbaren Zellen und beim Hofgang, um die „Ansteckung" mit fauligen Ausdünstungen zu bannen. In der Strafanstalt Linz wurde sogar jeden Morgen die schlechte Luft mit Wacholderdämpfen vertrieben.[20]

Isolation   „Ansteckung" drohte auch von den Mitgefangenen. Eines der Hauptziele war es daher, die negativen Einflüsse zu bannen, die die älteren, schon „verdorbenen" Häftlinge auf die unerfahrenen Ersttäter, ja die Gefangenen überhaupt aufeinander ausübten. Um das Gefängnis nicht weiter als „Schule des Lasters und des Verbrechens" wirken zu lassen, wollte man vor allem die Kontaktmöglichkeiten der Gefangenen deutlich einschränken. Uneins war man sich aber darüber, wie strikt die Isolation der Häftlinge umzusetzen sei und wie man diese erreichen könne.

Zwei Modellanstalten gaben Antworten: In der Strafanstalt Auburn schliefen die Gefangenen des Nachts in Einzelzellen, arbeiteten jedoch tagsüber in Gemeinschaftssälen, allerdings unter striktem, notfalls mit der Peitsche durchgesetztem Kommunikationsverbot. Im pennsylvanischen „Eastern Penitentiary" dagegen lebten die Häftlinge tags und nachts in Einzelzellen, in denen sie auch ihre Arbeit verrichten mussten. Unter den Reformpädagogen bildeten sich zwei Lager heraus, die „Pennsylvanier" und die „Auburnisten", nicht nur in Amerika, sondern auch im deutschsprachigen Raum.[21]

Kritiker der strikten Isolationsmethode befürchteten, dass diese ernste physische und psychische Gesundheitsschäden bis hin zum Selbstmord hervorrufen könnte. Ein weiterer Streitpunkt betraf die Finanzierbarkeit. Die „Auburnisten" machten geltend, dass der Bau eines Zellengefängnisses wegen der aufwendigen sanitären Ausstattung und der (gegenüber den reinen Schlafzellen) besser ausgestatteten Einzelzellen wesentlich teurer sei, zudem sei die Arbeit der Gefangenen nicht fabrikmäßig zu organisieren und damit nicht so ertragreich. Die Gegenseite hielt dem entgegen, dass die Haftdauer wegen der verschärften Bedingungen kürzer sei und außerdem die Möglichkeit bestände, „gewinnabwerfende Tätigkeiten"[22] wie Schustern, Schneidern, Weben und Spinnen in den Einzelzellen zu betreiben. Hauptargument aber blieb die grundlegendere „Besserung" der Gefangenen.

Die Anhänger des pennsylvanischen Systems wiederum bezweifelten stark, dass das Schweigegebot bei der Gemeinschaftsarbeit überhaupt durchsetzbar sei, es sei denn mithilfe von drakonischen Prügelstrafen, die in der Tat in Auburn für ein Fundament des Strafvollzugs gehalten wurden und vor allem bei europäischen Reformern als unzumutbare Grausamkeit galten. Im pennsylvanischen System dagegen setzte man als Bestrafungsmittel vor allem auf die Dunkelzelle bei Wasser und Brot. Schwierig aber waren im Isolationskonzept der Hofgang und der Gottesdienst zu organisieren, wollte man auch hier die Kontaktaufnahme unter den Gefangenen unterbinden. Im Idealfall sollten sich die Gefangenen überhaupt nicht erkennen, damit nach der Haftentlassung ein wirklicher Neuanfang möglich wäre.[23]

Auch wenn einzelne Stimmen das starre Festhalten an einem System ablehnten und die flexible Behandlung der Gefangenen je nach ihrem Charakter in die Debatte brachten[24], in Europa fand vor allem das strengere pennsylvanische Isolationssystem einflussreiche Anhänger, die sich selbst vor Ort die Systeme angesehen hatten und seit 1833 davon berichteten. Sie setzten sich letztlich durch und beeinflussten so maßgeblich die Konzeption der neuen Strafanstalten.

In den 1850er-Jahren hatte man jedoch erste Erfahrungen mit der strikten Isolationshaft gemacht und zog Bilanz. Mittermaier gab etwa in einer Schrift[25] zu bedenken, dass man in Pentonville inzwischen die Einzelhaftzeit erst auf 18, dann auf nur 12 Monate reduziert habe. In Bruchsal dagegen waren bis zu sechs Jahren Einzelhaft angesetzt, was Mittermaier für viel zu lang hielt. Es habe in Pentonville auch schon zahlreiche Milderungen der strikten Isolation gegeben. In der Bäckerei, der Wäscherei und dem Garten werde miteinander gesprochen, sonst sei ein gemeinsames Arbeiten gar nicht möglich. Das Kontaktverbot der Gefangenen untereinander sei keineswegs mit einer Maske zu lösen, denn die Gefangenen könnten sich am Rest des Körpers, an Stimme und Gang erkennen. Die Einzelhaft sei vor allem zu Beginn gut, um die „moralische Eisrinde" zu durchbrechen, mit der sich der Verbrecher umgeben habe.[26] Der beste Einfluss ginge ohnehin von den Anstaltsbeamten vor Ort aus, ehrenwerte Männer, die mit „sittlichem Ernst", aber auch mit Menschlichkeit und Wohlwollen ihr schweres Amt ausübten.[27] Auch in anderen Gefängnissen war man dazu übergegangen, die Einzelzellen mit mehreren Gefangenen zu belegen, denn die Einlieferungszahlen waren einfach zu hoch.[28]

Klassifikation Ein anderer Weg, mit dem Problem der „Ansteckung" umzugehen, war die Klassifizierung der Häftlinge. Es wurden Gruppen gebildet, die sich nach Geschlecht, Delikt oder Lebenswandel vor der Verhaftung richten konnten, aber auch nach der Führung in der Haftanstalt, dem Grad der „Besserung" oder der Arbeitsfähigkeit. War das Verhalten während der Haft ausschlaggebend, so lag der Anreiz für die Betroffenen darin, sich in eine nächsthöhere Klasse vorzuarbeiten, die mit mehr Vergünstigungen (etwa leichterer Arbeit oder besserem Essen) verbunden war.

Am wichtigsten schien es den Reformern, die noch Besserungsfähigen bzw. die Ersttäter von den „hoffnungslosen Fällen" abzusondern. Im Idealfall sollte der Gefangene meist drei Klassen durchlaufen, an deren Ende er bereit für die Entlassung war. Gradmesser der Aufstiegsmöglichkeiten blieb die „Moralität" der Häftlinge, die in einen groß angelegten Pädagogisierungsprozess eingebunden werden sollten.[29] Dagegen wendeten sich etliche Reformer. Julius etwa schrieb, das Klassifika-

tionssystem solle aufgegeben werden, da es „keinen Maaßstab der Sittlichkeit giebt, dem gemäss man dasselbe so ordnen kann, daß die nach-
theiligen Wirkungen des Zusammenbringens von Gefangenen verschie-
denartiger Strafbarkeit und jederlei Abschattung des Charakters ver-
mieden würde".[30] Mit der Durchsetzung der Einzelhaft-Konzeption
verlor die Klassifikationsidee an Bedeutung.

Arbeit   Schon im Strafvollzug des 17. und 18. Jahrhunderts hatte Arbeit eine zentrale Rolle gespielt. Auch wenn die Arbeitshäuser sicher
kein „Prototyp der Fabrik" waren, so hoffte man doch, dass die Gefangenen durch ihre Arbeit die Kosten für ihre Haft quasi selbst erwirt-
schaften könnten, die Strafanstalt bot ja kostengünstige Arbeitskräfte.
Im 18. Jahrhundert wurden so etliche Manufakturen in den Zuchthäusern gegründet, zum Teil mit „Entrepreneurs", die sie betrieben.[31] Dieses
Modell wurde jedoch bald wieder aufgegeben, die Wirtschaftlichkeit
des Gefängnisbetriebs konnte nicht erreicht werden.

Ein weiterer wichtiger Gedanke wurde schon früh mit der Gefangenenarbeit verbunden: Durch eine gleichförmige, schwere Arbeit sollte
sich die Gewöhnung an einen arbeitsamen Lebensstil einstellen, der
dann auch in einem Leben in Freiheit beibehalten werden könnte.

Den Befürwortern dieser Art von Arbeitseinsatz wurde jedoch entge-
gengehalten, dass Gefangenenarbeit eine lästige Konkurrenz für das
ortsansässige Gewerbe darstelle, konnte im Gefängnis doch wesentlich
billiger produziert werden. Zudem hatte man, anders als im 18. Jahrhundert, nach 1820 Arbeitskräfte genug, die Gefangenen mussten nicht
als „Reservearbeiter" fungieren, im Gegenteil, sie nähmen den freien Arbeitern die Arbeit fort.[32] Um dieses Problem gar nicht erst aufkommen
zu lassen, wurde die Tretmühle als Strafmittel erfunden.[33]

Die Tretmühle, die schwere körperliche Arbeit erforderte, schien
manchen Reformern jedoch für ihre Ziele ungeeignet. Mittermaier etwa
riet „von Anwendung der Tretmühlen oder der Maschinen, in welchen
der Mensch keine andere Arbeit thun muss, als die ein Thier ebenso gut
machen kann", ab.[34] Er betonte aber, dass regelmäßige sinnvolle Arbeit
nicht nur zur Gewöhnung führen, sondern sogar die „Liebe" zu dieser
Tätigkeit erwecken könne.[35] Dementsprechend hielt man es für wichtig,
dass die Gefangenen in ihrem Beruf arbeiten bzw. ein Handwerk erler-

Die Tretmühle wurde 1818 von dem englischen Ingenieur William Cubitt entwickelt. In den 1820er-Jahren wurde sie in 54 englischen Strafanstalten installiert. 1825 begeisterte sich der Hamburger Senator Martin Hieronymus Hudtwalcker für sie und machte sie im deutschsprachigen Raum bekannt. Bald darauf wurde sie in mehreren Haftanstalten installiert, unter anderem in Hamburg, später auch im Berliner Arbeitshaus.

Die Popularität der Tretmühle ergab sich aus ihrer Loslösung von einem ökonomischen Nutzen. Hatte sie zunächst noch Getreide- oder Walkmühlen angetrieben, so wurde sie später davon abgekoppelt – man betrieb mit ihr nur noch nutzlose Segel auf dem Dach der Gebäude. Die schwere Arbeit in der Tretmühle konnte abschreckend wirken, war zeitlich klar regulierbar, leicht zu organisieren und schuf keine ungewünschte Konkurrenzsituation mit dem Gewerbe außerhalb des Gefängnisses. Erst mit der Einführung der strengen Einzelhaft, bei der die Arbeit in der Zelle verrichtet wurde, verlor sie an Bedeutung.

nen konnten, um so nach der Haft wieder besser ihren Platz in der Gesellschaft finden zu können. Dabei favorisierte man nicht die Fabrikarbeit, sondern Handwerksberufe. Die arbeitsteilige Fabrikarbeit hielten nicht nur Marx oder Engels, sondern auch etliche Gefängnisreformer für geisttötend und unmenschlich und brachten sie mit den Problemen des Pauperismus in Verbindung. Das Handwerk dagegen sei als „ganzheitliche" Produktionsform eher geeignet, eine geistig-moralische Besserung zu bewirken.[36]

Für besonderen Arbeitseifer winkte eine Zusatzbezahlung. So hoffte man, Arbeitsamkeit zu erzeugen und dem Laster des Müßiggangs entgegenzuwirken. Jeder, so die Theorie, sollte nach seinen Fähigkeiten und Kräften gefordert werden.

Gefängnisarchitektur   Wie aber sollten Disziplin und Gehorsam in der Strafanstalt aufrechterhalten werden? Hier, so glaubte man, half nur eine lückenlose Überwachung[37] der Gefangenen. Diese sollte jedoch teilweise unbemerkt vor sich gehen; die Häftlinge sollten aus Angst vor einer plötzlichen Prüfung ihres Verhaltens normgerechtes Verhalten und Selbstkontrolle lernen. Dies galt als eine humanere Lösung, als die

Unglücklichen in stinkende, dunkle Kellerverliese zu sperren und sie dort anzuketten. Wärter und Direktor wiederum sollten von einer unabhängigen Kontrollinstanz beaufsichtigt werden.

Die Organisation dieser Überwachung aber blieb zunächst ein Problem, wollte man nicht eine Unmenge von Personal einstellen. Die Lösung musste deshalb in der Architektur der Anstalt[38] gesucht werden. Idealtypisch löste das „Panoptikum" von Jeremy Bentham (1791) die Forderung nach optimaler Überwachung ein. Das Prinzip des Panoptikums bestand darin, einen im Mittelpunkt stehenden, mit Fenstern versehenen Wachturm zu schaffen, von dem aus alle Teile eines ringförmigen Gebäudes eingesehen werden konnten. Die Einzelzellen des Ringgebäudes waren ebenfalls mit Fenstern versehen. Nicht nur ein Wärter, sondern auch die interessierte Öffentlichkeit sollte das Panoptikum besuchen und die Gefangenen beobachten können.[39]

Die strahlenförmige Anlage mit Einzelzellen wurde zum dominierenden Gefängnisbautyp bis zum Ersten Weltkrieg. Zur Musteranstalt par excellence avancierte Pentonville im Norden von London, das 1842 nach Plänen von Joshua Jebb erbaut wurde.[40] Die neu erbauten Zellengefängnisse in den deutschen Staaten, vor allem im badischen Bruchsal (1848), und unter dem Einfluss von Julius in Preußen (Moabit 1849, Münster 1845–53) sind regelrechte Kopien Pentonvilles.

Das Prinzip des Panoptikums wurde beibehalten. Jebb schreibt: „Einer der wichtigsten Punkte der Erwägung ist der allgemeine Grundsatz, daß die Bauart so sei, daß der Vorsteher mit größter Leichtigkeit die Hauszucht durchführen könne, und selbige zu beaufsichtigen und zu controlieren im Stande sei."[41] In diesen Stand wurde er durch eine von oben bis unten offene „Beobachtungshalle im Mittelpunkt"[42] gesetzt, von der aus das gesamte Innere des Gefängnisses mitsamt allen Türen zu sehen war.

520 Häftlinge konnte Pentonville aufnehmen. Innerhalb einer Ringmauer befanden sich vier auf eine Zentralhalle zulaufende Flügel mit Einzelzellen. Die Korridore lagen auf umlaufenden Galerien. Vom Büro des Direktors aus ragten verglaste Fenster in den Mittelbau hinein: Er konnte so alles jederzeit kontrollieren.

Beeindruckt waren die bald aus aller Welt herbeiströmenden Besucher auch von der Lautlosigkeit des Gebäudes, die durch die schallisolierten Zellen möglich wurde. Die Stille war die Voraussetzung dafür, dass jede Störung der Hausordnung sofort bemerkt werden konnte: Um überraschend kontrollieren zu können, trugen die Wärter sogar Filzüberschuhe. Ein ausgeklügeltes Heizungs- und Belüftungssystem sowie Waschstelle und Abtritt in jeder Zelle lösten die Hygiene- und Gesundheitsforderungen der Reformer ein. Die Isolierung bezog sich auch auf die Wasser- und Belüftungsleitungen, damit sich die Häftlinge nicht durch Klopfzeichen verständigen konnten. Zum unbestrittenen Vorbild wurde Pentonville auch durch die minutiös festgelegte Tagesordnung, die dort herrschende militärische Disziplin und die konsequent durchgesetzte Isolation der Häftlinge: Deren Hofgänge fanden in Einzelspazierhöfen statt, am Schulunterricht und am Gottesdienst nahmen die Gefangenen in Einzelverschlägen („stals" genannt) teil, damit sie sich untereinander nicht sehen konnten. Ein- und Ausmarsch aus diesen stals wurden militärisch organisiert.[43] Der Höhepunkt dieses auf die Spitze getriebenen Isolationskonzepts war eine Gesichtsmaske, die die Gefangenen tragen mussten, wenn sie den Weg zwischen ihrer Zelle und der Kirche bzw. dem Hof zurücklegten. In Pentonville wurde eine Anlage geschaffen, die von Grundriss und Innenleben am stärksten dem Vorbild einer Maschine glich[44], die als Vorbild für Hunderte von Gefängnisneubauten nicht nur in England, im deutschsprachigen Raum, in Frankreich, Belgien, Schweden, Italien oder Spanien, sondern auch außerhalb Europas diente.

Alltag hinter Gittern

Etliche Gefangene berichten ausführlich über ihre Erlebnisse in den verschiedenen Strafanstalten. Ihre Erfahrungen bieten einen Einblick in die Gefängniswelt aus der Perspektive der Betroffenen und werfen so ein bezeichnendes Licht auf die Praxis des Strafvollzugs jenseits der Theorie. Plastisch treten die höchst unterschiedlichen Erfahrungen hervor, die die Häftlinge mit dem traditionellen bzw. dem reformierten Strafvollzug machten, werden beklemmende Verhältnisse der Unterdrückung und Gewalt beschrieben. Auch zur Frage der Einzel- oder Gemeinschaftshaft, dem Kardinalproblem der Reformdiskussion, nehmen die Betroffenen selbst pointiert Stellung. Eine ganz besondere Position im Strafvollzug nahmen schließlich die von Sendungsbewusstsein erfüllten politischen Gefangenen ein.

Traditioneller und reformierter Strafvollzug

Luer Meyer, der Betrüger aus Oberneuland, weiß höchst Unterschiedliches zu berichten. Von 1842 bis 1843 saß er im Arbeitshaus in Bremen ein, im Strafarbeitshaus in Vechta von 1850 bis 1854. Seine Erfahrungen in den Arbeitshäusern in Bremen bzw. in Vechta könnten gegensätzlicher nicht sein.

Das Bremer Arbeitshaus, das heute nicht mehr existiert, lag an der „Herrlichkeit" auf dem Werder, einer sandigen Halbinsel zwischen der großen und der kleinen Weser. Es war 1832 eröffnet worden und ersetzte das 1779 gegründete „Instituts-Arbeitshaus". Im Gegensatz zum Bremer Zuchthaus, das Mehrfachtäter und Schwerverbrecher aufnahm und an der Großenstraße, in einem Gebäudekomplex mit dem Armenhaus lag, wurden im Arbeitshaus vor allem Männer und Frauen inhaftiert, die leichtere Straftaten begangen hatten, außerdem Alkoholiker, Prostituierte oder Bettler.[1]

Im Arbeitshaus in Bremen   Meyers Erinnerungen erscheinen durchaus zwiespältig. Mit dem Essen etwa war er sehr zufrieden: „Was die Beköstigung der Gefangen anbetrift, so hat sich darüber keiner zu beklagen; denn ein Arbeitsmann der Vamilie hat, der hats allemal nicht so gut wie sies dort haben."[2] Täglich gab es über ein Pfund Roggenbrot, mittags „eine Schaale voll sehr schmackhaftes und consistentes Essen" aus Hülsenfrüchten. Zweimal in der Woche erhielten die Gefangenen außerdem ein Viertel Pfund gutes Fleisch. Diese Verpflegung ist in der Tat als ausgesprochen reichlich zu bezeichnen, denn viele ärmere Menschen konnten sich Fleisch nur an hohen Feiertagen leisten.

Erstaunen mag, dass es morgens außerdem etwa einen halben Liter „gutes, heißes und süßes Bier" und abends ebensoviel kaltes Bier gab, wie Meyer genüsslich berichtet. Bier galt zu der damaligen Zeit jedoch nicht als Rausch-, sondern als Nahrungsmittel, denn es hatte zumeist einen niedrigeren Alkoholgehalt als heute.[3]

Der Tag begann für die Häftlinge im Sommer morgens um 6.00 Uhr, im Winter um 5.30 Uhr. Eine halbe Stunde später fing die Arbeitszeit an, die sommers wie winters um 19.00 Uhr endete. Schlafenszeit war um 21.00 bzw. 21.30 Uhr. Die männlichen Gefangenen arbeiteten in der Textilproduktion – der Weberei, Färberei und Spinnerei – reinigten und sortierten Kaffee, Pfeffer, Rosinen, Korinthen oder Gummi oder spalteten Brennholz. Die weiblichen Gefangenen mussten Handarbeiten anfertigen.

Über die in der Regel schwere Arbeit beschwerte sich Meyer nicht, denn durch sie erhielt er die Möglichkeit, einen „Überverdienst" anzusparen, das heißt, dass er den Verdienst, der über das wöchentliche Kostgeld von 63 Groten hinausging, selbst behalten durfte. Damit konnte er sich ein bisschen Luxus leisten – Speck, Kaffee oder Tabak – bzw. Geld für die Zeit nach der Entlassung zusammensparen.

Meyer erhielt zudem eine Berufsausbildung als Weber, eine Tätigkeit, die ihm Freude machte. Er arbeitete so gut, dass er einen Taler[4] Überverdienst beiseite legen konnte, außerdem „erhielt ich hin und wieder von den Buchhalter und der Laden-Mamsell 12 Grote Prämie, weil ich meine Arbeit gut lieferte und fleißig war".[5] Die Ausbildung erwies sich zudem durchaus als Investition in die Zukunft, denn sie ermöglichte es Meyer später mehrfach, Arbeit zu finden. Einer der Mitgefangenen, der zugleich sein Lehrmeister war und ihn auch sonst unterstützte, wurde sogar ein richtiger Freund.

Neben diesen durchaus positiv gefärbten Ausführungen stehen aber auch sehr negative. Kein gutes Haar lässt Meyer etwa an der Verwaltung des Hauses. Ökonom Wichmeyer, ein ehemaliger Kapitän und gemeinsam mit seiner Frau für die Bewirtschaftung der Anstalt und die Disziplin der Gefangenen verantwortlich, wurde seinen Aufgaben an keiner Stelle gerecht. Er war nach Meyers Schilderungen „ein arger Trunkenbold"[6], der sich nicht um das Hauswesen kümmerte und das Aufsichtspersonal nur unzureichend kontrollierte. Verstöße gegen die Hausordnung, wie der heimliche Verkauf von in der Haftanstalt produzierten Waren, kamen deshalb immer wieder vor: Die Gefangenen warfen die Ware aus dem Fenster, „wofür die, auf den nahe an der Anstalt liegenden Holzplatz arbeitenden Arbeitsleute, Schnaps und Lebensmittel herbeischaften, welches dann an einem Band heraufgezogen wurde. (...) Und da manchmal reichlich Schnaps unter den Leuten war, so passierte es auch, daß sich einige besoffen und sich sogar prügelten, daß Blut floß." Die Wärter, selbst darauf bedacht, ihre Nebengeschäfte zu betreiben, drückten zumeist ein Auge zu. Wurde der Betrug doch einmal von den Wärtern moniert, so wurden sie von den Gefangenen bestochen und zeigten die Übeltäter nicht an. Besonders gewitzt erwiesen sich die Häftlinge bei den Tricks, durch die sie das fehlende Gewicht bei der Warenkontrolle durch den Werkmeister zu kaschieren suchten: „Der Weber schor seine Kette ein Paar Ellen länger, der Wollspinner that soviel Schmeer [Fett] wieder zu seiner Wolle oder er vermehrte seinen Abfall durch Dreck, damit er sein Gewicht wiederbekam, und der Caffee-Sortierer legte seinen Caffee-Sack an einer feuchten Stelle, die er wohl weißlich erst angefeuchtet hatte, und dadurch sein Gewicht auch wiederbekam."

Durch Gleichgültigkeit und Unfähigkeit des Aufsichtspersonals wurde, so Meyer, der Charakter einer Haftanstalt im Bremer Arbeitshaus ad absurdum geführt. So konnten die Insassen des Nachts aus dem Fenster steigen und in der Stadt ihren Vergnügungen nachgehen. Erst morgens kehrten sie zurück „und zwar immer besoffen, so daß sie sehr oft nicht auf die Füße stehen konnten und sich im Speisesaal oder auf den Gängen wie Schweine umhertrieben".

Die Trennung der Geschlechter wurde gar aufgehoben, indem man selbst gefertigte Dietriche zum Einsatz brachte: Einige Gefangene besuchten so nachts die Frauen in ihrem Trakt und kamen erst zum Wecken zurück. „Ja, die Frechheit einiger Kerle ging soweit, daß sie sich mit ihren Mädchen unten in den Oeconom seine Stube im Sopha setzten und dort nach Belieben ihr Wesen unscheniert betrieben." Auch Meyer konnte während seiner Haftzeit ungestört mit einer Prostituierten, die er vor seiner Gefangennahme kennengelernt hatte und im Arbeitshaus wiedertraf, manch schöne Stunde verleben. Meyers Resümee wird angesichts dieser Zustände niemanden überraschen: „Eine Gefangenschaft konnte man es damals als ich dort büßte gar nicht nennen, führten wir doch so zusagen ein Freiherrn Leben; denn wir konnten fast machen was wir wollten."

Der großen Liberalität standen nach Meyers Meinung jedoch auch gravierende Schattenseiten gegenüber. So schildert Meyer seine Ankunft im Bremer Arbeitshaus folgendermaßen: „Als ich das Haus betrat, kam gerade der Oeconom mit sein kupferrothes Gesicht aus seiner Stube und nahm uns in Empfang. Als der mir begleitende Polizeidiener ihm meine Papiere eingehändigt hatte, und er sie durchgesehen, fing er fürchterlich an zu fluchen. ‚Gottverdammi, Junge' sagte er, indem er auf mir losstürzte, ‚Junge, du verdammte Hund willst schon betrügen. Warte, dir Donnerschlag will ich zwicken!' Bei diesen Worten stürzte er auf mich loß und gab mir einige Ohrfeigen, daß ich in einer Ecke taummelte und mir an ein Kleiderschrank den Kopf blutigstieß. Als ich mich wieder aufgesammelt hatte, versetzte er mir noch einige Pfuffe, die mir abermals zu Boden sträckten. (...) Und wenn in diesem Augenblick der Hausknecht nicht herbeigekommen wäre und mir aus den Händen des schlaglustigen Oeconom befreit hätte, so würde ich noch wohl mehr Kopfnüsse vonn ihm bekommen haben."[7]

Zu den unerfreulichen Praktiken, die Anfang und Ende einer Haftzeit markierten, gehörten die Prügel, die dem Delinquenten verabreicht wurden, ironisch „Willkommen" und „Abschied"[8] genannt. Trotz Kritik an dieser Praxis war sie in der ersten Jahrhunderthälfte noch in manchen Haftanstalten üblich, auch in Bremen. Danach lässt der Ökonom Meyer auch noch in eine dunkle Koje bei Wasser und Brot bringen.

Weiter kritisiert Meyer, dass im Arbeitshaus keine Bücher für die persönliche Weiterbildung zur Verfügung standen, außer einigen „derben Räubergeschichten" oder „schmutzigen Romanen".[9]

Man vertrieb sich sonntags mit Würfeln, Dame- und Kartenspiel die Zeit, es wurden Seemannslieder gesungen oder Geschichten von den eigenen Heldentaten draußen erzählt. Die staunend lauschenden Neulinge wurden so in alle kriminellen Schliche eingeweiht und konnten sogleich lernen, dass es sich ohnehin empfahl, es in Freiheit gar nicht erst mit ehrlicher Arbeit zu versuchen. Der schlechte Einfluss der hartgesotteneren Kriminellen auf andere, noch nicht so „verdorbene" Gefangene ist für Meyer ein Hauptübel des Gefängnisses.

Sogar Kinder wurden ins Arbeitshaus eingewiesen, wenn sie sich etwas zuschulden hatten kommen lassen. Unter dem negativen Einfluss der anderen Gefangenen hatten nach Meyers Beobachtungen besonders diese Kinder zu leiden. Er schreibt: „Die meisten vonn diesen Kindern kommen sehr jung in dieses Haus, sie stehen fast alle zwischen dem 8. und dem 10. Jahr, und müssen bis zu ihrem 16. Jahr, daß sie confirmiert sind darinnen bleiben. Nach ihrer Confirmation werden sie dann bei einen Meister in die Lehre oder auf ein Schiff geholfen, wo sie es aber selten lange aushalten, und schon in den ersten 6 Wochen wieder im Arbeitshause sitzen, und wo die meisten von diesen Unglücklichen dann auch immer bleiben, wenn sie nicht in anderen Anstalten sitzen. (...) Vonn den 9 unglücklichen Jungens, die bei meiner Zeit in der Anstalt waren, [ist] nur ein einziger eingeschlagen [hat es geschafft], weil er thatkräftige Unterstützung hatte als er hinaus kam. Er fährt jetzt als Steuermann zur See (...), die andren Achte sitzen abwechselnd im Werck- und Zuchthause in Bremen, wovonn jedoch drei vagabundieren und auch auswärtige Anstalten besuchen. Einer von diesen die in dem Hause erzogen worden, (...) ist 1850 in England wegen Mord aufgehangen worden."[10] Auch mit der Seelsorge stand es nicht zum Besten. Vom – reformierten – Pastor Treviranus, der immerhin den „Verein für entlassene Sträflinge"[11] begründet hatte, schreibt Meyer: „Die Leute mochten ihn auch alle nicht leiden, und hatten deshalb auch kein Verlangen nach ihm, was wohl darin seinen Grund haben mochte, daß er sehrviel Einfluß bei der Polizei hatte, und dem zufolge sehroft einen Liederlichen oder Trunckenbold ins Werkhaus beförderte."[12]

Meyers Kritik reicht so von Willkür, Bestechlichkeit oder Gleichgültigkeit des Gefängnispersonals über die mangelnde Abschließung der Anstalt nach außen und die fehlende Trennung zwischen Männern und Frauen bis hin zu betrügerischen Praktiken bei den Häftlingen und negativer Beeinflussung der jüngeren Häftlinge und besonders der Kinder durch diejenigen Gefangenen, die schon mehrfach kriminell geworden waren. Es ist kein Zufall, dass all dies Kritikpunkte sind, wie sie auch die Gefängnisreformer am herkömmlichen Strafvollzug äußerten, denn Meyers Wahrnehmung wird retrospektiv durch seine Erlebnisse im Strafarbeitshaus Vechta geprägt, ein Gefängnis, das nach den neuesten Erkenntnissen der Gefängnisreform geführt wurde. Auf Anraten des dortigen Direktors verfasste Meyer seine Autobiographie.

Im Strafarbeitshaus in Vechta Das Strafarbeitshaus[13] befand sich seit 1816 im ehemaligen Franziskanerkloster und wurde von dem schon erwähnten Reformer Hoyer geführt. Meyer lässt schon zu Beginn keinen Zweifel an seinem positiven Urteil und schreibt: „(...) daß von allen Anstalten dieser Art die ich kenne, diese am volnkomsten ihren Zweck verfolgt und auch erreicht das heißt in Betref der Besserung der Gefangenen."[14] Der Direktor, der Pastor Langreuter wie auch der Schullehrer Wiesemann seien mit großer Passion den Gefangenen zugetan. Viel Zeit werde auf Gespräche mit den Häftlingen verwandt. Es werde alles daran gesetzt, „auf alle mögliche Weise durch Ausbildung der Geisteskräfte den Gefangenen eine andere Gesinnung bei zu bringen".[15] Mit dem Überverdienst konnten Bücher angeschafft werden, soweit sie nicht in der großen Bibliothek vorhanden waren. Die Arbeiten seien im Wesentlichen zu Ausbildungszwecken zu leisten.

Meyer betont insbesondere den religiösen Impetus der Anstalt: „Alles, was in der Strafanstalt zu Vechta für die Gefangenen gethan wird geschieht aus einem religiösen Eifer, und alles Thun und Handeln ist mit einem religiösen Geist durchwoben, um dadurch den Menschen sittlich zu bessern und ihm eine religiöse Richtung bei zu bringen."[16]

Meyer wurde, so beschreibt er, mit großem Wohlwollen aufgenommen. Direktor und Lehrer unterstützten ihn, sich in Zeichnen, Rechnen und Schreiben fortzubilden, versahen ihn mit Material und Büchern und erlaubten ihm, seine Studien nach 20.30 Uhr zu betreiben. Da habe er aber das Maß überspannt und manchmal bis zum Morgengrauen aufgesessen und gelernt. Für den neu angeschafften Jacquard-Webstuhl[17] versuchte Meyer, zeichnerische Vorlagen zu entwickeln.

Allein, in diesem „Gefängnis-Paradies" reüssiert Meyer trotzdem auf die Dauer nicht, was er im Nachhinein zutiefst bereute. „Daß ich das Wohlwollen der Vorgesetzten in der Strafanstalt zu Vechta, und dieses Mannes (des Direktors) so sehr verschmäht und gemißbraucht habe, darüber möchte ich mir jetzt noch wohl die Haare ausraufen (...)"[18] Es war nach Meyers Darstellung die Verführung durch andere Gefangene, die seinem Glück ein Ende bereitete. In der Posamentier-Werkstatt, in der das Schweigegebot nicht so ernst genommen wurde, beschwerten sich andere Gefangene über die zu strenge Hausordnung und die zu massiven Strafen des Direktors bei Verstößen gegen sie. Meyer ließ sich von der negativen Sicht auf die Gefängnisbeamten beeinflussen, leistete sich verschiedene Verstöße und bekam prompt seine Vergünstigungen entzogen, was ihn erbitterte. Als er jedoch feststellte, dass er sich mit „Störrigkeit und Steifsinn" nur Nachteile einhandelte, fing er an, Reue zu heucheln und sich beim Direktor einzuschmeicheln. „Und da ich dem Director sein Herz schon genau kannte, ich meine Rolle der Verstellung und der Heuchelei auch meisterlich spielte, und der Director nur zu geneigt war, das Beste von den Gefangenen zu glauben, folge dessen er aber auch oft getäuscht und betrogen wird, so gelang es mir auch, daß ich ihn (...) täuschte und meinen Zweck erreichte."[19] Aus dieser Zeit könnte der Eintrag Hoyers über Meyer im Gefangenenregister stammen. Dort ist zu lesen: „Sträfling Luer Meyer, Osterholz, Verbrechen: Betrügereien. Bemerkungen: äußerst klug und verschlagen, erweckt aber doch einige Hoffnung."[20] Nach und nach erhielt Meyer seine Vergünstigungen zurück, betrieb jedoch ein doppeltes Spiel: Hinter dem Rücken des Direktors hetzte er in geschmuggelten Briefschaften gegen ihn – bis so ein Schreiben abgefangen und seine Heuchelei entlarvt wurde. Nun hatte er nichts mehr zu lachen und konnte auch keine Förderung durch den Direktor mehr erhoffen.

Meyers Schilderungen zeigen die Konsequenzen des Reformkonzeptes, wie es Hoyer eingeführt hatte, für den Gefangenen: Vermochte sich dieser in die Vorgaben zu schicken, so konnte er von seinem Gefängnisaufenthalt sogar profitieren; leistete er jedoch Widerstand, so

traf ihn eine strikte Strafpraxis.[21] Die Schwachstelle des „Besserungsstrafvollzugs" aber wird ebenso deutlich offengelegt: Ein Gesinnungs-
wandel des Delinquenten wurde zwar bezweckt, doch war kaum zu unterscheiden, ob dieser wirklich eingetreten war oder ob er nur vorge-
täuscht wurde. Eine indirekte Kritik leistete Meyer sich denn auch an
dem ansonsten verehrten Direktor: Dieser sei zu leichtgläubig gewesen.

Einzel- oder Gemeinschaftshaft?

Auch in anderen Gefangenenautobiographien werden Erlebnisse in Gefängnissen angesprochen. So bemängelt Joseph Kürper aus der bayerischen Pfalz, dass der Staat, und er spricht vom letzten Drittel des 19.
Jahrhunderts, zwar den Zuchthäusern größere Aufmerksamkeit zolle,
dagegen aber die kleineren Gefängnisse vernachlässige. Er kritisiert:
„Dort lungern die Vagabunden und schmieden ihre Pläne, dort lernt
und erfährt ein Dieb vom andern die Schliche und Pfiffe, dort werden
die Herzen verdorben und für die Verbrecherlaufbahn und deren Reize
gewonnen."[22] Die gemeinsam verbrachte Haft und der Mangel an Beschäftigung wirkten hier unheilvoll zusammen. „Mit Gesprächen ver-
treibt man sich die Zeit und wer die meisten und gediegensten Lumpen-
stückchen erzählen kann, ist der Held der Gesellschaft. Das hört aber
auch manch unerfahrener Bursche, der dabei sitzt und auch er gewinnt
Freude am Gaunerleben, bei dem es augenscheinlich hoch her geht und
das Geld leicht erworben wird." Auch bei Kürper fällt das Wort von der
„Verbrecherschule", die das Gefängnis sei.

Ein weiterer Gefangener, S. J. aus Norddeutschland, berichtet ähnlich
von seiner Haftzeit in Verden, wo er in der zweiten Hälfte des 19. Jahrhunderts vier Monate im Landgerichtsgefängnis einsitzen musste.
„Hier tritt die Gemeinheit, der moralische Schmutz noch auffälliger zu
Tage, (...) und was das Schlimmste ist: man wird mit hineingerissen, ob
man will oder nicht. Zuerst sträubt man sich mit aller Macht dagegen
(...), aber mit der Zeit gewöhnt man sich daran, dann lacht man über die
schmutzigen Anekdoten und schließlich fühlt man ein wirkliches Interesse für die gemeinen Streiche der physisch und moralisch Verkommenen." Erschwerend trat hinzu, dass kein Geistlicher sich der Gefangenen annahm, kein höherer Beamter oder Gefängnisvorstand, „nur

das Anstaltspersonal, das sich um das sittliche Wohl der Büßenden nicht bekümmerte".[23]

Von seiner Haft im Jahr 1837 im Stockhaus in Tönning, dem Untersuchungsgefängnis, weiß der Eiderstedter Carsten Hinz wahrhaft erstaunliche Zustände zu berichten. Die anderen Gefangenen und er versammelten sich häufig in der Stube des Schließers. „Der Schließer sah uns da gern, denn er war selten nüchtern, und wir Gefangenen betranken uns fast täglich mit ihm; auch lief viel schlechtes Gesindel, das früher hier gefangen gesessen hatte, aus und ein, und nahm Teil an unseren Trinkgelagen."[24] In betrunkenem Zustand gerieten Hinz und der Schließer in Streit, Hinz schlug zu und wurde zur Strafe in Ketten gelegt.[25] Damit ist er neben Magdalena Z. der einzige, der noch von dieser Züchtigungsmethode berichten muss; die Kettenhaft[26], in früheren Jahrhunderten gebräuchlich, war in vielen Haftanstalten zu diesem Zeitpunkt bereits abgeschafft.

Auch von der Gemeinschaftshaft im Zuchthaus erzählen etliche Autoren nur mit Grausen. Dass man niemals in Ruhe ein gutes Buch lesen könne, sei noch ein relativ geringes Übel. Des Sonntags, wenn keine Arbeitspflicht bestehe, benähmen sich viele Gefangene im gemeinsamen Schlafsaal „wie Schweine", berichtet der Maschinenschlosser H. J. „Es ist früh Zeit zum Aufstehen; der eine verläßt mit einem Fluch seine Lagerstätte, er grollt, daß er nicht länger liegen bleiben darf, und räsonniert über alles, der andere ruft beim Aufstehen: ‚Kostträger, was zum Fressen her!' (...) Der nächste schimpft mit seinem Schlafnachbar, daß er ‚stinke', der vierte stellt sich im Hemd auf den Kopf (...)"[27] Unsittliche Reden seien an der Tagesordnung. Manche rühmten sich „so und so oft Läuse gehabt zu haben, da und dort einen schurkischen Streich ausgeführt zu haben, mit liederlichen Weibspersonen herumgezogen [zu sein] oder daß sie syphilitisch waren und dergleichen mehr." Als besonders fatal erwies es sich, wenn die Gefangenen an Alkohol kämen. So gibt H. J. an, so mancher habe sich „denaturierten Spiritus aus der Schreinerei oder aus der Goldleistenfabrik besorgt".[28] Meist sei sogar Schellack darin aufgelöst gewesen, was dem Magen sehr schade.

S. J. empfand unter ähnlichen Bedingungen die Einzelhaft während seiner Gefängniszeit in Hameln als wahren Segen: „Die Einsamkeit tat mir wohl, denn war auch ich selbst ein Entgleister, so hatte mich doch der moralische Schmutz, den ich in der Untersuchungshaft vorgefunden hatte, angeekelt. Hier in der Einsamkeit, hier söhnte ich mich aus mit meinem Gott, hier lernte ich wieder beten und froh in die Zukunft schauen."[29]

Als Befürworter der Einzelhaft geben sich auch andere Autoren. Der Glaser G. O. klingt geradezu wie die Gefängnisreformer, wenn er schreibt: „Nur in der Einzelhaft hat der Gefangene wirkliche Ruhe. Für den Verkommenen ist es freilich eine harte Strafe, allein zu sein, für den Bessergesinnten dagegen eine Wohltat, für die er dankbar ist. Hier kann er ungestört mit seinem Heiland in Verkehr treten, die Worte seines Seelsorgers noch mal nachklingen lassen. Hier faßt er gute Vorsätze und so mancher wirft sich auf die Knie, wenn die Eisrinde seines Herzens geschmolzen ist und ruft aus: ‚Herr ich glaube, hilf mir Ungläubigen!'"[30] Der Maschinenschlosser H. J. beschreibt zwar zunächst ein Gefühl der Beklommenheit, das entsteht, wenn man in eine Einzelzelle gebracht wird. Er schreibt in der dritten Person: „Die Tür fällt hinter ihm ins Schloß, die vergitterten Fenster hat er vor sich, ein strafendes Gewissen in sich, und er fühlt es, ob er es auch nicht gesteht, einen zürnenden Gott über sich." Die Furcht vor der Isolation komme eben nur daher, dass „die größte Mehrzahl aller Abgeurteilten nicht den Mut hat, ihr in ihrem Inneren wohl vorhandenes Schuldbewußtsein immer zu spüren".[31] Die Isolation wirft den Delinquenten ganz auf sich zurück: „Er sucht den bitteren Gedanken der Reue zu entgehen, aber die Einsamkeit, heilsam schrecklich für den Missetäter, läßt dieselben immer wieder kommen." Zwar empfänden viele noch Zorn über das angebliche Unrecht, das ihnen angetan wurde, aber früher oder später nähmen sie sich dann doch vor, in Freiheit nicht wieder straffällig zu werden.[32] Einige Autoren bedauern deshalb, dass es nicht genug Einzelzellen in den Gefängnisbauten gebe.

Viele Autoren halten das Hauptanliegen der „Besserung" durch die Haft für nicht erfüllt. Neben der „verderblichen Ansteckung" durch die Gemeinschaftshaft spricht so mancher wie Luer Meyer das Problem der Heuchelei an. Diese hat etwa auch der Schumacher G. O. beobachtet. Er schreibt: „Gewiß, es gibt Gefangene, welche ihr Vorleben wahrhaft bereuen, die Strafe als eine Übergangsstufe zum Guten ansehen und in der Religion Trost suchen und finden, sich möglichst reservieren und unbekümmert um ihre Umgebung ihre eigenen Wege gehen. Aber gerade deshalb liegen sie in stetem Kampf mit denen, die an nichts glauben, Religion und Weltordnung als Menschenwerk hinstellen und verachten. Sie sind schlechter als schlecht und die vollkommensten Heuchler. Die Beamten lassen sich von ihnen in jeder Weise täuschen, meistenteils durch die sogenannte gute Führung."[33] Gerade derjenige, der zufrieden sei, wieder im Gefängnis zu sein und Kost und Logis frei zu haben, kenne die Hausordnung genau, befolge sie und mache keine Schwierigkeiten, solange die Beamten da seien. Kaum aber wieder unter sich, treibe der Heuchler sein Unwesen und hänsele vor allem die Neuankömmlinge. Derjenige aber, der sich angeblich so gut führe, sinne, kaum in Freiheit, wieder darauf, ins Gefängnis zu kommen, um versorgt zu sein, vor allem im Winter.

Insbesondere in der Gemeinschaftshaft, so berichten die Autoren, werde die Autorität des Geistlichen durch den Spott der Mitgefangenen systematisch unterminiert. „Letzthin ging unten auf der Straße eine Prozession; da nannten katholische Gefangene den Geistlichen den ‚Leithammel einer dummen Herde' und hatten ihren Spott über die Wallfahrer. Und solche nennen sich, wenn's darauf ankommt, g u t e Katholiken und fehlen bei keinem Beichttermin."[34] Man verspreche sich von der Heuchelei, um einer anschließenden Arbeitshausstrafe zu entgehen, eine Unterstützung durch einen Fürsorgeverein zu erhalten oder später nicht unter Polizeiaufsicht zu kommen.

Ein überraschend positives Bild von ihren Mitgefangenen entwirft dagegen die Prostituierte Hedwig Hard. Schon im Untersuchungsgefängnis waren ihr die Schicksalsgenossinnen „liebgeworden". Diese hätten nach Kräften versucht, sie zu trösten. Dann aber hatte sie als gerade 16-Jährige eine mehrmonatige Haftstrafe in der Provinzial-Arbeitsanstalt Brauweiler abzubüßen.[35] Nach einigen Tagen wurde sie auf Anraten des Geistlichen in eine Gemeinschaftszelle für Jugendliche verlegt. Diese teilte sie mit zwei anderen Prostituierten aus Köln, Gretchen und Marie. „Wir drei vertrugen uns brillant, eine suchte der andern ihr Schicksal zu erleichtern und wir trösteten uns so gut es eben ging." Die Mädchen arbeiteten auch in der Zelle. Hedwig lernte hier sogar Walzer; Gretchen tanzte mit ihr, während Marie auf dem Kamm „leise Musik dazu" machte. „Man vergaß auf Minuten ganz wo man war."[36]

Ihr Resümee nach verbüßter Haft: „Das Arbeitshaus ist nicht der Ort, Menschen zu bessern. Was haben sie denn schließlich getan, diese Geschöpfe? Sie haben ihren Leib verkauft, ja warum? Weil das Leben es von ihnen fordert, sie haben ja nichts anders und dafür sperrt man sie hier ein, behandelt sie barbarisch, ihnen jedes Recht auf Verteidigung und Gerechtigkeit nehmend." Wollte man wirklich bessern, so solle man es mit einem guten Wort versuchen, nicht mit Brutalität und Gewalt. „Nicht immer diese Demütigungen und Nichtachtung, die so weh tut."[37] Bemerkenswert offen äußert sich Hedwig Hard hier über den Strafvollzug, ohne von den Häftlingen Reue zu fordern. Sie hatte ihre Lebensgeschichte ja auch nicht im Gefängnis geschrieben, sondern im Rückblick als inzwischen verheiratete Frau. Sie musste keine „Besserung" heucheln.

Politische Gefangene im Strafvollzug

Das Selbstverständnis der politischen Häftlinge, etwas Besseres als die „gemeinen Kriminellen" zu sein, beeinflusste auch die Hafterfahrungen. Welche Auswirkungen eine jahrelange Einzelhaft auf Körper und Psyche eines Gefangenen haben konnte, erfahren wir etwa aus den Briefen, die Otto von Corvin aus seiner achtjährigen Haft in Bruchsal an seine Frau geschrieben hat. Die Briefe geben ausführlich Auskunft über die äußeren Bedingungen der Gefangenschaft, aber auch über die Seelenlage des Häftlings. Nicht alle Briefe waren durch die offizielle Zuchthauszensur gegangen; Corvin gelang es, Wärter zu bestechen, bzw. er schrieb einige Passagen mit Zitronensaft. Seine Haftstrafe musste Corvin zwischen 1848 und 1855 im Mustergefängnis der Strafvollzugsreform, im Zellengefängnis in Bruchsal[38], verbüßen.

Otto von Corvin-Witzbierski   Völlig niedergeschmettert bedauert Corvin zu Beginn seiner Haftzeit, nicht erschossen worden zu sein und schreibt: „Alle Todesqualen scheinen mir leicht gegen die Seelenfolter, der ich hier ausgesetzt bin. (...) Ich beneide die elenden Diebe und Mörder, mit denen ich zu verkehren genöthigt bin, denn sie haben kein Gefühl für die Qualen, die ich empfinde, für sie existieren diese Qualen nicht."[39] Und: „Diese Gemeinschaft, in der ich hier als Gleichgestellter lebe, ist nicht zu ertragen." Als besonders ehrenrührig empfand es Corvin, dass seine Haare abgeschnitten, sein Bart geschoren und er in Zuchthauskleidung gesteckt wurde – alles Zeichen dafür, dass er nach dem Gleichheitsprinzip, genauso wie andere Kriminelle, behandelt wurde. Für diese seien diese Maßnahmen ja eine „einfache Maaßregel der Reinlichkeit", für ihn eine „Tortur". Er als Adliger, als Intellektueller, glaubt, die Zumutungen der Zuchthaushaft nicht ertragen zu können und hofft, dass sie in Festungshaft umgewandelt wird. Diese Form der Haft war bis dahin generell für politische Gefangene üblich gewesen und brachte einen wesentlich geringeren Statusverlust mit sich.[40] Dagegen musste Corvin nun Wolle spinnen – später Schuhe fertigen – eine furchtbare „Schmach".

Die Verhältnisse besserten sich jedoch bald: Corvin musste nicht mehr mit den anderen Gefangenen schlafen, sondern erhielt eine Einzelzelle, was er zunächst als Erleichterung empfand. Seine Zelle, „7 Schritt lang und 4 ½ breit", beschreibt er seiner Frau minutiös, unter anderem als mit einer „schmutzig grünen Farbe angestrichen, eine Art Eisfarbe, so daß man gleich friert, wenn man sie ansieht".[41] Besonders litt er einerseits unter Kälte, andererseits unter der „Luftheizung" in seiner Zelle, die eine Art trockenen Wind erzeugte, war sich aber bewusst, dass die Zelle „tausend Mal besser als die Wohnungen der meisten Tagelöhner und Arbeiter" war.[42]

Mit einer Mischung aus Faszination und Grauen schildert Corvin die Verwendung der „Maskenmütze" zur Verhinderung des Blickkontakts mit anderen und seine Platzierung im „stal", dem Einzelverschlag während des Kirchbesuchs. Eine weitergehende geistliche Betreuung lehnte Corvin, der sich als Atheist verstand, erfolgreich ab.

Das ambitionierte Konzept des Zellengefängnisses hielt Corvin an sich für „ganz vortrefflich", allerdings nur für die „Mehrzahl der Verbrecher (...) aus den niedrigsten Ständen", nicht für sich. „Die Leute leben besser wie zu Hause und arbeiten weniger, sie haben keine Sorgen und befinden sich hier meist sehr wohl."[43] Stark litt er nämlich unter der Trennung von seiner Frau und unter dem Freiheitsentzug. Seine Angst, die lange Haftzeit könne zu einer Entfremdung zwischen ihm und seiner Frau führen, bewahrheitete sich tatsächlich. Die letzten Briefe vor seiner Entlassung 1855 lassen zahlreiche Missstimmungen und Vorwürfe erkennen. Nur sehr selten wurden Besuche von Helene gestattet, da diese auch als politisch belastet galt, dazu trennten das Ehepaar stets zwei Gitter voneinander – Folge der Neukonzeption des Besuchszimmers, das den zu engen Kontakt der Gefangenen zu den Besuchern verhindern sollte.

Eine große Rolle spielt in Corvins Briefen sein Gesundheitszustand. Er klagt über fast beständige Kopf- und Gliederschmerzen, Fieber und Übelkeit wegen der für ihn unbekömmlichen Kost, die zu einem großen Teil aus Hülsenfrüchten bestand. Er aß daraufhin nur sehr wenig und magerte extrem ab. Der Arzt, so empfand es Corvin, nehme seine Krankheiten nicht ernst, da man sie nicht sehen könne; er gelte schnell als Simulant. Die Heizung und das System der Luftzirkulation, auf das Gefängnisdirektor Füeßlin so stolz war, bereiteten ihm mehr Beschwerden als Erleichterung. Ständig sei es entweder zu kalt oder zu warm. Er klagt über Erkältungen und Gliederschmerzen.

Zudem wurde Corvin die Einzelhaft, die ihm zunächst Erlösung von dem unerwünschten Kontakt mit anderen Gefangenen und deren rauen Sitten gebracht hatte, auf die Dauer zur großen Qual. Er litt unter starker Nervosität und extremer Unruhe, die ihn, obwohl er zeitweise die Erlaubnis hatte, sich literarisch zu betätigen, kaum arbeiten ließ. Immer wieder musste er gegen Depressionen ankämpfen: „Ich mag Dir in dieser elenden Stimmung nicht weiter schreiben. Die Glocken, die in Bruchsal tönen, thun mir weh und selbst die bunten Farben der Blumen erschrecken und verletzen mich (...) Kurz, ich bin heute innerlich schwarz tapeziert."[44] In seinen Stimmungsschwankungen zwischen wütendem Aufbegehren, Sarkasmus, Trauer und dem Versuch, sich stoisch in alles zu schicken, bietet Corvin ein eindrückliches Psychogramm eines Gefangenen in Isolationshaft. Als Folter empfand er zudem die immer wieder zerstörten Hoffnungen auf eine vorzeitige Entlassung, die ihm erst ganz am Ende seiner regulären Haftzeit gewährt wurde.

Immerhin konnte sich Corvin im Verlauf seiner Haft auch über so manche Erleichterungen freuen; so durfte er Briefe schreiben, sich Bücher schicken lassen und malen. Am Ende erhielt der inzwischen recht privilegierte Gefangene gegen entsprechende Bezahlung bessere Kost, durfte sogar Singvögel halten und bekam von seiner Frau Blumen und Wein gesandt. Zu seinem anhaltenden Ärger durfte er jedoch nicht mit

Ölfarben malen, da dies, so der Zuchthausdirektor, dem „Ernst des Ortes" nicht gerecht werde. An diesem Detail zeichnet sich ein Charakterzug Corvins ab, der ihm die Haft besonders unerträglich machte: Ihm gelang es oft kaum, sich in die auferlegten Beschränkungen zu schicken. Er fand immer neue Gründe der Kritik und wirkte auf die Bediensteten deshalb wie ein ewiger Querulant.

Am Ende konnte Corvin aber doch, trotz seines schlechten körperlichen Zustands, der Gefängniszeit etwas Gutes abgewinnen. „Was ich hier gelernt habe? Geduld, Genügsamkeit und Langeweile ertragen." Und mit einem gewissen Galgenhumor setzt er, der während der letzten Jahre kaum Fleisch zu sich hatte nehmen können, hinzu: „Meine aristokratischen Lebensgewohnheiten, die Dich manchmal geärgert haben, werde ich nun ja wohl abgelegt haben. Sei versichert, meine Verachtung gegen gemeine Kalbs- und Gänsebraten hab' ich hier gänzlich verloren."[45]

So zeichnet Corvin ein überwiegend düsteres Bild von seinem als unstandesgemäß empfundenen Gefängnisaufenthalt in Bruchsal unter dem Signum strikter Isolation. Diese, verbunden mit dem unverträglichen, schweren Essen, griff die Konstitution des nicht körperlich Arbeitenden so nachhaltig an, dass er auch die Chance, wieder literarisch tätig zu sein, nur teilweise nutzen konnte. Der angebliche Segen der Einzelzelle erweist sich hier als Martyrium, das den Freiheitsliebenden in die Depression treibt, zumal das zweite Standbein des Besserungsstrafvollzugs, die Seelsorge, von Corvin strikt abgelehnt wird. Der Besserungsstrafvollzug findet also nicht nur in der Heuchelei der angeblich Bekehrten seine Grenze, sondern auch in den gefestigten politischen und moralischen Überzeugungen der politischen Gefangenen, die gar nicht „errettet" werden wollen.

Johann Most Johann Most veröffentlichte seine Memoiren etwa 30 Jahre nach seinen Gefängnisaufenthalten.[46] Wenn man die ersten Gefängniserfahrungen liest, die er in seinen Memoiren darstellt, so versteht man besser die maßlose Enttäuschung, die Corvin angesichts des „egalitären" Strafvollzugs in Bruchsal überkam. Most war nämlich 1849 auf der österreichischen Festung Suben am Inn (Oberösterreich) inhaftiert. Dort genoss er als politischer Gefangener eine privilegierte Behandlung.[47]

Sie begann schon damit, dass Most und seine Mitstreiter zwar bewacht, aber ungefesselt in privaten Kutschen nach Suben gefahren wurden. Habe man als politischer Gefangener nachweisen können, dass man „genügend Intelligenz"[48] besitze, so sei man von körperlicher Arbeit entbunden gewesen. Die eigene Kleidung durfte Most behalten und konnte essen und trinken, was er wollte, musste aber dafür bezahlen. Er durfte sich auch Nahrungsmittel von Freunden schicken lassen, zudem war das Rauchen erlaubt. Er konnte mehrere Zeitungen lesen und sich Bücher kommen lassen. Die Zelle, die er mit einem Genossen teilte, war hell und geräumig, mit einem „prachtvollen Ausblick auf das Innthal und nach Bayern hinein". Damit nicht genug: „Ein Hausarbeiter (Gefangener) wurde uns zur Aufwartung zugetheilt. Der machte für uns die Betten, putzte die Stiefel, holte das Essen, fegte aus, heizte ein u.s.w." Unter diesen Bedingungen konnte Most die Haft für eifrige Studien nutzen.

Diese komfortablen Bedingungen wurden dem Arbeiterführer zum Maßstab seiner weiteren Gefängnisaufenthalte. Im Gefängnis in Zwickau etwa konnte er Hafterleichterungen durchsetzen; die Einzelzelle, in der er acht Monate verbrachte, wurde ihm zum „Studir- und Arbeitszimmer".[49] Er durfte auch seine Artikel für die *Chemnitzer Freie Presse* weiter verfassen; dagegen war Corvin das Schreiben von Zeitungsartikeln streng verboten gewesen.

Umso empörter war Most über die Behandlung, die er in der Strafanstalt Berlin-Plötzensee[50] erfuhr. Die Anstalt wurde zwischen 1868 und 1879 auf dem Gelände des gleichnamigen Gutsbezirks unter dem preußischen König Wilhelm I. als Reformanstalt gebaut und konnte 1400 Gefangene beherbergen. Im Gegensatz zu Bruchsal hatte man keinen Strahlenplan umgesetzt, sondern einzelne Gebäudekomplexe mit sieben umschlossenen Höfen errichtet. Wegen seiner Einrichtungen, der Zentralheizung, des Wasserklosetts, der Lüftung, guter Kost und wegen der Arbeitsbedingungen galt das Gefängnis vielen als fortschrittlich. Heizung, Lüftung und Wasserspülung lobt Most zwar auch, doch ansonsten findet er viele Worte der Kritik. So sei die Kost abscheulich: „Die Suppe bestand aus Mehl und Wasser, sah aus wie Kleister und schmeckte entsprechend."[51] Zum Mittag erhielt er eine Rumford'sche Suppe[52], die er ebenfalls entsetzlich fand.

Die Rumford'sche Suppe erfand Benjamin Thompson, Reichsgraf von Rumford 1795 für die Soldaten der Armee des bayerischen Kurfürsten Karl Theodor von der Pfalz. Die Suppe sollte besonders preisgünstig und dabei nahrhaft sein. Die Grundlage der Rumford'schen Suppe bildeten Graupen oder getrocknete Erbsen, die stundenlang in Wasser gekocht wurden. Gewürzt wurde sie mit Salz und Essig. Bei reichhaltigeren Varianten konnten Gemüse wie Zwiebeln, Möhren oder Steckrüben, getrocknetes Brot oder Fleisch und Speck beigegeben werden, das Wasser konnte man durch Knochenbrühe ersetzen. In dieser Variante wurde die Suppe im 19. Jahrhundert auch Bestandteil bürgerlicher Speisepläne.

Most lässt keine Gelegenheit ungenutzt, sich von seinen Mitgefangenen abzusetzen. Er bezeichnet sie als „Herren Spitzbuben" oder als „liebliche Rotte".[53] Seine Opposition erwachte vollends, als man ihn zur Zwangsarbeit einteilen wollte. Der Direktor wies seine Beschwerde mit den Worten ab: „Es giebt nur eine Art Gefängnis, und von nun ab wird auch jedermann gleichmässig behandelt werden."[54] Der Direktor beharrte also auf dem egalitären Ansatz des Besserungsstrafvollzugs. Mosts Einwand, seine politische Agitation sei nicht „ehrenrührig" und er dürfe deshalb nicht „mit Spitzbuben und Raufbolden" auf eine gleiche Stufe gestellt werden, wies der Direktor zurück: „Die Gefährlichkeit ist am massgeblichsten; und Ihre Handlungsweise dürfte denn doch bedeutend gefährlicher sein, als die eines Diebes oder eines Körperverletzers. Solche Leute schädigen ja nur Einzelne, Sie aber wollen gleich die ganze Gesellschaft auf den Kopf stellen!"[55] Die moralische Überlegenheit wird Most also dezidiert abgesprochen. Nur Mosts Hinweis, er sei Reichstagsabgeordneter und werde sich beim Justizminister beschweren, fruchtet dann doch ein wenig, denn zumindest wurde ihm das Tragen der eigenen Kleidung und das Lesen einer Zeitung, wenn auch der konservativen *Vossischen*[56], gestattet. Dagegen musste er Kartonage kleben und sein Pensum abliefern wie die Mitgefangenen, dazu weiter mit der Anstaltskost vorliebnehmen. Das Ansinnen, am Kirchenbesuch teilzunehmen, da er doch wohl so manches Mal des Trostes bedürfe, wies Most weit von sich: Er sei Materialist und habe genug daran, die Sprüche von Freiligrath oder Herwegh, also der Revolutionäre von 1848, zu rezitieren. Außerdem teilte man ihm mit, er dürfe keinen Besuch von guten Freunden empfangen, denn das stärke nur seine Anhänglichkeit an den Sozialismus und stehe dem Zweck der Strafe, seiner „Besserung", entgegen. Most entgegnete darauf: „Vom sogenannten Bessern kann bei mir gar keine Rede sein. Denn nur ein Mensch ohne Charakter und Ehre lässt sich seine Überzeugung abpressen!"[57]

Bei ihm wie auch bei Corvin konnte ein Strafvollzug, der auf dem Bereuen der begangenen Taten beruhte, keinen Ansatzpunkt finden. Zudem mussten es die politischen Gefangenen als besondere Härte empfinden, dass sie, anders als die „gewöhnlichen" Gefangenen, kaum oder gar keinen Besuch empfangen konnten. Damit waren politische Gefangene, mit denen sich ja auch nicht der Geistliche zum Ziel der Seelenrettung befasste, noch stärker isoliert als die „normalen" Täter. Allerdings wirkte die Beschäftigung mit Literatur, Zeitung und Briefen als wichtiger Ausgleich.

Sepp Oerter Die Lebenserinnerungen Oerters kreisen um seinen Zuchthaus-Aufenthalt, den er vom 15. November 1893 bis zum 8. August 1901 in der Strafanstalt Münster verbüßte. Zu Beginn beherrscht ihn das Gefühl von Niedergeschlagenheit und Entwürdigung: „Ein wahrer Platzregen von Roheit prasselte an meinem Einlieferungstag auf mich nieder."[58] Er fühlte sich zum Objekt degradiert. „Nach Verlassen des Bades mußte ich mich vor dem Hausvater hinstellen, der mir die Arme in die Höhe hob und meine Achselhöhlen betrachtete; endlich packte er meinen Geschlechtsteil und zog denselben hin und her. Diese Besudelung meiner Menschenwürde empörte mich. Und ich musste dazu schweigen!" Ein Gefangener dürfe kein Scham- oder Ehrgefühl haben, beziehe er sich darauf, ernte er nur Hohngelächter. Oerter wurden die Haare abgeschnitten, und er erhielt die Häftlingskleidung. Beschimpfungen des Anstaltspersonals taten ein Übriges, sodass sich Oerter schlechter behandelt fühlte, als wenn er ein „normaler" Krimineller gewesen wäre. Er schreibt: „Ich habe und hätte nie das Verlangen gestellt, wegen meines unbestreitbar politischen Verbrechens eine Bevorzugung vor meinen Mitgefangenen zu erhalten.

Daß man mich aber eben, weil ich (...) Anarchist war, sowohl in der Untersuchungs- wie Strafhaft schlechter behandelte, das ist ein Zeichen rechtlichen Tiefstandes."[59]

Zum Ende des Jahrhunderts ist ein Wandel der Erwartungen eingetreten: Nicht eine Besserstellung erwartet Oerter, wie dies noch Corvin oder Most taten, sondern er argumentiert nun gerade mit dem egalitären Ansatz des Besserungsstrafvollzugs, um sich über seine Schlechterstellung als politischer Gefangener zu beklagen.

Oerters Schilderungen seiner Erlebnisse sind stark von seiner anarchistischen Grundüberzeugung geprägt, seien es seine Ansichten über die Mitgefangenen, über das Anstaltspersonal, die religiöse Unterweisung oder das Einhalten der Hausordnung. Obwohl in Münster vorgeschrieben war, dass die Gefangenen nur drei Jahre hintereinander in Einzelhaft gehalten werden durften, verblieb Oerter die gesamten sechs Jahre in Einzelhaft, was er aber als die angenehmere Haftart empfand, weil er sich ohnehin entschlossen hatte, zu allem so weit wie möglich zu schweigen. Auch Diskussionen über den Anarchismus führte er grundsätzlich nicht, wollte er sich doch nicht sein „erhabenes anarchistisches Ideal besudeln" lassen.[60]

Anders als Corvin und Most sind für Oerter alle Gefangenen, unabhängig von ihrem Delikt, seine Leidensgenossen, für die er großes Verständnis zeigt. Nicht sie selbst, sondern der Staat allein mit seinen ungerechten Verhältnissen sei Ursache der Kriminalität. Auch die „gewöhnlichen Verbrecher" seien zumeist „gute Menschen". Ihre Diebstähle und Betrügereien seien auch nicht schlimmer als „die Schwindeleien der Großkapitalisten im Börsenspiel". Auch bei den „rohen" und „gemeinen" Charakteren habe er oft „Edles und Schönes" durchschimmern sehen.[61] Für diejenigen, die sich Sittlichkeitsverbrechen hatten zuschulden kommen lassen, fordert Oerter eine ärztliche Behandlung.

Diesem im Ganzen positiven Bild von den Straftätern setzt Oerter seine scharfe Kritik am Anstaltspersonal, vor allem an den Oberbeamten entgegen, die in keinem Fall moralisch höherstehend seien als die Gefangenen. Die einfachen Aufseher dagegen seien zwar oft ungeeignet für ihre Aufgabe, aber doch menschlicher und gütiger als die Vorgesetzten, außerdem spürten sie direkt die Macht, die die Gefangenen über sie auszuüben verstanden.

Den Direktor der Strafanstalt, Strosser[62], charakterisiert Oerter als autokratischen Herrscher in seinem Reich, dessen einziges Erziehungsmittel „Prügelbock und die Peitsche" gewesen seien.[63] Dass die Prügelstrafe in Preußen seit den 1870er-Jahren abgeschafft worden sei[64], habe ihn wenig gekümmert. Doch Oerter sieht auch Positives an dem Mann: „Wenn er nach seiner Meinung eine Besserung des einzelnen Gefangenen sah, wurde er wohlwollend und gütig." Dann konnten die Gefangenen auch Vergünstigungen und eine individuellere Behandlung erwarten, nur dass dies auf Oerter wegen seiner festen politischen Überzeugungen keine Anwendung finden konnte. Den Nachfolger Strossers dagegen beschreibt Oerter als „kalten Bureaukraten", der sich stur an die Vorschriften hielt und damit „verheerender" gewirkt habe als sein Vorgänger.[65]

Die Anstaltsgeistlichen konnten nicht viel bei dem überzeugten Anarchisten ausrichten, auch wenn dieser den Kirchenbesuch nicht verweigern konnte. Zunächst saßen alle Gefangenen zusammen im Kirchenraum; später wurden wie in Bruchsal Einzelverschläge eingerichtet, die die Gefangenen besser voneinander isolieren sollten. Doch das Gegenteil war der Fall: „Diese Neuerung wurde von den Gefangenen freudig aufgenommen. Die Aufseher konnten sie nicht mehr so gut beobachten; Unterhaltungen und jede Art von Schmuggel konnten viel besser vor sich gehen."[66] Überhaupt, die religiöse Betreuung: Bei einigen habe die religiöse Indoktrination des Pfarrers tatsächlich gefruchtet, die meisten aber hätten ihre Frömmigkeit geheuchelt, um sich die Fürsprache des Anstaltsgeistlichen zu erschwindeln. Oerter gibt dagegen an, durch die Haft erst recht zum „Antichristen"[67] geworden zu sein.

Ein schlagendes Beispiel für den Unterschied zwischen Theorie und Praxis war auch die von der Hausordnung vorgeschriebenen und von Oerter als besonders demütigend empfundenen körperlichen Durchsuchungen, die doch letztlich nicht verhinderten, dass die Gefangenen „Kontrebande" versteckten. Die Hausordnung verbot besonders nachdrücklich den Kontakt zu den anderen Gefangenen, das heißt, es herrschte striktes Schweigegebot. Doch auch dies umgingen die Häftlinge: „Das absolute Redeverbot ist so widersinnig, daß es trotz der darauf ruhenden harten Disziplinarstrafen vollkommen wirkungslos ist. Der Mensch bedarf naturgemäß eines Gedankenaustausches mit seinen

Nebenmenschen. Daran ändern alle Ministerialräte der Welt nichts. Es wird daher in den Strafanstalten jede Gelegenheit – mit Erfolg – benutzt, um mit dem Nebengefangenen in Verkehr zu treten (...)"[68] Die an sich strikte Hausordnung wurde ad absurdum geführt, wenn der Austausch der Gefangenen untereinander nicht unterbunden werden konnte, ein Problem das auch die Reformer immer wieder reflektiert hatten.

Alles in allem beschwert Oerter sich allerdings wenig über die konkreten Haftbedingungen. Für ihn hätten die Essensportionen ausgereicht, nicht aber für die Schwerarbeiter wie etwa die Schlosser. Das Essen bestand mittags aus einem Liter Erbsensuppe bzw. Bohnen, Linsen, Reis, Graupen mit 50 bis 100 Gramm Speck oder Fleisch, abends gab es wieder warme Suppe. Viele hätten Hunger gelitten, was allerdings die Aufseher, entgegen den Hausvorschriften, zu lindern versucht hätten.[69] Es habe auch die Möglichkeit gegeben, sich mit seinem Überverdienst zusätzliche Nahrungsmittel zu beschaffen, doch Voraussetzung dafür war die Erfüllung des Arbeitspensums und „gute Führung". Mit dem Vorwurf einiger „Grützehirniger", die Gefangenen würden besser beköstigt als die Arbeiter, setzt Oerter sich ebenfalls auseinander. Dies stimme zwar, doch dies spreche nur dafür „daß die heutigen wirtschaftlichen und sozialen Verhältnisse die unwürdigsten sind".[70] Im Winter litten die Gefangenen zudem unter der Kälte. Die Zelleninnentemperatur gibt Oerter mit „15–16 Grad"[71] an. War es beim Hofgang kalt, brauchten die Schneider oft eine Stunde, bis ihre Hände wieder geschmeidig waren, mussten aber doch ihr Pensum abliefern.

Überhaupt drehte sich alles um das Pensum. Direktor Strosser habe nur drei Kategorien von Häftlingen gekannt, die sich nach der Art der Arbeitserfüllung richteten. „Kein Pensum – eine lange Rede unter schrecklichem Augenrollen, Drohung mit der Peitsche und eine entsprechende Disziplinarstrafe." Das bedeutete drei Tage Kostentzug, sodass der entkräftete Gefangene hinterher noch weniger imstande war, sein Pensum zu leisten. „Pensum – Rede über die moralische Verkommenheit eines nur pensumleistenden Menschen, welcher in seiner Verworfenheit Gott bestiehlt und den Staat betrügt. Eineinhalb Pensa: ‚Gut!'. Zwei Pensa – ‚Sehr gut!'"[72] Nach Oerters Wahrnehmung diente im Münsteraner Gefängnis die Arbeit inzwischen wieder weniger dem

Erlernen von beruflichen, für später nützlichen Fähigkeiten, sondern sollte die Anstalt rentabel machen.

Bei aller kritischen Distanz zum Anstaltsalltag – Arbeitsverweigerung praktizierte Oerter nicht, auch wenn er es bei anderen Gefangenen als „ehrenhaft" ansah. Er musste zunächst Militärhosen schneidern, später wurde er in die Buchbinderei versetzt, wo er zu seiner großen Freude die Möglichkeit erhielt, Bücher und Zeitungen zu lesen. Zum Schluss arbeitete er als Bauzeichner und -schreiber. Da er keine Disziplinarstrafen bekam, erhielt er nach drei Jahren einige Vergünstigungen. Als größte Vergünstigung erhielt er schließlich ein Schreibheft, das er für Gedichte und Dramenentwürfe nutzte. Doch habe die Straffreiheit nicht bedeutet, dass er sich an die Hausordnung gehalten habe – als Anarchist, so scheint es, war er sich Unbotmäßigkeit schuldig. „Ich habe nach den ersten drei Jahren alles getan, was mit der Hausordnung in Widerspruch stand. Mündlich und schriftlich war ich mit anderen in Verbindung getreten; ich machte Gedichte für die Briefe, welche andere Gefangene an ihre Angehörigen schrieben (...) Mit Büchern und Zeitungen versorgte ich sie und sie mich."[73] Außerdem sei er eine „Zentralagentur des Kautabakhandels", der natürlich im Gefängnis verboten war, gewesen.

Trotzdem nahm Oerters Leiden an der Gefangenschaft mit den Jahren zu, vor allem wegen der Tatenlosigkeit, zu der er verdammt war. „Mich packte manchmal die Verzweiflung. Ja noch mehr! Ich fühlte es manchmal heranschleichen an mich – das Gespenst der Geistesumnachtung. Ich ertappte mich bei lächerlichen Gesichtsverzerrungen, blödem Lachen, vollkommener Gedankenlosigkeit – da galt es Wache zu halten. Mit eiserner Willenskraft riß ich mich von dem Abgrund des Wahnsinns zurück."[74]

Als Oerter endlich 1901 entlassen wurde, lautete sein Resümee über die Rechtsordnung: „Es fehlt der heutigen Gesellschaft das sittliche Recht zur Verhängung von Strafurteilen; alle diese Urteile sind nichts anderes als gesellschaftliche Verbrechen. Beseitigt diese (die gegenwärtige Gesellschafts- und Wirtschaftsordnung) – dann erst hat der Mensch das Recht, Richter zu sein, wofern er nicht Arzt sein muß."[75]

Alle Gefängniserfahrungen zeigen eindrücklich den Unterschied zwischen Theorie und Praxis: Wollte der Reformstrafvollzug den Gefangenen moralisch bessern, zur Arbeit erziehen und dabei möglichst alle negativen Einflüsse von Mitgefangenen durch perfekte Kontrolle und schon in der Architektur gewährleistete Überwachung unterbinden, so zeichnen die meisten Autobiographien ein anderes Bild: So gut wie jeder Punkt der Hausordnung konnte unterlaufen werden, insbesondere das Kontaktverbot der Gefangenen untereinander. Die lückenlose Kontrolle erweist sich einmal mehr als Chimäre, stattdessen zeigen sich Möglichkeiten der Gefangenen, sich Freiräume zu verschaffen.[76] Die hehren humanitären Ideale, die die Reformer durchaus verfolgt hatten, verloren sich im Gefängnisalltag vor allem der zweiten Jahrhunderthälfte. Das Einhalten der Hausordnung konnte zwar nicht wirklich durchgesetzt werden, gleichwohl wurde jeder Verstoß, der bemerkt wurde, mit drastischen Strafen geahndet, etwa mit Arrest, Schmälerung der Kost oder Peitschenhieben wie in Münster. Gewalt durch die Aufseher und Verantwortlichen im Gefängnis wird immer wieder thematisiert. Überhaupt kritisieren viele Autoren den Umgang mit den Gefangenen: Während die Gefängnisreformer hohe Anforderungen an das Gefängnispersonal stellten – die Wärter etwa sollten in Vechta den Gefangenen verständnisvoll und hilfreich zur Seite stehen[77] – ging es in der Praxis anders zu.

Besser funktionierte offenbar das System der Klassifikation und das Gewähren von Vergünstigungen bei guter Führung. Deutlich wird, dass Hafterleichterungen tatsächlich für die meisten Gefangenen ein Grund waren, zumindest nicht allzu offenkundig gegen die Hausordnung zu verstoßen. Dankbar berichten die Autoren von den Bildungsmöglichkeiten oder von intellektueller Tätigkeit. So gibt auch Corvin nach einem gescheiterten Fluchtversuch seine Rebellion gegen das Eingesperrtsein auf und erhält wieder die Möglichkeit, Bücher zu lesen. Für Meyer erweist sich die handwerkliche Arbeit als willkommene Abwechslung und Chance.

Die Rolle der Arbeit erscheint aber zumindest ambivalent: Während Corvin und Most nicht körperlich arbeiten mussten, empfindet Oerter die am „Pensum" orientierte Arbeitsvorgabe als unmenschlich. Bedenklich stimmen auch die gesundheitlichen Beeinträchtigungen, von denen immer wieder die Rede ist, wollte der Reformstrafvollzug doch die gesundheitliche Konstitution der Gefangenen möglichst fördern – durch Hofgänge, Arbeit und gute Kost. Besonders der isolierende Freiheitsentzug aber führte zu starken psychischen Beeinträchtigungen, von denen Oerter berichtet und die sich bei Corvin auch körperlich niederschlugen.

Die Erfahrungen mit der Einzelhaft geben so nur zum Teil den Reformern recht, die die Einzelzelle als Ort der Selbstbesinnung und die Kontaktsperre gegenüber den anderen Gefangenen als notwendige Maßnahme zur Verhinderung der „Ansteckung" durch andere Missetäter propagierten und umsetzten. Das Hauptziel der Reformer, das Erreichen von Besserung, ist nach den Erfahrungen der Gefangenen sehr fraglich. Während sich die politischen Gefangenen erwartungsgemäß als immun erweisen, lud der „Besserungsstrafvollzug" bei den „normalen" Straftätern wohl geradezu dazu ein, sich durch Heuchelei Vorteile zu verschaffen.

Sexualität im Gefängnis

Der Körper des Gefangenen wird zumeist dann thematisiert, wenn es sich um Leiden handelt, entweder, wenn Gewalterfahrungen geschildert werden oder körperliche bzw. psychische Krankheiten. Dagegen erweist sich das Thema Sexualität in den meisten Texten als Tabu, an das man nicht zu rühren wagt. Wenige machen eine Ausnahme.

Offen berichtet der Anarchist Sepp Oerter von seiner Notlage, denn als junger Mann leidet er besonders an der erzwungenen Enthaltsamkeit. Er musste abends um sechs bzw. sieben Uhr ins Bett gehen. „Nun denke man sich: da liegt man nun als erwachsener, geschlechtskräftiger Mensch stundenlang schlaflos im Bett! Der kräftigste Trieb im Menschen gewinnt die Herrschaft über die Phantasie. Das zeitigt Qualen, welche sich nicht beschreiben lassen."[78] Der Pfarrer habe ihm für diese Not fleißiges Beten empfohlen.

Die Praxis der Onanie sei unter den Häftlingen weitverbreitet, berichtet der Maschinenschlosser H. J. Anders aber als Oerter, der ehrlich seine eigene sexuelle Bedürftigkeit beschreibt, kritisiert H. J. diejenigen, die „Selbstbefleckung" betrieben. So mancher „Schweinehund"[79] rühme sich auch noch damit. Der Onaniediskurs, der die Onanie wegen der angeblichen Verschwendung von Körpersäften als Grund von Rückenmarksschwund, Auszehrung und sittlicher Verderbnis ansah, hinterlässt hier seine Spuren.

Über sexuelle Übergriffe beklagt sich ein anderer Gefangener. Der Maschinenschlosser M. K., geboren 1867, gibt an, in Untersuchungshaft von „Rohheit und Gemeinheit" umgeben gewesen zu sein. Einer seiner Mithäftlinge habe mit der Vergewaltigung seiner eigenen Tochter geprahlt. Damit nicht genug: Ein 19-jähriger Handwerksbursche habe sich nicht nur durch andauerndes Onanieren, „daß ihm der Atem ausging", zu befriedigen versucht, er habe auch an andere Hand angelegt und sie zum Verkehr zu überreden gesucht.[80]

Homosexuelle Praktiken im Zuchthaus Amberg beschreibt ausführlich der Glaser J. A. Ein junger Neuankömmling, „Äffchen" genannt, ziehe augenblicklich die Aufmerksamkeit auf sich. Es näherten sich ihm die älteren Häftlinge, „deren ganzes Sinnen und Trachten darauf hinausgeht, mit jungen Gefangenen ein fortgesetztes Schweineigelleben zu führen".[81] Ein älterer Häftling biete dem Jungen Brot an, gebe ihm gute Ratschläge und baue so eine Vertraulichkeit auf. „Bald ist der junge Mensch von dem ganz verkommen Alten völlig umgarnt, er gewinnt als Schüler dieses verruchten Meisters laszive, schmutzige Unterhaltung lieb, und immer tiefer kommt er nach und nach in die grauenvollste Unzucht hinein. Der Bursche wird nun ein regelrechter „Junge", das heißt, „die Liebste" des Alten." Häufig spielten sich haarsträubende Eifersuchtsszenen unter den Gefangenen um ihre „Liebste" ab. Manchmal ginge auch die Initiative von den jungen Häftlingen aus, die wegen Unzucht in Haft gekommen seien.

Werde jemand zu homosexuellen Handlungen gezwungen, so könne er keine Hilfe erwarten: Briefe an die Eltern diktiere der „Alte", und die Aufsichtsbeamten kümmerten sich um dergleichen Vorfälle kaum. „Meistens aber liegt diesen Herren nicht viel an diesen Unsittlichkeiten; wenn nur viel Geld verdient wird, die Besserung der Gefangenen ist ihnen gleichgültig." Meist seien Pfarrer und Lehrer auf verlorenem Posten, denn sie erhielten keine Unterstützung. Wolle man wirklich seine Ruhe, dann helfe nur die Einzelzelle, denn dort sei man geschützt.

Geradezu ins Schwärmen gerät der Maschinenschlosser G. O., wenn er auf den preußischen Strafvollzug zu sprechen kommt. Dort herrsche militärische Disziplin und: „Die Einrichtung in den gemeinsamen Schlafsälen sind sehr zweckentsprechend und von größter Bedeutung für Sittlichkeit und Zucht unter den Gefangenen. Jedes Bett ist, an der

einen Seite einen Gang freilassend, von dem anderen durch eine Holz-
wand getrennt, oben durch ein Drahtgitter, vorn durch eine eiserne, mit
Drahtgitter versehene Tür geschlossen und zwar so, daß auf einen
Druck sich sämtliche Türen der auf diese Weise geschaffenen Isolierzel-
len schließen und von innen nicht geöffnet werden können. Sobald das
Glockenzeichen ertönt, hat der Schlafsaalälteste dafür zu sorgen, daß
Ruhe herrscht."[82] Die laxe, eher liberale Haltung der Wärter im bayerischen Amberg wird dagegen als mangelnder Schutz gegen demüti-
gende Erfahrungen und sexuelle Übergriffe erlebt.

Auch weibliche Homosexualität wird in den Lebensberichten beschrieben. Die Prostituierte Hedwig Hard schreibt von den „Freund-
schaftsschwestern". So wurden die weiblichen Häftlinge genannt, die
sexuelle Beziehungen zu anderen Frauen unterhielten. „Überhaupt
Freundschaft, wie erklärte ich mir das?", fragt sich Hedwig. „Ich war ja
noch so furchtbar dumm, von Liebe und geschlechtlichem Verkehr zwischen Weibern hatte ich ja keine Ahnung. (…) Mir war das alles neu und
doch hatte ich auch eine Freundin; auch in der Kartoffelstube, ein Mädchen aus Barmen, die mit mir in Cöln zusammen gesessen hatte und
mir auch heimlich Wurst schickte."[83] Die zärtlichen „Fleppchen", die
Liebesbriefe, durften auf keinen Fall abgefangen werden, sonst drohte
Dunkelhaft.

Gewalt hinter Gittern

Gewalterfahrungen machten die Häftlinge in unterschiedlichster Weise.
Hedwig Hard berichtet etwa von einer brutalen Aufseherin. Diese hätte
eine Gefangene, Toni Müller, ständig provoziert und schikaniert, bis
diese, die eigentlich kurz vor der Entlassung stand, sich nicht mehr be-
herrschen konnte und sich auf die Aufseherin stürzte. Auf das Geschrei
seien andere Frauen dazwischengegangen, aber Toni bekam „fünfund-
zwanzig Seilhiebe, sechs Wochen Kachott [Dunkelhaft] und ihre zwei
Jahre voll diktiert".[84] Sie musste also ihre Reststrafe absitzen. Einmal
bekam auch Hedwig die gefürchtete Dunkelhaft aufgebrummt. Die
Nacht blieb ihr in unauslöschlicher Erinnerung. „Das Kaschott ist eine
leere Zelle, kein Strohsack, keine Decke, blanker Asphaltboden."[85]
Nach einiger Zeit konnte sie sich wenigstens mit ihren Mitgefangenen

in den anderen Zellen austauschen, trotzdem schien die Nacht in der kalten Dunkelheit nicht zu vergehen.

Von der Gewalt, die die männlichen Häftlinge durch die Wärter oder den Direktor der Strafanstalt erleiden mussten, hörten wir schon mehrfach. Gewalt aber gab es auch im Umgang der Gefangenen miteinander. Der Glaser J. A. gibt an, aus Eifersucht hätten sich zwei oder drei „Alte" schon einmal „die Köpfe zerschlagen".[86] Schlimmer aber sei, dass es eine ausgesprochene Hierarchie unter den Gefangenen gebe, in der die Gröbsten und Verdorbensten die anderen nicht nur negativ beeinflussen, sondern regelrecht tyrannisieren könnten. Wolle sich ein Neuankömmling, der stets am untersten Ende der Hierarchie stände, aus Schamgefühl heraus von allen Gemeinheiten zurückziehen, so ergehe es ihm in aller Regel schlecht: „(...) denn in Zuchthäusern mit Gemeinschaftshaft dominiert das Gemeine; der Gefangene, der nicht mittun will, nicht mitheulen will mitten unter den Wölfen, wird schikaniert und gehetzt wie ein Stück Vieh. Seine Strafe wird zur Höllenqual, und die Beamten sind meist zu kurzsichtig, um die wahren Missetäter zu erkennen, und strafen den um sein Menschentum unter lauter Scheusalen ringenden Gefangenen so lange, bis er mürb wird, seine Reserve aufgibt und mit den Wölfen heult, das heißt ebenso schlecht wird wie die ‚Alten', die dominieren." G. O. schildert folgendes Vorkommnis: Einmal habe ein junger Mann, der das erste Mal in Haft war, tränenüberströmt mit einem Brief seiner Mutter in der Hand auf seinem Bett gesessen. Da sei er nicht nur verspottet, sondern auch die Mutter mit übelsten Ausdrücken beschimpft worden. Wenn nun dieser Junge dem Spötter „seinen Schemel auf den Kopf schlägt"[87], so werde er bestraft und bekäme sieben Tage Arrest.

Auch der Kaufmann K. M. hat die Aussichtslosigkeit erlebt, gegen die Gewalt der Mithäftlinge Beschwerde einzulegen: „Da dürfen es die besser Gesinnten nicht wagen, den Gemeinheiten und Rohheiten entgegenzutreten; denn die ‚Seife' – so nennen sich die gemeinen Individuen selber – ist ja die Majorität in den einzelnen Abteilungen und würde jeden aus ihrer Mitte prügeln, der es wagen würde, über die verkommenen Rohheiten und Gemeinheiten sich beim Direktor oder beim Pfarrer, dessen Tätigkeit durch die Niedertracht der schlechteren Elemente bei den meisten in Frage gestellt wird, zu beschweren. Ich schreibe dies auf Grund elfmonatlicher Erfahrung und Beobachtung in der Gemeinschaftshaft."[88] Aufgrund seiner Erfahrungen in den Haftanstalten ist für den Glaser J. A. klar, dass der Staat, der nicht genügend Einzelzellen bereitstelle, selbst für das „Verbrecherheer" sorge, das die Gefängnisse bevölkere. Schon längst hätte man, wolle man Abhilfe schaffen, auf die Gefangenen selbst hören sollen, denn nur diese wüssten wirklich, wie es in den Strafanstalten zugehe. Selbstbewusst schreibt er: „Wenn draußen in der Öffentlichkeit so total verkehrte Urteile über Verbrecher und Strafvollzug sich wie eine ewige Krankheit fortpflanzen, so kommt das eben daher, daß man nie die Strafanstaltsinsassen selber hört, sondern nur vom grünen Tisch aus nach vorgefaßten Prinzipien urteilt." Nicht nur Schriftsteller hätten keine Ahnung von der Wirklichkeit des Strafvollzugs, „selbst Kriminalisten, Untersuchungsrichter und Strafanstaltsbeamte haben gar oft einen falschen Begriff. Nach meinem Dafürhalten kann nur der Verbrecher selbst, wenn er den nötigen Scharfblick besitzt, das Verbrechertum und den Strafvollzug richtig beurteilen, in dem er sich selbst als denkender und fühlender Mensch befindet."[89] Der Gefangene selbst wird, da nur er über die einschlägige Erfahrung des Betroffenen verfügt, zum Experten des Strafvollzugs.

„Wieder ein ehrlicher Mensch werden"

Nach der Haft standen die Entlassenen vor der Aufgabe, wieder in der Gesellschaft jenseits der Gefängnismauern Fuß zu fassen. Würden sie wieder Arbeit und Wohnung, wieder soziale Kontakte jenseits des kriminellen Milieus finden? Gefängnisvereine engagierten sich, um die Entlassenen zu unterstützen, zuweilen auch Berufsvereinigungen. So manchem erschien es aussichtsreicher, auszuwandern oder in die Fremdenlegion einzutreten.

Erste Anlaufstelle auf der Suche nach Hilfe aber waren bei vielen Gefangenen die Eltern, Verwandte oder auch Freunde der Familie. Vor allem, wenn die Delinquenten aus sozial höhergestellten Kreisen stammten, setzten die Eltern zunächst alles daran, dass die Irrwege ihrer Sprösslinge nicht allgemein bekannt wurden, um der gesellschaftlichen Stigmatisierung zu entgehen.

Familiäre Ressourcen und soziale Netzwerke

Gleich zu Beginn seines Textes stellt der 1866 geborene Schreiber E. K. aus Essen klar, dass seine Eltern rein gar nichts für seinen kriminellen Lebenswandel könnten. „Mein Vater war ein deutscher, frommer Mann, wie es heutzutage nur noch wenige gibt, und meine Mutter war die idealste, beste Mutter, die es nur geben kann."[1] Beide kümmerten sich intensiv um das oft kränkliche Kind, an das sie keine Anforderungen zu stellen wagten. Das Familienleben sei von Gebeten, Chorälen und Kirchgängen bestimmt gewesen. Später allerdings sei er wegen seines unbotmäßigen Verhaltens häufig von seinem Vater gezüchtigt worden, was aber nichts gefruchtet habe.

Der Vater war bei Krupp als Werkmeister beschäftigt. Zunächst arbeitete E. im Büro seines Vaters, er sollte später eine Ingenieursausbildung erhalten. Der Sohn, immer knapp bei Kasse, machte Schulden, die die

Mutter ohne Kenntnis des Vaters „blutenden Herzens" bezahlte. Einen ersten Diebstahl beging E. an seinem Arbeitsplatz – er entwendete echte chinesische Zeichenfarben –, doch der Vater erfuhr nichts davon. Zutiefst betrübte E. seine Eltern dann aber, als er 14-jährig mit von ihm gefälschten Stempeln nach Übersee auswandern wollte. Er hatte seinen Eltern einen Brief hinterlassen, in dem er die „Furcht vor der Entdeckung großer Schulden" als Grund für sein Fortlaufen angab. Als er schließlich wegen fehlender Mittel nach Hause zurückkehrte, war der Langmut seines Vaters beendet, „die arme gute Mutter weinte sich schier zu Tode".[2] E. lebte daraufhin eine Weile im Haushalt seiner älteren Schwester, die auch eine Versöhnung mit den Eltern zustande brachte. Der Aufenthalt bei der Schwester gab E. vorübergehend Halt, hier sei er „anständig" gewesen, schreibt er. E. besuchte anschließend eine landwirtschaftliche Schule, doch auch dort machte er seinen Eltern Kummer, als er sein Taschengeld durch einen Diebstahl aufbesserte. Zwar ließ sich der Direktor durch die Tränen des Vaters rühren und zeigte den Diebstahl nicht an, doch E. K. floh aus der Schule und tauchte bei einer früheren Geliebten unter. Der Vater, inzwischen „gebrochen" wie die Mutter, unterstützte E. schließlich bei seinem Plan, auszuwandern, was jedoch scheiterte. E. K.s Eltern litten stark unter dessen Handeln. Sein Vater habe einem Freund geschrieben: „Lieber einen toten, denn einen ungeratenen Sohn."[3]

Alle Familienmitglieder mit Ausnahme der Mutter wandten sich nun von E. ab. Der konnte jedoch mehrfach vom guten sozialen Netzwerk der Familie profitieren: Ein Freund der Eltern riet zu einem Aufenthalt in einer „Arbeiterkolonie" in Wilhelmsdorf. Diese Arbeiterkolonie in der Bielefelder Senne hatte 1882 der Pfarrer Friedrich von Bodelschwingh als Versorgungsbetrieb für seine Krankenanstalten in Bethel gegründet.[4] Hier führte sich E. gut – offenbar gaben ihm die geregelte Arbeit und die strenge Hausordnung Halt. Es gelang die Aussöhnung mit der Familie. „Im November schrieb er [d. i. der Vater] mir selbst, daß ich nach Hause kommen könnte und daß er mir bereits eine Stelle verschafft hätte bei einem seiner Freunde auf den Kr[upp] Werken."[5] Als Mechaniker verdient E. zwar gut, doch wegen mehrerer Liebschaften häufte er schon wieder „riesige Schulden" auf. Eine Flucht nach Hannover zum Bruder seines Schwagers brachte keine Lösung, dieser entfernte

Verwandte fühlte sich offenbar weniger verantwortlich für E., drückte ihm nur 25 Mark in die Hand und wies ihm die Tür. Durch Vermittlung eines Schulfreundes, nun eigene soziale Netzwerke bemühend, fand E. eine Tätigkeit bei einem Gutsbesitzer in Harzburg. Der Schulfreund erwirkte tatsächlich die Aussöhnung mit dem Vater, der seinen Sohn, trotz aller Enttäuschung, noch einmal finanziell unterstützte. Amouröse Verwicklungen machten aber auch diese positive Zukunftsaussicht zunichte. Ein letztes Mal griff der Vater helfend ein und bot dem Sprössling eine Stelle in seinem Büro. Doch dann starb der Vater und E. geriet in eine neuerliche Lebenskrise.

Die fromme Mutter setzte dem Lebenswandel ihres Sohnes nun mehr Widerstand entgegen. E. überwarf sich zunächst mit ihr, weil sie seine Verlobte Adele für „unsittlich"[6] – weil unehelich geboren – hielt und die Beziehung zu unterbinden suchte. Hinzu kamen erste epileptische Anfälle des Sohnes, die sowohl seine Mutter als auch die Ärzte auf sexuelle Ausschweifungen und letztlich auf die Beziehung zu Adele zurückführten. Dennoch verschaffte die Mutter E. nach seiner Haft in Hamburg noch ein letztes Mal eine Stelle, als Kontrolleur von Gas- und Wasseruhren: Eine Freundin der Mutter war die Frau des Direktors der Essener Gasfabrik. Doch da E. nicht von seiner Beziehung zu Adele lassen wollte, verlor er letztlich alle mütterliche Unterstützung und damit die bis dahin immer noch funktionierende familiäre Hilfe endgültig.

Auch Carsten Hinz, der Raubmörder aus Witzwort, konnte mehrfach auf die Unterstützung seiner Eltern rechnen. Als er nach einem gekündigten Dienstverhältnis mittellos nach Hause zurückkehrte – zuvor hatte er alle seine Mittel vertrunken – nahmen ihn die Eltern auf und lösten seine versetzten Kleider wieder aus. Auch nach seinem Zuchthausaufenthalt in Glückstadt griff Hinz zunächst auf die Hilfe seiner Eltern, dann auf die seines Schwagers zurück. Sogar als Hinz den Mord begangen hatte, deckte ihn seine Mutter zunächst, obwohl sie ihn hatte mit der Tatwaffe, einem Beil, aus dem Haus gehen sehen. Erst bei der Gerichtsverhandlung wegen des Raubmords sagte die Mutter schließlich gegen den Sohn aus, indem sie ihm kein Alibi gab. Hinz leugnete zu diesem Zeitpunkt noch die Tat und vermerkt: „Da weinte meine Mutter sehr als sie hinausging."[7]

Auch Luer Meyer berichtet von mehreren Hilfestellungen seiner Eltern. Seinen ersten Diebstahl etwa suchte der Vater durch die Zahlung
einer Summe an den Landpolizisten zu vertuschen. Die folgenden Betrügereien verziehen die Eltern zunächst und beschafften Meyer eine
Anstellung als Maurerjunge bei einem Bekannten des Vaters. Weinend
begleitete die Mutter ihren einzigen Sohn mehrfach zum Antritt seiner
Gefängnisstrafen, gab ihm Andachtsbüchlein mit. Auch in der Haftanstalt in Hameln besuchten ihn die Eltern, zu denen Luer aber nicht zurückkehrte, als er entlassen wurde. Von tiefer Reue erfasst wurde der
Sohn erst wieder, als sein Vater im Sterben lag – Luer saß gerade im
Zuchthaus in Bremen ein, durfte den Vater aber besuchen. „Der Anblick
meines sterbenden Vaters den ich noch so sehr vieles abzubitten hatte,
was ich an ihm verschuldet, erschütterte mir gewaltig und hätte ich den
Augenblick gerne mein Leben geopfert um sein Leben zu retten, wenn
es nur möglich gewesen wäre. (...) Denn durch diese Umstände tratt mir
die ganze Vergangenheit vor die Seele. Mein Leben lag wie ein offenes
Buch vor mir darin ich nur schwarze Blätter fand, worauf meine Thaten
verzeichnet waren. Die Stimme des Gewissens, die ich bis dahin immer
unterdrückt hatte, fing jetzt an, mir als den Mörder meines Vaters laut
an zu klagen."[8] Er beschloss, sein Geld künftig mit ehrlicher Arbeit zu
verdienen und seine Mutter zu unterstützen. „Auch war es mir klar, (...)
daß ich jetzt dasjenige, was ich an meinem Vater verschuldet, an meine
Mutter wieder abtragen mußte, und ich gelobte es in meinem Herzen
vor Gott, daß ich meine Mutter jetzt nicht wieder verlassen und ihr ein
treuer, gehorsamer Sohn und Ernährer sein wollte."

Wie er, so waren auch andere Gefangene immer wieder von tiefer
Scham gegenüber ihren Eltern erfasst, deren Liebe sie noch lange erhielten und die sie, so ihr Gefühl, schändlich missbraucht hatten.

Gefangenenfürsorge in Theorie und Praxis

Neben der familiären Hilfe konnten die Gefängnisvereine Unterstützung für Häftlinge und Entlassene bieten. Sie bildeten zunächst das
„organisatorische Rückgrat der Gefängnisreformbewegung".[9] Diese aus
Privatinitiative philanthropisch Gesinnter entstandenen Hilfsorganisationen wollten mit religiöser Unterweisung auf die sittlich-moralische

Besserung der Gefangenen während der Haft einwirken, ihre Haftbedingungen günstig beeinflussen und dazu durch materielle Unterstützung und Arbeitsvermittlung nach der Haft die Chancen für eine Resozialisierung erhöhen.

Der Besuch von Strafgefangenen galt schon in früheren Zeiten als Werk christlicher Nächstenliebe. Auf diesem Fürsorgegedanken[10] bauten auch die Gefängnisvereine auf. Bereits 1787 wurde in Philadelphia ein Gefängnisverein ins Leben gerufen, in England engagierte sich die Quäkerin Elizabeth Fry für weibliche Gefangene im Gefängnis in Newgate. Der erste deutsche Verein, die „Rheinisch-westfälische Gefängnisgesellschaft"[11], wurde 1826 vom evangelischen Pfarrer Theodor Fliedner gegründet; er wurde später als Gründer des ersten deutschen Diakonissenhauses bekannt. Religiöse Netzwerke waren es, aus denen sich die Mitglieder dieser ersten deutschen Gefängnisvereine rekrutierten. So entstand die „Rheinisch-westfälische Gefängnisgesellschaft", die bald eine Vorbildfunktion im Reich übernahm, vor allem aus dem Umkreis der Erweckungsbewegung[12] und der evangelischen „Inneren Mission", doch zählten zu ihren Mitgliedern auch einflussreiche Katholiken. Die Gesellschaft war eng mit anderen religiös-philanthropischen Vereinen vernetzt, wodurch sie stabiler war als andere regionale Vereine.[13]

Minutiös listete man die Missstände in den Haftanstalten auf und mischte sich damit aktiv in die Reformdiskussion und -umsetzung ein. Hieraus entstand ein Konflikt mit den staatlichen Behörden bzw. den Strafvollzugsbeamten vor Ort, die die Aktivitäten der Vereine als un-

Kennzeichen der Erweckungsbewegung sind Bekehrungserlebnisse des einzelnen Gläubigen. Als „Erweckung" wird dabei die Hinwendung zu einem Glauben bezeichnet, der, in Abgrenzung zur Orientierung an konfessionellen Dogmen, direkt aus der Bibel abgeleitet werden soll. Konstitutives Element ist die Predigt, oft unter freiem Himmel. Viele Anhänger fühlen sich zu sozialem Engagement aufgerufen.

Die deutsche Erweckungsbewegung im 19. Jahrhundert leitete sich vom Pietismus mit seiner Betonung des persönlichen Glaubens, aber auch von der südenglischen Bewegung der „Brethren" her.

liebsame Einmischung auffassten und auf die Entlassenenfürsorge beschränkt sehen wollten.[14] Nur unter dieser Bedingung erhielten etwa die württembergischen Vereine staatliche finanzielle Unterstützung.[15]

Nach dem ersten Schwung der Neugründungen in den 1830er-Jahren geriet die Vereinsarbeit in den 1840er- und 50er-Jahren ins Stocken. Mangelnde öffentliche Resonanz lähmte die Aktivitäten; so mancher

Johann Hinrich Wichern, eine der einflussreichsten Persönlichkeiten des Protestantismus im 19. Jahrhundert, stammte aus recht einfachen Verhältnissen in Hamburg. Nach dem Theologiestudium vor allem in Berlin, in dem er sich nach einem „Wiedergeburtserlebnis" den Kreisen der dortigen „Erweckungsbewegung" angeschlossen hatte, wurde er Oberlehrer in der Evangelischen Sonntagsschule in Hamburg St. Georg, einem Stadtviertel, in dem die Armut grassierte. Das „Rauhe Haus zur Rettung verwahrloster und schwer erziehbarer Kinder" von 1833, in dem die Kinder in familienähnlichen Strukturen lebten, arbeiteten und eine Ausbildung erhielten, gründete er aus diesen Erfahrungen heraus. Die Einrichtung besteht noch heute. Bis 1855 entstanden in Deutschland über 100 Rettungshäuser. Wichern gründete auch das „Brüderhaus" in Horn zur Ausbildung seiner „Gehilfen".

Nach seinem Verständnis konnte das soziale Elend nur durch den Kampf gegen den individuellen „Sittenverfall" vor allem des Proletariats, durch tätige, christliche Nächstenliebe und eine Erneuerung der Kirche überwunden werden, durch eine „Innere Mission". 1848 gründete er den „Centralausschuß für die Innere Mission der deutschen evangelischen Kirche", der Vorläuferorganisation des heutigen „Diakonischen Werks". Zahlreiche Vereine der „Inneren Mission" entstanden in der Folgezeit, dazu Diakonissenhäuser für Armen- und Krankenpflege, Kleinkinderschulen, Jünglingsvereine, „Magdalenenhäuser" für „gefallene Mädchen", „Herbergen zur Heimat", Arbeiterkolonien für Obdach- und Arbeitslose sowie Verpflegungsstationen für Obdachlose.

Zudem nahm Wichern zwischen 1854 und 1856 maßgeblichen Einfluss auf die Reform des „Preußischen Mustergefängnisses" Moabit bei Berlin. 1857 bis 1874 war Wichern preußischer Staatsbeamter im Ministerium des Innern, Dezernat für das Armen- und Gefängniswesen, außerdem Oberkonsistorialrat im Oberkirchenamt Berlin.

Gefängnisverein löste sich bald nach Gründung wieder auf. Diesem Missstand suchte Johann Hinrich Wichern[16] abzuhelfen, als er 1848 den „Zentralausschuss der Inneren Mission" gründete.

Im Jahr 1854 erreichte den Hamburger Senat ein Schreiben des „Zentralausschusses der Inneren Mission"[17], in dem die Gefängnisstrafe als völlig nutzlos bezeichnet wird, denn sie verursache nur Kosten und sei „Wurzel neuen Übels". Die überfüllten Gefängnisse zeugten von diesem Übelstand. Die Kritik der Verfasser, unter denen auch Wichern ist, richtet sich aber zugleich gegen das fehlende Problembewusstsein und Engagement der Kirchengemeinden. Den Sträfling, auch wenn er aus ihr als gebessert entlassen sei, erwarte nach der Haft die Ächtung der Gesellschaft, er habe keine Ehre mehr und kein Auskommen. Deshalb sei es kein Wunder, dass es ihn wieder ins Gefängnis ziehe. Nach Jahrzehnten der Gefängnisreform ist offensichtlich, dass sich die Ziele der Reformer noch lange nicht erfüllt hatten und die tatkräftige Unterstützung nach der Haft an mächtigen Vorurteilen oder dem Desinteresse der Gesellschaft zu scheitern drohte. 8 bis 10 Prozent der Entlassenen seien außerdem „Unverbesserliche", weiß der Bericht der Inneren Mission.

Ein weiterer Bericht Wicherns[18] präzisiert, dass man zuerst einen Ort finden müsse, wo der Entlassene einen Neuanfang wagen könne, möglichst solle der nicht in der Stadt, sondern in kleinen Orten oder auf dem Land sein, die Großstadt galt als zu gefährlich. In der Tat wurden Asyle für männliche und weibliche Entlassene gegründet, bei deren Betreuung Ortsobrigkeit und Pfarrer zusammenwirken sollten. Diese sollten freiwillig sein und möglichst den Entlassenen von allen früheren kriminellen Einflüssen fernhalten.

Die Innere Mission mit ihren zahlreichen Wohltätigkeitsvereinen[19] machte es sich zudem zur Aufgabe, Obdachlosigkeit und Bettelei zu bekämpfen, Kinder wollte man ihrer „Verwahrlosung entreißen"[20]: In Rettungshäusern sollten sie arbeiten und eine christliche Lebensführung lernen, dazu eine Ausbildung erhalten. Unterstützt wurden die Zöglinge später bei ihrer Suche nach einer Arbeitsstelle. Auch gegen Prostitution wollten die christlichen Wohltäter vorgehen, sah man doch in ihr ein Merkmal der „allgemeinen Sittenlosigkeit" der Zeit. Allerdings wurden die Dirnen nicht einseitig als Verführerinnen gebrandmarkt, sondern auch als Opfer der Gesellschaft gesehen und ihre Lebensverhältnisse für ihren „Fall" verantwortlich gemacht. „Sittlich-keitsvereine", meist von gut situierten bürgerlichen Frauen getragen, bemühten sich um die moralische Besserung der Dirnen. Bei all diesen sozialen Einrichtungen ist nicht zu übersehen, dass neben dem Hilfsan-gebot auch stets der Wunsch nach Kontrolle bestand.[21] Half alles dies nichts, blieb noch die Deportation. So schreibt die Centralleitung des allgemeinen Wohltätigkeits-Vereins im Königreich Württemberg 1850: „In der neueren Zeit haben mehrere Gemeinden nicht unbedeutende Summen darauf verwendet, sich ihrer Aermsten und oft auch sittlich Verkommensten durch Auswanderung zu entledigen."[22]

Die Entwicklung der Gefangenenfürsorge und die Erfahrungen mit den Einrichtungen der Inneren Mission spiegeln sich auch in den Le-bensberichten. So mancher unserer Autoren hat Hilfsangebote bekom-men – mit wechselndem Ergebnis.

Seit 1837 existierte etwa in Bremen ein Verein für entlassene Sträf-linge, gegründet durch den reformierten Pastor Georg Gottfried Trevi-ranus. Die Mitglieder rekrutierten sich aus der Bremer Oberschicht. In seiner Blütezeit hatte der Verein 197 Mitglieder.[23] Über deren Einsatz erfahren wir Einzelheiten aus der Autobiographie von Luer Meyer: Er erhielt eine ausgesprochen effiziente Unterstützung im Bremer Zucht-haus und nach seiner Entlassung. Nachdem sein Vater verstorben war, reichte Meyer ein Gnadengesuch ein, um so bald wie möglich seine Mutter unterstützen zu können. Der Vorsteher des Zuchthauses aus der Bremer Bürgerschaft, Carsten Gottfried Koop, befürwortete Meyers Gesuch, sodass er nicht die volle Haftstrafe von 15 Monaten absitzen musste, sondern schon nach neun Monaten freikam, allerdings durfte er sich nichts mehr zuschulden kommen lassen. Die Unterstützung bezog sich sogar nicht nur auf den Delinquenten. Statt dass Meyer von seinem „Überverdienst" das Begräbnis bezahlen musste – seine Mutter hatte nicht die notwendigen Mittel zur Verfügung – , trug Koop die Kosten, denn „er meinte, daß ich mein Geld nöthig genug hätte wenn ich frei käme und daß meine Mutter sonst wohl Hülfe finden würde, worauf er dann aber meiner Mutter, ohne daß ich etwas erfuhr, wenig-stens für 5 Thaler Zeug und für 5 Thaler baares Geld geschickt hatte".[24]

Hier wurde also gemäß dem Grundsatz der Familienfürsorge gehan-delt, der auch die Unterstützung der Angehörigen des Entlassenen vorsah. Meyer selbst aber erhielt kein Bargeld, sondern wurde bei der Existenzgründung unterstützt, indem ihm Arbeitsmaterialien zur Verfügung gestellt wurden. Er plante, sich in Heimarbeit als Zigarrenarbeiter sein Geld zu verdienen. Der Tabak musste von den Heimarbeitern bei einem Verleger gekauft werden, der auch die fertigen Produkte wieder abnahm. Dabei konnte es zu sehr unvorteilhaften Konditionen für die Heimarbeiter kommen. Doch auch hier half man Meyer weiter: Clemens Albert Talla, Mitglied der Zuchthausdeputation, war bereit, Meyer Kredit zu geben und ihm günstige Verlagsbedingungen zu gewähren. Mit derart guten Startbedingungen versehen, gelang Meyer tatsächlich eine einträgliche Zigarrenproduktion, sodass er bald mehrere Mitarbeiter anstellen konnte. Durch seinen beruflichen Erfolg hatte er nach seiner Aussage auch die Achtung der Dorfbevölkerung wiedergewonnen.

Joseph Kürper schickte die Anstaltsleitung in den 1860er-Jahren nach seinem Aufenthalt in der Erziehungsanstalt in Speyer zum Vorsitzenden des „Besserungsvereins" nach Kaiserslautern. Dieser war zwar keine sympathische Erscheinung, half Kürper aber effektiv. „Es war ein sehr ernster, ja finsterer Mann, der mich recht eindringlich zu einem tugendhaften Wandel ermahnte und mit dem Schreiben zu dem Schuhmachermeister L. sandte, wo er mir eine Stelle ausgemacht habe."[25]

Andere erhielten Unterstützung nach der Haft, vor allem durch die Gefängnisgeistlichen. Diese Erfahrungen spiegeln dessen wichtige Position wider, wurde der Anstaltspfarrer doch zur entscheidenden Schaltstelle der Gefangenenfürsorge. Um dessen Hilfe zu erlangen, musste man aber durch „gute Führung" glänzen. Eine ganz dem Besserungsstrafvollzug entsprechende Diktion in den Lebensberichten der Gefangenen könnte auch in diesem Zusammenhang stehen, vielleicht auch die auffälligen Hasstiraden auf die Sozialdemokraten oder die Anarchisten[26], die häufiger zu finden sind.

Bei Schwerverbrechern blieb den Anstaltsgeistlichen nur übrig, eine religiöse Bekehrung des Häftlings zu bewirken bzw. ein Geständnis zu erreichen, denn dies war immer noch die Grundlage des Gerichtsprozesses. Dass uns zwei Berichte von Mördern erhalten sind, wo eben dies als gelungen präsentiert wird, ist gewiss kein Zufall, die beiden Schriften sollten gegenüber der Öffentlichkeit das erfolgreiche Wirken der Geistlichen attestieren. Der Raubmörder Carsten Hinz ebenso wie die Kindsmörderin Magdalena Z. erhielten laut ihrer an Buß- und Reuebekundungen reichen Autobiographien engagierte Zuwendung durch die Gefängnisgeistlichen in Bern und Tönning, die sich die Bekehrung der beiden Delinquenten zum Ziel gesetzt hatten.

Ein wahres Ringen um die Seele seines ihm Anvertrauten schildert Pastor Schumacher aus Tönning in der „Bekehrungsgeschichte", die er gemeinsam mit der Autobiographie von Carsten Hinz publizierte. Er möchte damit seinen Amtsbrüdern einige „Wincke" geben, wie sie verstockte Sünder erfolgreich zur Buße bringen können.[27] Dies sei so wichtig, weil bei Verbrechern die Gefahr der Täuschung besonders groß sei. Die Mechanismen der Heuchelei wohl durchschauend, schreibt Schumacher: „Die gefangenen Verbrecher pflegen zwar den Prediger willkommen zu heißen; ein Zuspruch ist in der Langenweile ihrer Gefangenschaft ihnen ein Zeitvertreib; die gute Meinung, welche der Prediger von ihrer Bußfertigkeit gewinnt, soll das Urteil des inquirirenden Richters bestechen; oder sie wollen durch äußere Buße ihr Gewissen beschwichtigen."[28] Die Straftäter seien mitteilsam bei allem, was in den Akten stände, aber ihre Geheimnisse hüllten sie in einen „undurchdringlichen Schleier". Dank erhalte der Prediger für seine Mühe, aber Vertrauen fassten die Verbrecher nicht, denn sie sähen im Gefängnisgeistlichen den „Auskundschafter". Geradezu verbittert fährt er fort: „Sie heucheln vor ihm Glaube, Reue, Zerknirschung, selbst bis zu Thränen; bei allem sind sie gegen seine Lehre mit Unglauben, seine Ermahnungen mit Trotz, gegen seine Androhungen des göttlichen Zorns mit Gleichgültigkeit gewaffnet."

Besonders schwierig gestaltete sich das Werk des Pastors bei Hinz, weil dieser hartnäckig seine Schuld leugnete. Monatelang machte der Geistliche zunächst den gänzlich Unwissenden mit Bibel und Katechismus vertraut, betete mit ihm und beschwor dessen Gewissen. Hinz, der zunächst überhaupt nicht an die Existenz Gottes geglaubt habe, sei mit der Zeit aufgeschlossener geworden, berichtet der Pastor, doch ein wahrer Glaube habe sich zunächst nicht eingestellt. Deshalb verweigerte Schumacher dem Häftling auch mehrmals die Abendmahlsfeier, obwohl dieser danach immer dringender verlangt habe. Der Kampf um ein Geständnis des Delinquenten währte über ein Jahr, bis endlich Hinz seine Schuld öffentlich eingestand. Nicht zuletzt war er wohl zermürbt

durch die Mischung aus Verdammnisdrohungen und Errettungshoff-
nungen, mit der Schumacher ihn traktierte. Die Bekehrung des Raubmörders gipfelte in der Niederschrift der Lebensgeschichte und einer
erschütternden Bekenntnisrede, die Hinz auf dem Schafott vor der versammelten Öffentlichkeit hielt.

Magdalenas Lebensgeschichte gilt ihrem geistlichen Beistand nicht
umsonst als Musterbeispiel gelungener Gefangenenseelsorge und -be-
treuung. Nach der Meinung von Tscharners, die dieser in einem Vor-
wort zur Edition der Autobiographie ausführt, lasse sich hier der Weg
einer jungen Frau von einem „rohen, verwilderten" Zustand, in dem sie
zur „völligen Sklavin ihrer Sünde und Leidenschaften"[29] geworden war,
hin zur Selbsterkenntnis, Läuterung und zur schließlich durch ihren
Glauben Gerretteten nachvollziehen. Auch Magdalena leugnete ihre Tat
zunächst. Entscheidend für die spätere Wandlung war neben der Einsicht in die eigene Verantwortlichkeit die Vermittlung von Lesen und
Schreiben, wodurch die Delinquentin in den Stand versetzt wurde, ei-
genständig die Bibel und andere religiöse Schriften zu studieren und
schließlich sogar selbst ihre Lebensgeschichte zu verfassen. Das bürgerliche Bildungsideal, im Verbund mit religiöser Erziehung, führt den
unsittlichen Menschen zur Läuterung, so das Konzept, das hier seine
reale Umsetzung erfährt. Magdalena wurde begnadigt, auch auf Betreiben des Physikprofessors von Tscharner. Dieser hatte mit seiner Frau
Magdalena regelmäßig in der Haft besucht. Carsten Hinz blieb nur die
Todesart des Räderns erspart; er wurde, wiewohl religiös geläutert, 1844
durch das Schwert hingerichtet.[30]

Einige Autoren berichten davon, dass sie die Hilfsangebote der „Inneren Mission" in Anspruch genommen hätten. Wir hörten schon von den
positiven Erfahrungen E. K.s in der Arbeiterkolonie Wilhelmstal. Der
Plüschweber und Dienstknecht P. J. preist geradezu überschwänglich
die „Herbergen zur Heimat" als echte Alternative zu den sonst üblichen
Gesellenherbergen, die als „Brutstätte des Lasters" berüchtigt waren.
Besonders hebt er hervor, dass die „Herbergen zur Heimat" eine „Stätte
der Ruhe und Friedens"[31] für wandernde Handwerker anböten, ohne
dass man sich bereichern wolle, während die normalen Unterkünfte die
Notlage des in der Fremde Umherziehenden ausbeuteten. Neben einem
sauberen Bett und einem geheizten Zimmer böten die Einrichtungen

der Inneren Mission eine gute Bibliothek und „das liebe Wort Gottes".
Hier brauche man das „verkommene Landstraßengesindel" nicht zu
fürchten. So inbrünstig lobt P. J. die Herbergen, dass der Eindruck entsteht, der Text sei ganz nach den Erwartungen des protestantischen
Pfarrers Jaeger in Amberg entstanden; dazu passt der Vermerk des
Geistlichen, der Häftling habe Prämien für Fleiß und Wohlverhalten
bekommen.[32]

Von der „Herberge zur Heimat" in Frankfurt weiß Joseph Kürper zu
berichten. Er verlangte als Erstes, so wie er es von anderen Herbergen
gewöhnt war, ein Bier und einen Schnaps, aber da kam er beim Wirt an
den Falschen: „Wissen Sie, wo Sie sind? Hier ist die Herberge zur Heimat, in der jeder Fremde drei Tage bleiben darf, wenn er die nöthigen
Mittel hat. Für Schnapsklumpen und Raufbolde ist hier kein Platz. Sie
können also keinen Branntwein erhalten und Bier auch nur nach Maß
und Ziel."[33] Als Nachtessen bestellt Kürper Suppe, Kartoffeln und
Wurst, er und die anderen vierzig Gäste durften aber erst essen, nachdem das Abendgebet gesprochen worden war. Karten und Würfel durften auch nicht gespielt werden, pfeifen, fluchen und singen waren verboten. Positiv vermerkt Kürper, dass er ein Bett für sich allein erhielt,
was in den anderen Herbergen nicht der Fall gewesen sei. Er ist auch
sehr beeindruckt von der Reinlichkeit der Räume und den geringen
Kosten für Kost und Logis. „Wahrlich, lieber Leser", schreibt er, „solche
Sitte und Reinlichkeit und Folgsamkeit habe ich noch nie auf der Reise
und auf einer Herberge gefunden und waren doch Menschen aus allerlei
Klassen hier beisammen." Damit aber endet das Lob, das Kürper den
Herbergen zur Heimat spendet, denn, so fährt er ganz ehrlich fort, es
habe ihm dort nicht gefallen. „Warum? Es ging mir dort zu langweilig
und anständig zu. Damals war ich am liebsten, wo lustige Brüder pfif-
fen und sangen und schlechte Gespräche führten."

Dass Menschen, die schon längere Zeit auf der Straße lebten, diese
Hilfsangebote eher ablehnten, gibt auch der Fabrikarbeiter K. G. zu bedenken. Er, der viele Male wegen Bettelei und Landstreicherei verurteilt
worden war, spricht aus eigener Erfahrung. Die Kontrolle, der Zwang,
den Arbeiterkolonie, Naturalverpflegungsstation oder Herbergen zur
Heimat für den frei Umherwandernden bedeuteten, ließ ihn diese meiden. „Daß der Stromer Mühsal und Anstrengung nicht scheut, dürfte

feststehen; nur mit dem Zwang, den eine geregelte Tätigkeit unabweis-
bar mit sich bringt, vermag er sich nicht zu befreunden."[34] K. G. geht
noch weiter und übt scharfe Kritik an den Arbeiterkolonien: „Mit Wi-
derwillen und höchstgesteigertem Mißtrauen tritt der Stromer in das
freiwillige Arbeitshaus ein, um dem unfreiwilligen zu entgehen. Was er
vorfindet, nötigt dem scharfblickenden Strolch nur ein höhnisches Lä-
cheln ab: das Raubsystem dieser ‚freiwilligen Arbeiterkolonien' demons-
triert eben jeder Ziegel auf dem Dach, jedes Stück Brot, das durch den
dick aufgetragenen Firniß des christlichen Samaritertums nur noch
ekelerregender wirkt. Möglichste Ausbeutung der Arbeitskräfte ohne
nennenswerte Entschädigung dafür ist hier der Zweck – das Übrige
dient dazu, der Allgemeinheit Sand in die Augen zu streuen." Stattdessen verlangt er ein verbessertes Herbergswesen und einen unentgelt-
lichen Arbeitsnachweis, dazu keine übermäßigen Kontrollen, um die
Vagabunden nicht abzuschrecken.[35]

Wenig begeistert zeigte sich auch Hedwig Hard von den Rettungsbe-
mühungen einer Dame „aus einer der allerersten Familien Westfalens".[36]
Diese versuchte sie zu einem zweijährigen Klosteraufenthalt zu überreden, nach dem es ihr dann gestattet werden sollte, als Dienstmädchen
zu arbeiten. „Lassen Sie sich retten! Kommen Sie zu uns, zu Jesus und
der schmerzhaften Gottesmutter!", rief sie der jungen Dirne zu. Wirklich ließ sich Hedwig zu einem Besuch im Kloster „Zum guten Hirten"
überreden, doch trotz der Gesänge und Gebete wollte ihr die Mutter
Oberin zu streng und kühl erscheinen. „Ich ins Kloster zum guten Hirten, nein ich danke, dann konnte ich gerade so gut wieder ins Arbeitshaus gehen, denn viel besser ist es bei den frommen Schwestern auch
nicht." Der zumeist gut verdienenden Hedwig wollte auch die Aussicht,
später als Magd zu arbeiten, nicht so verlockend erscheinen. Überhaupt
lag oft der Verdienst von Prostituierten, vor allem, wenn sie nicht im
Bordell arbeiten mussten und noch jung waren, deutlich über dem einer
Dienstmagd oder einer Fabrikarbeiterin.[37]

Attraktiv war auch die „Magdalenenhilfe" nicht immer. Während sie
noch dankbar die Mägdeherberge für fünf Wochen aufgesucht hatte,
hielt es die 18-jährige Marie Berker im „Magdalenenstift" in Berlin nicht
lange aus. „Nach drei Wochen entlief ich daselbst, denn es war mir zu
streng", gibt sie an.[38]

Im letzten Drittel des 19. Jahrhunderts, so berichten die Autoren, helfen auch die Berufsvereinigungen bei der Stellungssuche. Der aus Preußen stammende Kanzlist H. E. Br. kam 1883 wegen einer Unterschlagung für drei Monate hinter Gitter. Nach seiner Haft und noch erschüttert von der schweren Krankheit seiner Mutter, an der er sich schuldig glaubte, wandte sich Br. nach Berlin, wo er „mit Hilfe des Bureaubeamtenvereins sogleich Stellung" erhielt.[39] Eine nochmalige Unterschlagung und Gefängnisstrafe verhinderte jedoch, dass Br. dauerhaft im Berufsleben als Verwaltungsbeamter Fuß fassen konnte – sein guter Leumund war dahin.

Auch der aus Niederösterreich stammende Maler Josef Ludolf J. erhielt Unterstützung von seinem Berufsverband und fand nach einer Untersuchungshaft wieder Arbeit. Es ist allerdings jeweils nur von einer einmaligen Unterstützung die Rede. Unklar bleibt, ob die Betroffenen nach ihrer Rückfälligkeit aus Scham einen weiteren Kontakt zur Berufsorganisation mieden oder ob man Rückfälligen ohnehin keine Hilfe mehr gewährt hätte.

Bei allem Engagement von Vereinen und Geistlichen – wie hoch die Erfolgsquote war, lässt sich oft nur schwer ermitteln. Immerhin bemerkt Pfarrer Jaeger, dass ein Drittel seiner 32 Häftlinge seines Wissens nicht mehr rückfällig wurde.[40] Viele aber trafen, einmal wieder in Freiheit, auf erhebliche Schwierigkeiten.

Wege nach der Haft

Wie erging es anderen Gefangenen nach der Haft, die sich nicht so stark auf Hilfsorganisationen beziehen konnten? Gelang ihnen ein neuer Start ins Berufsleben als wichtigste Voraussetzung einer gelungenen Resozialisierung? Die Autoren wissen sehr Unterschiedliches zu berichten, zum Teil finden sich ähnliche Klagen wie in dem Bericht der „Inneren Mission". Lesen wir weiter bei dem Tagelöhner E. G.: Nach einer Haftentlassung aus Bruchsal kehrte dieser nach Hause zurück und versuchte, „Arbeit bei der Stadt zu finden; denn so hatte mir der Strafanstaltsgeistliche geraten".[41] Doch seine Bemühungen blieben vergeblich: „Ich habe den Herrn Oberbürgermeister zweimal schriftlich und zweimal mündlich fast kniefällig gebeten, mir Arbeit zu geben; aber es war umsonst. Darauf ging ich zum Herrn Provinzialdirektor und bat diesen um Vermittlung. Er meinte: ‚Die Stadt muß doch die entlassenen Sträflinge beschäftigen', und verwendete sich für mich schriftlich. Und was war die Folge? Der Herr Oberbürgermeister schickte mir einen Schutzmann auf den Hals, der einen Zettel überbrachte, auf dem geschrieben stand, daß ich nie von der Stadt Arbeit zu erhoffen hätte. (...) So werde ich wohl im Gefängnis sterben müssen."

„Einen aus dem Gefängnis nimmt keiner mehr" . Bereits hier klingt eine Problematik an, die auch viele andere Haftentlassene erlebten: Ihre Vorstrafen holten sie bei ihren Arbeitgebern wieder ein. Entweder konnten sie keine gültigen Arbeitspapiere vorweisen oder die Polizei griff selbst ein und beendete Arbeitsverhältnisse, wenn der Arbeitgeber nicht von der Vorstrafe informiert worden war. Besonders schwierig wurde die Situation, wenn „ungebesserte" Haftentlassene oder Zuchthäusler unter Polizeiaufsicht gestellt wurden.[42] Man war misstrauisch, wie weit dem Entlassenen zu trauen war; die Kontrolle sollte über das Gefängnis hinaus erhalten bleiben. Die Polizei ging davon aus, dass sich die gebesserte Gesinnung des Häftlings „in einer neuen Lebens- und Handlungsweise in der Freiheit bewähren musste".[43] Oft gehörte dazu eine Meldepflicht des Betroffenen, die eine Sicherheitsgarantie bieten sollte, aber des Häufigeren das Gegenteil bewirkte und die Wiedereingliederung unmöglich machte.[44] Nur vereinzelt sahen die Kriminalisten diese Problematik[45], allerdings übten die Fürsorge- und Wohltätigkeitsvereine wie auch Wichern selbst heftige Kritik an diesen Maßnahmen.[46]

Dreimal hatte der Glaser J. A., geboren 1862, nach seiner letzten Zuchthausstrafe versucht, wieder in seinem erlernten Handwerk zu arbeiten. „Aber der Mensch denkt und – die Polizei lenkt"[47], resümiert er. Zunächst wandte er sich an seine Heimatgemeinde in der Nähe von Kassel, um seinen Überverdienst von 70 Mark abzuholen. Ihm wurden aber nur 20 Mark ausbezahlt, die restlichen 50 Mark sollte er in Raten bekommen; so sollte er gezwungen werden, in seiner Heimatstadt eine Arbeit zu suchen. „Wer gibt mir aber dort, wo mich alle Leute kennen, in einem Städtchen von 9000 Einwohnern, wo jedes Kind wußte, daß ich aus dem Zuchthaus kam, noch dazu im Winter, eine Arbeit?", gibt J. A. zu bedenken. Er hatte auch keine Verwandten mehr vor Ort, die

ihm hätten weiterhelfen können, und musste also wieder „auf die Land-
straße". Da er noch unter Polizeiaufsicht stand, erhielt er keine Legitimationspapiere, denn die Behörden glaubten, so den Entlassenen besser kontrollieren zu können. J. A. beschwert sich bitterlich über diese
Praxis, denn ohne gültige Papiere war es ihm unmöglich, eine Arbeitsstelle zu finden. Als er seinen Landrat darauf ansprach, habe dieser
geantwortet: „Wer wissen will, wer Sie sind, soll nur hierher telegraphie-
ren." Empört habe er sich daraufhin davongemacht. Dieses Verweigern
gültiger Papiere erschien J. A. geradezu als „Verbrechen an unglücklichen Menschen". Man werde regelrecht in die Kriminalität getrieben,
denn jemand, der einen Diebstahl plane, brauche ja keine Papiere, oder
man beschaffe sich gefälschte in den Herbergen.

Auch J. A. geriet wieder auf die schiefe Bahn, denn er konnte keine
ehrliche Arbeit finden, erbettelte seinen Unterhalt und wurde wegen
Vagabundierens verhaftet. Nach seiner neuerlichen Entlassung arbeitete er in Frankreich und schließlich als Heizer auf einem englischen
Schiff. Doch geschwächt von der Haft, war es ihm „unmöglich, diese
furchtbar schwere Arbeit bei der Hitze im Stockraum zu leisten. Ich
war zu heruntergekommen und hatte schon damals zwei Brüche." Immerhin gelang es ihm, Papiere zu bekommen, da er vorgab, seine auf
See verloren zu haben.

So fand er in Thüringen Arbeit bei einem „Hofglaser" und arbeitete
dort zu aller Zufriedenheit, bis – die Polizei seinem Glück abermals
ein Ende machte. „Eines Tages", so berichtet J. A., „kam ein Polizeidiener in die Werkstatt und sagte mir, ich müßte zum Polizeiinspektor
kommen." Dem Autor schwante nichts Gutes, und tatsächlich, der In-
spektor sprach ihn auf seinen Leumund und die bestehende Polizeiaufsicht an. J. A. bat, diese Aufsicht so diskret wie möglich zu handha-
ben, damit „dies nicht an die Öffentlichkeit gelange", denn er fürchtete um seine Arbeitsstelle. Die Furcht war nicht unbegründet: Ein
Schutzmann, der sich besonders wichtig habe machen wollen, habe
ihn in einer Gaststube beim Mittagessen völlig unnützerweise nach
seinen Personalien gefragt und damit Aufmerksamkeit erregt; sein Arbeitgeber habe ihm ein paar Tage später gekündigt. Nachdem er noch
zwei weitere Male durch das indiskrete Vorgehen der Polizei, die ihn
in der Werkstatt seines jeweils neuen Arbeitgebers aufgesucht hatte,

seine Arbeit verloren hatte, wurde J. A. erneut straffällig. Nach seiner letzten bekannten Zuchthausstrafe wanderte er aus.

„Einen aus dem Gefängnis nimmt keiner mehr"[48], zu diesem resignativen Schluss kommt auch der 1863 geborene Fabrikarbeiter K. G. Es sei ein völliger Trugschluss, dass es ganz einfach sei, nach einer erstmaligen Gefängnisstrafe wieder ein „ordentlicher Mensch" zu werden, schreibt er. Eine vorzeitige Entlassung nach guter Führung sei daran gescheitert, dass sich kein Arbeitgeber habe finden wollen, der K. G. einzustellen bereit war. „Die Bitterkeit übermannt mich heute nach vielen Jahren noch, wenn ich an diese Engherzigkeit der Heimatsgemeinde denke, dank welcher ich zum unverbesserlichen Verbrecher wurde." Die „Engherzigkeit des Spießbürgergeistes" und das fehlende Engagement eines „Rettungsvereins" hätten dazu geführt, dass „ein ganzes Menschenleben verfehlt" sei. Außerdem gibt er zu bedenken, dass ein Entlassener „zumeist erst wieder richtig arbeiten lernen" müsse.[49] Die Arbeiten im Gefängnis erforderten meist nicht „gewöhnliche Körperkraft", sodass dem Entlassenen die „Muskeln und Sehnen des Handarbeiters" fehlten, die er erst mit andauernder Übung wiedererlangen könnte. Dazu werde ihm aber oft nicht Gelegenheit gegeben. Der unausweichliche Weg sei, dass er arbeitslos werde, und dann, demoralisiert, sich wieder dem so lang entbehrten Genuss hingebe: Der „innere Rückfall" sei vorprogrammiert, dem dann der äußere folge.

Als Opfer einer hartherzigen Gesellschaft sieht sich auch der aus Norddeutschland stammende Kaufmann S. J., geboren 1874. Er arbeitete zunächst erfolgreich in einem Unternehmen, und, nachdem er unverschuldet arbeitslos geworden war, als Steward auf Schiffen des „Norddeutschen Lloyd" und als Aushilfskellner. Eine Unterschlagung brachte ihn ins Gefängnis in Hameln. Die Strafanstalt verließ er mit dem festen Vorsatz: „Wenn aber ein Sträfling die Scharte auswetzen, wieder ein anständiger Mensch werden will, so muß sein Wahlspruch heißen: Fleißig gebetet und fleißig gearbeitet."[50] Doch eine Aussicht auf Arbeit wollte sich einfach nicht einstellen. Bestohlen um seine wenige Habe, den Überverdienst aus dem Gefängnis aufgezehrt, bot niemand ihm eine Stelle. In abgerissener Kleidung wanderte S. J. nach Hannover, „an Leib und Seele gebrochen. In diesen acht Tagen habe ich unsäglich gelitten. Hände und Füße waren voller Frostbeulen, und die einst ele-

ganten Stiefel hingen mir in Fetzen an den Beinen. Hemd und Kragen
starrten vor Dreck."⁵¹ Nicht zuletzt wegen dieses jämmerlichen Aufzugs
fand er keine Arbeit. „Ich lief mir die Füße wund nach Arbeit, ich bewarb
mich um Stellen als Auslaufer, Hausknecht etc., aber alles vergebens!"⁵²
Zum Betteln konnte er sich nicht durchringen und litt deshalb oft Hunger. Einer seiner Begleiter wurde schließlich verhaftet, ein anderer, ein
Berliner, resümiert: „Siehst de, Jungeken, so jeht's, wenn man ehrlich
ist; der Aujust looft sich seit sechs Wochen die Beene ab nach Arbeet,
und weil er keine jefunden und vor lauter Kohlendampf jebettelt hat,
dafür haben se ihm 3 Wochen Kittchen [Gefängnis] und 6 Monate
Zwangswinde [Zwangsarbeitshaus] uffjebrummt."
    Nun resignierte auch der Autor, überzeugt, dass die Gesellschaft
„kein Erbarmen kennt". Was blieb ihm anderes als der Weg zurück in
die Kriminalität? Er bestahl einen Reisegefährten, wurde Falschspieler,
landete wieder im Gefängnis und verdiente schließlich als Buchmacher
in Paris, Nizza und Monaco viel Geld. Allein, das Glück blieb ihm nicht
hold, er verlor alles. S. J. verdingte sich als Artist, als Lastträger im Hafen,
als Kohlenzieher, ruinierte seine Gesundheit. Auch fehlte ihm die Kraft
zu einer so schweren Tätigkeit. Er schreibt: „Aber ich hatte meine Kräfte
doch überschätzt, zwar hatte ich den festen Willen zu arbeiten, und sei
es auf der untersten Stufe, doch auf die Dauer kann die Geisteskraft die
Körperkraft nicht ersetzen. Ich konnte die Lasten nicht mehr heben,
brach eines Tages zusammen und war wieder – arbeitslos."⁵³ Nach neuerlichen Gefängnisaufenthalten gelang es ihm schließlich, Geschäfts-
führer in einem Vergnügungsetablissement zu werden, doch da war
seines Bleibens nicht lange: Sein Arbeitgeber wurde durch die Polizei
darüber informiert, dass S. J. inhaftiert gewesen sei und noch fünf Jahre
Ehrverlust beständen. Daraufhin wurde S. J. entlassen; ein Erpressungsversuch brachte ihn wieder in Haft.
    Schließlich scheiterte auch der Kaufmann B. J. an seinem Vorleben.
Er schreibt: „(...) der Staat, die Gesellschaft kümmert sich nicht um den
Arbeitslosen, so lange dieser das Gesetz nicht übertritt. Dann aber be-
kommt er Alles: Wohnung, Kleidung, Kost, Arbeit, Arzt und Bibliothek
etc. Aber damit ist ihm auch das Brandmal der Schande unauslöschlich
aufgedrückt. Der Makel der Bestrafung verfolgt den Unglücklichen von
Ort zu Ort, durchs ganze Leben."⁵⁴

Arbeit fand dagegen der Schuhmachergeselle Kürper in verschiedenen Städten ohne Probleme, doch war ihm der Verdienst zu gering. Erstaunlich schnell fand auch Luer Meyer in der Anfangszeit immer wieder Arbeit, trotz seiner kriminellen Vergangenheit. Später allerdings weiß auch er von Arbeitslosigkeit zu berichten.

Auch für den 1860 in Niederösterreich geborenen Maler Josef Ludolf J. war es eigentlich nicht schwer, nach einer Untersuchungshaft Arbeit zu finden, doch wurde ihm seine politische Gesinnung zum Verhängnis. Zunächst betrieb J. erfolgreich ein eigenes Malergeschäft und führte eine glückliche Ehe. Für ihn völlig überraschend, wurde er aus diesem bürgerlichen Glück durch eine Verhaftung gerissen. Ohne sich einer Schuld bewusst zu sein, musste er sechs Wochen in Untersuchungshaft ausharren. Man legte ihm zur Last er „sei bei einem geheimen Bund aktives Mitglied".[55] Er sei weder Mitglied eines Arbeitervereins noch eines Bundes gewesen, beteuert J., doch es sei wahr, „daß ich hier und da bei einer Arbeiterversammlung als Zuhörer anwohnte und mit Arbeitern viel verkehrte, weshalb ich auch bei der Polizei schlecht angeschrieben war – ich stand als Meister mit dem Arbeitervolk auf gutem Fuß – und es bedurfte nur einer Denunzierung, um mich zu verhaften". Zwar wurde er freigesprochen, doch mehrmals wieder verhört, um andere Anhänger der Arbeiterbewegung zu denunzieren. Dies habe er immer abgelehnt. So habe er sich bei der Polizei missliebig gemacht, und als 1882 das „Ausnahmegesetz" in Kraft trat, nach dem SPD-Mitglieder und der Arbeiterbewegung Nahestehende als „Staatsfeinde" aus Österreich ausgewiesen werden konnten, traf dieses Schicksal auch J.; er wurde aus Niederösterreich ausgewiesen. Der Vorwurf „sozialdemokratischer Umtriebe" verfolgte ihn wie ein Fluch, auch bei der Suche nach anderen Arbeitsstellen.

Außerhalb Niederösterreichs hatte er auch kein Glück; J. und seine Frau begannen, Not zu leiden. „Wir waren (...) genötigt, Schmucksachen und Uhr zu verkaufen, und lebten sehr schmal; an manchen Tagen hatten wir nur etwas Speck und ein Stück Brot zu essen." Schließlich versetzte das Ehepaar seine Winterkleidung. „Ich wollte nicht betteln, lieber wäre ich gestorben", schreibt J. Vorübergehend fand er Arbeit in Kroatien, später, nach neuerlicher Ausweisung aus Niederösterreich, in Böhmen, Mähren und Oberösterreich. In sieben Arbeitsstellen konnte

er jeweils nur kurz arbeiten, offenbar wegen der schlechten Wirtschafts-
lage. Zwar wurde das Ausnahmegesetz 1889 wieder aufgehoben, doch J.
erhielt trotzdem keine Erlaubnis, wieder nach Niederösterreich zurückzukehren. Er wurde an die ungarische Grenze abgeschoben. Am Ende
verführte den Verzweifelten, der bis dato „immer ehrlich gewesen war"
ein Bekannter zu einem Einbruch, auf den zwei Diebstähle folgten. Am
Ende wartete das Gefängnis.

Völlig ratlos war schließlich auch Hedwig Hard, als sie aus dem Arbeitshaus entlassen wurde. Wo sollte sie wohnen und arbeiten? Schon
im Zug sprach sie ein Mann an, der sich mitfühlend zeigte und schon
bald erkannte, dass sie aus Brauweiler kam, denn sie hatte noch die Ge-
fängnisfrisur. Der Mann kleidete sie neu ein, ging mit ihr essen, flößte
ihr Alkohol ein und brachte sie schließlich in ein Hotel. Schließlich
sagte er: „Kindchen, nun zieh dich aus."[56] Dies tat Hedwig, benommen
vom Sekt. „Es musste wohl so sein. Als er mich in seine Arme nahm und
mich küßte, da fing ich an fürchterlich zu weinen, so fürchterlich, daß
ich selbst Angst bekam, die Leute könnten mich hören. Und ich muß
gestehen, er hat mich nicht gezwungen." Später stellte sich heraus, dass
dieser Mann des Häufigeren in dem bewussten Zug gerade entlassene
Dirnen ansprach.

Nach dieser Erfahrung wandte sich Hedwig an ihre Zellengenossin
Maria, die inzwischen entlassen war, und begann wieder ihr Leben als
Prostituierte. „Als ich mich wieder erholt hatte, machte ich für sie gute
Geschäfte, denn ein so junges Ding zog die Kundschaft an." An ein
Leben jenseits dieser Art von Gelderwerb war nicht mehr zu denken.
Mehrfach verliebte sich Hedwig in ihre Freier, die sie aushielten, bis es
endlich zu der lange erhofften Heirat mit einem ehemaligen Kunden
kam. Tatsächlich war eine Heirat für viele Prostituierte der einzige Weg,
der Sittenkontrolle bzw. einer Ausweisung zu entgehen. Das bedeutet
allerdings nicht, dass automatisch mit einer Heirat Prostitution ausgeschlossen war; manche heirateten nämlich auch ihre Zuhälter.[57]

Auswanderung Wollten sich keine neuen Möglichkeiten im Heimatland
auftun, erwog mancher Haftentlassene, wie viele andere sein Glück in
der Ferne zu suchen. Auf dem Land waren im zweiten Drittel des 19.
Jahrhunderts mit der Bevölkerung auch Armut und Not gewachsen, da

die Unterschichten weder von der „Bauernbefreiung" noch von der Auf-
teilung der zuvor gemeinsam genutzten Ländereien (Allmende) profitiert hatten. Arbeitslosigkeit herrschte aber auch in den Städten. Neben
der Saisonarbeit, etwa der „Hollandgängerei", bei der zum Beispiel Zie-
geleiarbeiter in Holland arbeiteten, oder dem Abwandern in die Stadt
versprachen sich viele eine Verbesserung ihrer wirtschaftlichen und persönlichen Verhältnisse durch die Auswanderung nach Übersee, nach
Nordamerika, Kanada, Australien oder Brasilien.[58] Erster und zugleich
größter deutscher Auswandererhafen war Bremerhaven, später kam
Hamburg hinzu.[59]

Doch nicht alle Willigen konnten ihre Auswanderungspläne in die
Realität umsetzen, oft fehlte das nötige Fahrgeld für die Schiffspassage.
Manchmal gestalteten sich auch die Verhältnisse am Ort der Träume
wesentlich schwieriger als erwartet, und so mancher musste, um einige
Illusionen und Mittel ärmer, wieder nach Hause zurückkehren. Von bei-
den Problemen berichten die Autobiographien.

Luer Meyer etwa wollte sein Heil in Brasilien suchen. Er schreibt:
„Meine Absicht war erst, daß ich mich in Bremen bei dem brasilia-
nischen Consul anwerben lassen wollte nach Brasilien, weil damals von
Bremen aus (...) Viele dahin gingen. Als man mir in Bremen aber dafür
warnte und davon abrith, weil die Leute in Brasilien wie Sclaven behandelt wurden, änderte ich meinen Vorsatz (...) und ging nach Delmen-
horst."[60]

Auch bei dem Berliner K. F., von dessen Leben wir schon mehrfach
hörten, scheiterte der Wunsch, auszuwandern. Nachdem er sich einer
Unterschlagung schuldig gemacht hatte, wurde ihm durch Vermittlung
seiner Eltern eine Stellung in Buffalo[61] angeboten, wo ein Bekannter
eine Zigarrenfabrik besaß. „Das war die Rettung!"[62], glaubte K. F., doch
zu überstürzt brach er auf. „Andern Tags vormittags besorgte ich mir
einen Paß, abends 12 Uhr dampfte ich nach H[amburg] ab, ausgerüstet
mit 100 Mark Geld und einem Handkoffer voll Sachen. Über meines
Vaters Freigebigkeit war ich zwar verblüfft, denn ich meinte, in
H[amburg] ohne weiteres als Kohlentrimmer auf einem Postdampfer
angenommen und so kostenlos nach New York mitgeführt zu werden,
mußte aber bald erkennen, daß die 100 Mark zu nichts anderem dienen
konnte, als mir einige Zeit Nahrung und Wohnung zu verschaffen,

während 30 Mark mehr genügt hätten, mich im Zwischendeck nach New York einzuschiffen. Nach zweitägigem fruchtlosen Suchen nach einer billigen Überfahrtsgelegenheit reiste ich über Osn[abrück] nach Rotterdam und weiter nach Amsterdam. Bei netten rheinländischen Leuten bezog ich ein billiges Zimmer, erfuhr aber auch hier, daß an kostenfreie Fahrt nach Amerika, etwa als Schiffsarbeiter, nicht zu denken war." Bald war das Geld aufgezehrt.

Auch der aus Essen stammende E. K. hatte Amerika im Sinn, und dies gleich zweimal, allein, auch er setzte den Wunsch nicht in die Tat um. Als 17-Jähriger schien sein Wunsch eher aus Übermut entstanden zu sein, denn damals hatte ihn ein Freund überredet, gemeinsam mit der „heimlichen Prostituierten" Minchen in die Ferne zu reisen. Mit falschen Papieren und 2000 Mark versehen, die der Freund E.s von seinem eigenen Vater gestohlen hatte, lebten sie „herrlich und in Freuden" in Hamburg.[63] Vier Tage später aber war der Freund verschwunden, wie sich später herausstellte, war er tatsächlich nach San Francisco ausgewandert. E. K. und Minchen blieben mit geringen Mitteln in Hamburg zurück und mussten die Heimreise antreten. Der zweite Auswanderungsversuch E.s fand ein Jahr später statt, diesmal mit dem Einverständnis des Vaters. Dieser besorgte E. die nötigen Papiere und veranlasste eine Geldanweisung von 150 Mark für eine New Yorker Bank. Das Billet für die Überfahrt von Antwerpen nach New York zahlte auch der Vater, der Sohn sollte es im Hafen einlösen. So meinte der Vater, sichergestellt zu haben, dass E. sich wirklich auf die Reise begab, doch weit gefehlt! „Ich fuhr also nach Antwerpen und kam nach – Amerika? O nein! Ich blieb in Antwerpen, verkaufte meine Anweisung und kehrte nach drei Wochen wieder in die Heimat zurück."[64]

Andere Gefangene kehrten Europa wirklich den Rücken und reisten in ferne Länder, sei es als Schiffsjunge oder, wie S. J., als Steward. Er lebte zeitweise in New York, ohne sich dort dauerhaft eine Existenz aufbauen zu können, und musste nach Deutschland zurückkehren.

In der Fremdenlegion Neben der Auswanderung gab es noch andere Alternativen, wollte man den Heimatort verlassen, wo die Gefangenen häufig als Kriminelle stigmatisiert waren. Die vielleicht abenteuerlichste Geschichte erzählt ausführlich der Berliner Kaufmann K. F., der

zeitweilig der Fremdenlegion[65] angehörte. Nach einem längeren Aufenthalt in England verschlug es den Berliner 1890 nach Paris. Völlig
abgebrannt habe er sich um Rat an einen Polizisten gewandt, konnte er
doch seine Zimmermiete nicht zahlen. Der Ordnungshüter habe ihm
ein Zimmer in der „Invalidenkaserne" angewiesen, wo Werbung für die
Legion betrieben wurde. Beim Essen lernte er so einige Unteroffiziere
kennen, die ihm vom schönen Leben dort vorschwärmten. K. F. lehnte

Die Fremdenlegion wurde am 10. März 1831 vom französischen König
Louis Philippe gegründet und besteht grundsätzlich aus ausländischen Soldaten. Ausschlaggebend dafür war die damalige innenpolitische Situation.
Nach gescheiterten Aufständen im Gefolge der Julirevolution 1830/31
strömten zahlreiche politische Flüchtlinge aus ganz Europa nach Frankreich. Hier wollte man die Flüchtlinge nicht abweisen, sah in ihnen jedoch
auch eine potentielle Gefahrenquelle für die Stabilität des Landes. Die
Fremdenlegion bot die Möglichkeit, einen Teil der in Frankreich lebenden
Ausländer aufzunehmen. Ein weiterer Teil der Truppe bestand aus den auf-
gelösten Schweizerregimentern, die den zuvor gestürzten französischen
König Karl X. gestützt hatten. Um einen innenpolitischen Missbrauch aus-
zuschließen, hat die Fremdenlegion ihren Einsatzort grundsätzlich außerhalb der kontinentalen Grenzen Frankreichs.
   Beim Eintritt in die Truppe kann man eine neue Identität annehmen
(Anonymat), ein Grund, weswegen man glaubte, die Legion sei vor allem
für Kriminelle interessant. Das war jedoch keineswegs der Fall, vielmehr
waren Perspektivlosigkeit oder persönliche Enttäuschungen im Heimatland
auch im 19. Jahrhundert der häufigste Grund, der Fremdenlegion beizutre-
ten. Deutsche Rekruten spielten zahlenmäßig eine große Rolle in der
Truppe, die zuerst zur kolonialen Eroberung Algeriens eingesetzt wurde;
hier war sie auch bis zur Unabhängigkeit des Landes 1962 stationiert.
   Um die Fremdenlegion bildete sich bald ein Mythos: Mut, Aufopferungs-
bereitschaft und Kameradschaft seien Kennzeichen dieser „Eliteeinheit".
Die Realität sieht anders aus, bedenkt man die oft rücksichtslose Aggressi-
vität der Legionäre im Kampf (auch gegen die Zivilbevölkerung), hohe De-
sertionszahlen und Alkoholismus unter den Legionären.

zwar ab, doch am nächsten Morgen stellte sich heraus, dass „diese Edlen" ihm seine Unterschrift „im Rausch abgegaunert" hatten.[66] Notgedrungen reiste er mit anderen Schicksalsgenossen nach Marseille und von dort nach Sidi-Bel-Abbes im Nordwesten Algeriens.

Nahe dem Ort hatten die Franzosen 1843 ihren ersten Stützpunkt der Fremdenlegion errichtet und zu einer schnell wachsenden Stadt nach französischem Vorbild ausgebaut.

K. F., der musikalisch begabt war, meldete sich bei der Regimentskapelle, die aus einem bunt zusammengewürfelten Haufen bestand. „Die Deutschen waren mit geringen Ausnahmen Deserteure und ehemalige Militärmusiker, unter anderem ein ehemaliger Metzger, der die Trompete blies", und es „wegen seiner seltenen Nüchternheit in 3 Jahren auf 399 Tage prison brachte".[67] K. F. war zunächst durchaus zufrieden. „Der Dienst war weder umfangreich noch schwer (...) Die Verpflegung war nicht schlecht, die Besoldung miserabel." Monatlich einmal speiste der Legionär mit seinen Kumpanen in einem Hotel „einschließlich Wein und Brot à discretion. Das war immer ein Fest, denn man fühlte sich Mensch." Dennoch, die Dienstzeit erschien K. F. als „Sclaverei", er schmiedete Fluchtpläne und gesteht: „Zu meiner Schande sei es gesagt, es verging kein Abend, an dem ich oder richtiger wir nicht vollständig betrunken gewesen wären, wozu allerdings schon 1 Liter des schweren Weines genügte." Schließlich aber gelang ihm mit den Papieren eines inhaftierten Freundes eine abenteuerliche Flucht, bei der er mehr als einmal der Entdeckung nahe war. Beim Militär blieb er jedoch auch danach und diente sich in der Garnison von K. zum Unteroffizier hoch – allerdings auch dies nur eine Episode in seinem Leben voller Brüche und Neuanfänge.

Ambivalente Einflüsse: Die Frauen   Stabilisierend wirkten nicht nur die Familie oder unterstützende Institutionen, auch eine feste Beziehung konnte als äußerst hilfreich erlebt werden. Einige Autoren können davon berichten, dass ihre Freundinnen oder Ehefrauen sich solidarisch verhielten und sich auch in bedrängter Situation nicht von ihren Ehemännern oder Gefährten abwandten. Dies war zunächst bei dem Niederösterreicher J. L. R. der Fall. Die ständigen Ortswechsel des aus politischen Gründen Verfolgten ertrug seine Frau über lange Zeit klaglos.

Doch nicht nur dies, sie musste soziale Deklassierung, Armut und Hunger erleben. Als R. wiederholt keine Arbeit fand, dazu wegen seiner politischen Vergangenheit nicht nach Niederösterreich zurückdurfte, machte er seiner Frau den Vorschlag, sie solle zu Hause Arbeit suchen, er aber wolle „in die Welt wandern, um irgendwo Arbeit für Sommer und Winter zu finden, sie solle dann nachkommen".[68] Das lehnte seine Frau jedoch kategorisch mit den Worten ab: „Ich gehe dahin, wo Du hingehst, und will mit Dir Freude und Leid teilen." Sie folgte ihrem Mann dann auch nach Böhmen und Mähren, immer auf der Suche nach Arbeit. Schließlich kehrte R.s Frau nach Hause zurück, um in der Wohnung der Schwiegermutter auf ihren Mann zu warten, der noch eine befristete Arbeit in einer anderen Stadt beendete. Voller Verzweiflung erfuhr der zurückkehrende R. von seiner Mutter, dass seine Frau inzwischen „mit einem Bekannten in wilder Ehe" lebte. Seine Hoffnung, seine Frau werde doch noch zu ihm zurückkehren, erfüllte sich nicht. „Ganze neun Jahre lebte ich mit meiner Frau zusammen, wir hatten nie miteinander Streit, darum schmerzte es mich so sehr, daß sie so ohne weiteres von mir gehen konnte", klagt er.

Auch eine dauerhafte Beziehung barg Probleme. Familie und Ehe konnten als unerträgliche Last empfunden werden, mussten doch die Männer in der Regel für den Lebensunterhalt aufkommen. So erging es dem Bauzeichner und Journalisten S. H., der, gerade 16-jährig, mit einer jungen Lehrerin ein Verhältnis begann und sie schwängerte. Da seine Freundin als uneheliche Mutter ihre Stelle als Lehrerin verlor, „glaubte ich mich nicht abwenden zu dürfen".[69] Er blieb bei seiner Freundin, wurde Vater noch zweier weiterer Kinder, ohne dass er schon genügend Geld hätte verdienen können. Die Situation wurde immer unhaltbarer. „Ich stand bei noch allzu großer Jugend Pflichten gegenüber, denen ich nicht gewachsen war (...)" Die Folge war eine Urkundenfälschung. Nach seiner Haftstrafe heiratete er die Mutter seiner Kinder, doch die Ehe wurde unglücklich. Man trennte sich.

Ambivalent ist die Rolle der Freundin und deren Familie im Falle des aus Gotha stammenden Kaufmannes S. P. E., an den die Familie seiner 17-jährigen Freundin große finanzielle Anforderungen stellte. Die „vergnügungssüchtige" Mutter erwartete immer wieder die Teilnahme an Festlichkeiten, die E.s Geldbeutel so strapazierten, dass dieser sich nicht anders zu helfen wusste, als Geld zu unterschlagen. Allerdings ließ ihn die Familie nicht fallen, als die Straftat ans Licht kam, sondern Mutter und Tochter unterstützten E., auch finanziell.

Diesen Berichten stehen viele andere gegenüber, die klagen, die Beziehung zu einer oder mehreren Frauen sei der entscheidende Schritt zu ihrem Untergang gewesen. Die Frau wird zur Verführerin des gutwilligen, aber schwachen Mannes. Luer Meyer, eben erst erfolgreich in der Zigarrenherstellung und auf dem Weg, ein geachteter Bürger seiner Gemeinde zu werden, sah sich „im Schoß des Glückes"[70], allein, „der Teufel [hatte] schon Netze gestellt". Im Haushalt seiner Mutter, in dem er die Zigarrenfabrik betrieb, lebte eine Dienstmagd namens Meta Scheele mit ihrem unehelichen Kind. Nach den Schilderungen Meyers begann die Scheele nun, ihn zu umgarnen. „(...) und sie gab mir auch zu verschiedenen Malen ganz deutlich zu verstehen, daß sie wohl mit mir in ein engeres Verhältnis, in den Ehestand zu treten wünschte (...)" Meyer war zuerst ganz abgeneigt, wie er schreibt, doch Meta ließ nicht locker. „Sie gab aber dennoch ihren Eroberungsplan, den sie auf mein Herz vorgenommen hatte, nicht auf, sondern sie belagerte mein Herz von allen Seiten wo sie es nur schwach besetzt glaubte, und als sie wohl merkte, daß sie mit dem kleinen Geschütz womit sie es bisher attakirt hatte, nichts ausrichtete, nahm sie das schwärste was sie hatte und schoß zuletzt Bredsche."

Meyer begann eine Beziehung mit Meta und plante eine Heirat, sehr unterstützt von der Mutter und dem Ortspfarrer, die sich offenbar eine weitere erfolgreiche Resozialisierung Meyers von der Ehe versprachen. Doch es kam anders. Als Luer in der Heimatgemeinde seiner Braut, in Armsen (Landkreis Verden, damals zum Königreich Hannover gehörig), die Heiratserlaubnis einholen wollte, kam ihm Unglaubliches zu Ohren: Seine Braut, wurde ihm zugetragen, habe schon drei weitere uneheliche Kinder und hätte sich zudem prostituiert. Die Gerüchte bestätigten sich, Meyer war am Boden zerstört. Er verließ trotz flehentlicher Bitten der Mutter und Metas, die auch von Luer schon wieder schwanger war, das elterliche Haus und wurde wieder straffällig.

Frauenbekanntschaften sind häufig ein Grund neuerlicher Verschuldung, auch wenn zuweilen erwähnt wird, dass unsere Protagonisten vom Geld ihrer Freundinnen lebten, wie etwa Joseph Kürper, der als hübscher junger Geselle eine ältere Dienstmagd zu betören wusste. Meistens aber kosteten Frauen Geld, denn, so etwa E. K. und der Kaufmann S. P. E, man will sie beeindrucken, sich spendabel zeigen und sich nicht anmerken lassen, dass man kein Geld hat. J. L. R. schließlich, der sich nach der Untreue seiner Frau mit einer Freundin getröstet hatte, wurde von ihr bestohlen. „Als ich aber abends heim kam, merkte ich, daß fast alle meine Sachen verschwunden waren, darunter ein Anzug, ein Überzieher, mehrere Wäschestücke und eine Uhr."[71] Von den Wirtsleuten erfuhr er, dass sich das Mädchen mit einem Freund aus dem Staube gemacht hatte. Und schließlich: Die Beziehung zu seiner Geliebten Adele H. war es, die E. K. als Grund seines endgültigen Scheiterns angibt. Es hielt ihn nicht bei der Arbeit als Kontrolleur, die die Mutter ihm besorgt hatte. „Das war wirklich eine schöne Stellung nach meinen schändlichen Irrfahrten. Aber – verflucht sei meine Leidenschaft! Ich kam wieder ins alte Gleis hinein, sank wieder hinab in den Schmutz. Was war Schuld? Wer trat mir als Versucher entgegen? Ach, ich fing wieder mit Adele H. ein Verhältnis an! Schrecklich, aber wahr!"[72]

Fand sich keine Arbeit, wurden die Entlassenen in ihrer Umgebung zurückgewiesen, und fehlte der familiäre Rückhalt, dann drohte der Abstieg in die Obdachlosigkeit, in der der tägliche Lebensunterhalt nur durch Bettelei erworben werden konnte. Viele Autoren beschreiben, wie schmerzlich es für sie war, das erste Mal betteln zu müssen, denn die meisten waren dies nicht wie Joseph Kürper von klein auf gewöhnt.

Die Stimmen der Betroffenen

Die Lebensberichte von Gefangenen haben eine Fülle von Informationen und Erkenntnissen für die Alltags- und Sozialgeschichte des 19. Jahrhunderts erbracht. Das Leben unter prekären sozialen Bedingungen, in der Haft und als Haftentlassener tritt in vielen Details plastisch vor Augen. Die genaue Analyse hat auch gezeigt, dass die Lebenswirklichkeit von Kriminellen, sei es hinter Gittern oder in Freiheit, wesentlich vielschichtiger war, als sie unter den argwöhnischen oder faszinierten Blicken von Bürgern, Polizei, Juristen oder Geistlichen erschien.

In Fallgeschichten konstruierten Juristen wie Kriminalisten kriminelle Karrieren, die eine zwangsläufige Logik des sozialen Abstiegs, der Aufeinanderfolge von Delikten behaupteten. Die Delinquenten erstarrten zu Stereotypen, wurden dadurch auf eine Distanz gebracht, die Identifikation verhinderte. Die vorhersehbare Abfolge brachte etwa ein Kriminalist in Bezug auf die Prostituierten auf den Punkt: „Schande, Schulden, Syphilis!"[1] Eine ähnliche Technik der Distanzierung ist bei der Beschreibung der sozialen Verhältnisse in diesen Texten erkennbar. Sie fallen in zwei unvereinbare Bereiche auseinander: dem des ordentlichen Bürgers und dem des Verbrechers. Aus der Sicht des braven Bürgers bildeten die Nichtsesshaften, ähnlich wie die Unterschicht überhaupt[2], ein einheitliches, bedrohliches Heer von Liederlichen, eine Art monolithische Gegenwelt zu ihnen selbst.[3] Die Strukturen der „Verbrecherwelt" wollte man erkennen, gestaltete sie aber zu schematisch als Zerrbild der bürgerlichen Gesellschaft. Bisweilen reizte auch die Exotik des Milieus, erkennbar etwa bei der Beschäftigung mit der Gaunersprache.

Auch die autobiographischen Texte von Gefangenen sind nicht frei von Stereotypen. Es konnte gezeigt werden, dass die Texte durch die wissenschaftlichen Begründungen für Kriminalität ebenso geprägt wurden wie durch den sittlich-moralischen Besserungsdiskurs. Manchmal ist die Grenze zur Sozialreportage in den Texten der Gefangenen fließend. Das gilt immer dann, wenn sich die Autoren eher als Zuschauer denn als Teilnehmer des sozialen Milieus am Rande der Gesellschaft verstehen.

Doch die Schilderungen der Autobiographien erschöpfen sich nicht in einer Anwendung wissenschaftlicher Konzepte oder Zielsetzungen. Jenseits einer Gegenüberstellung von Bürger und Verbrecher zeigen sie sehr deutlich, dass sich oft in ein und demselben Lebenslauf Zeiten der Delinquenz mit Zeiten der Nichtdelinquenz abwechseln konnten, so wie Phasen der Sesshaftigkeit mit denen der Nichtsesshaftigkeit. Es war keineswegs ausgemacht, dass jemand, der einmal zum Kriminellen geworden war, keine andere Handlungsoption mehr besaß, jemand, der einmal auf der Straße lebte, nie wieder ein bürgerliches Leben führen konnte. Dementsprechend verstanden sich die Autoren der Autobiographien keineswegs als Angehörige einer „Unterwelt", allerdings auch nicht als Sozialrebellen.

Beunruhigend nah für den sich gern distanzierenden Bürger rückt in den Texten die Möglichkeit, unter ungünstigen Umständen vielleicht selbst straffällig werden zu können. Keine scharfe Trennung existiert damit zwischen der Welt der Wohlanständigen und einer „Unterwelt" der Gauner und Dirnen, ja, die Grenzen dieser „Welten" sind durchlässig. Dies gilt auch für das „Auge des Gesetzes": Wenn sich einzelne Polizisten, wie in den Autobiographien beschrieben, der Hehlerei oder der sexuellen Nötigung schuldig machen, wechseln sie offenkundig in die von ihnen bekämpfte „Verbrecherwelt" hinüber. Und diese Welt der Gauner, Dirnen, der Diebe, Betrüger und Vaganten scheint in vielen verschiedenen Facetten auf: grau, armselig, laut, lustig und – alltäglich.

Wesentlich komplexer als in typisierten Bildern treten uns auch die Straftäter mit ihren Tatmotiven entgegen. Auch wenn so mancher Topos wie der des Verführers und des Verführten in den Texten auftaucht, so wird doch statt eines Stereotyps, etwa der Dirne, die nur auf schnelles Geld aus ist, dem faulen Bettler oder dem antriebsschwachen Vagabunden[4], die konkrete persönliche Krisensituation erkennbar, aus der heraus eine Gesetzesübertretung stattfand. Das Problem der Kriminellen und Nichtsesshaften zeigt vielmehr wie ein Menetekel die sozialen Kosten einer gesellschaftlichen Entwicklung im 19. Jahrhundert, die die Ungleichheit zwischen Arm und Reich verstärkte. Es zeigt „die Zerbrechlichkeit der bürgerlichen Existenz".[5]

Differenziert bewerten die Autoren auch die institutionalisierten Hilfsangebote. Während sich die einen ausgesprochen dankbar zeigen, wird bei anderen gegenüber einem karitativen Angebot, das den Wunsch nach Hilfe unübersehbar mit dem nach Kontrolle verbindet, zuweilen ein klarer Einspruch formuliert. Und die Sittenstrenge der neuen Unterkünfte, die als Alternative zur „Brutstätte des Lasters", den Gesellenherbergen, gedacht waren, konnte nicht jeden überzeugen.

Als besonders belastend wurde die polizeiliche Kontrolle nach der Haft für den Start in eine bessere Zukunft erlebt. Die Unmöglichkeit, unter diesen Bedingungen Arbeit zu bekommen und zu behalten, führte oft zu neuer Delinquenz. Hier klagen die Autoren an, sehen sich als Opfer der staatlichen Eingriffe. Das Überwachungssystem schuf selbst den Rückfalltäter, vor dem es schützen wollte. Als ebenso kontraproduktiv erwies sich das strikte Reglement für Prostituierte, die, wenn sie sich nicht gänzlich in ihrem Alltag einschränken lassen wollten, immer mit einem Bein im Arbeitshaus standen.

Der Perspektivwechsel, den dieses Buch systematisch verfolgt hat, wird in seinen Ergebnissen besonders fruchtbar, wenn es um die Gefängniserfahrungen der straffällig Gewordenen geht. Gerade an der vielstimmigen Beschreibung des Gefängnisalltags werden Unvereinbarkeiten von Theorie und Praxis, werden Handlungsspielräume der Gefangenen, werden physische und psychische Wirkungen der Haft nachvollziehbar. Bisher hat sich die Forschung mit vielen „Experten" befasst, die die Kriminalität bekämpfen, den Straftäter einsperren, erziehen, ihn „bessern" wollten. Doch selbstbewusst haben sich hier andere Stimmen zu Wort gemeldet. Als direkt Betroffene erklären sie sich zu Experten des Strafvollzugs, schließlich haben sie ihn tagtäglich selbst erlebt.

Der in manchen rigorosen Kontrollphantasien der Reformer zum Objekt des Strafvollzugs degradierte Gefangene wird als Subjekt in all seiner Widersprüchlichkeit erlebbar. Gewalt und sexuelle Übergriffe, vor denen die Wärter nicht schützten, sondern oft nur die Einzelzelle half, kommen ebenso offen zur Sprache wie Hilfsbereitschaft und Mitleid, sei es unter den Gefangenen, sei es bei den Wärtern. Die Grenze einer moralischen „Besserung" aber musste erwartungsgemäß da erreicht sein, wo beim politischen Gefangenen kein Unrechtsbewusstsein, sondern im Gegenteil, Stolz auf die eigene Tat vorherrschte. Religiöse

Bekehrungsversuche verbaten sich die „Überzeugungstäter" ohnehin. Die Heuchler, die eine gelungene Besserung nur vorgaben, waren zudem kaum von denjenigen zu unterscheiden, die sich die Lehren der Gefängnisseelsorge wirklich zu Herzen genommen hatten.

Die Texte der Autobiographien sind, auch dies konnte gezeigt werden, keine reinen „Auftragswerke". Einige stilisieren zwar den eigenen Bekehrungsweg, doch in anderen werden explizit nicht die Werte des Besserungsstrafvollzugs vertreten. Und selbst dort, wo die oberflächliche sprachliche Anpassung an die erwartete Reue und Buße gelungen ist, lässt sich die Spur eines „Eigen-Sinns"[6] nicht verleugnen, etwa wenn Luer Meyer seine Betrügereien mit kaum verhohlenem Stolz auf seinen Erfindungsreichtum schildert.[7]

Wie hilfreich für den Einzelnen die Abfassung seiner Lebensgeschichte war, kann kaum beurteilt werden. Mehrere Autoren berichten von inneren Widerständen, ihre Lebensgeschichte zu Papier zu bringen.[8] Dass sie diese Widerstände dann doch überwanden und sich mit ihren Taten sprachlich konfrontierten, könnte jedoch tatsächlich die von der Gefängnisreform beabsichtigte Selbstreflexion befördert haben.

Überraschend vieles, was die Autoren beschreiben, erinnert an Heutiges, gerade in Bezug auf den Strafvollzug. Auch heute sind Gefängnisse überfüllt und man macht sich über die Reduktion der Rückfallquote Gedanken. Auch andere Probleme sind nicht verschwunden, so etwa Drogenkonsum hinter Gittern, die Bestechlichkeit einzelner Vollzugsbeamter oder die Hierarchien unter Häftlingen, die zu Gewalt und Erniedrigung führen können. Brutale Misshandlungen von Gefangenen an Gefangenen werden immer wieder der Öffentlichkeit bekannt.

Und die Gefängnisreform? Manche ihrer Grundsätze blieben lange, manche bis heute gültig, man denke nur an den Gebäudetyp des Zellengefängnisses, an die Rolle der Arbeit als qualifizierende Maßnahme für die Zukunft oder an die klare Strukturierung des Tagesablaufs. Zur Gefangenenseelsorge kam die psychologische Betreuung hinzu. Und wenn mit Häftlingen Literaturprojekte veranstaltet werden, in deren Verlauf die Teilnehmer eigene Texte abfassen, so lebt auch die Idee des reflektierenden Schreibens als ein Kerngedanke des Besserungskonzepts, wenn auch unter anderem Vorzeichen, fort.

Anmerkungen

Einleitung

1 Avé-Lallemant (1914), Teil 1,
S. 2. Generell wird im Folgenden
die zeitgenössische Orthographie
beibehalten.
2 Ebd., Teil 2, S. 3.
3 Schwerhoff (2011), van Dülmen
(1990), Evans (1997), Schwerhoff
(2008).
4 Grundlegend etwa Ammerer/
Bretschneider/Weiß (2006),
Brietzke (2000), Fintzsch/Jütte
(1996).
5 Becker (2002).
6 Höfgen (1952), Schmidt (1995),
Krause (1999).
7 Baumann (2006).
8 So etwa Brietzke (2000), S. 44
und Becker (2007), S. 174.
9 Als Beispiele Becker (2002),
Schauz/Freitag (2007).
10 Weigel (1982), Bergmann (1991).
11 Oerter (1908), Most (1903–
1907), Corvin (1884).
12 Vgl. von Tscharner (1852), Hard
(1909). Außerdem stütze ich mich
auf die Edition einer 1867 durch-
geführten Umfrage unter 100 Berliner Prostituierten. Vgl. Häusler/
Hitzer (2010).
13 Siehe Bretschneider (2008), Nutz
(2001), Ludi (1999). Weitere Literatur in Kapitel 5.
14 Viele Texte hätten die Gefangenen, so schreibt Jaeger, vor ihrer
Entlassung in ihrer Zelle liegen
gelassen. Der Geistliche gibt an,
nichts an den Texten außer ihrer
Orthographie verändert zu haben.

Vgl. Jaeger (1905), Bd. 19, S. 9.
Die anderen Texte: Talkenberger
(2010), Fleischmann (1887), von
Tscharner (1852), Schumacher
(2010).
15 Grundlegend Schulze (1992), von
Greyerz/Medick/Veit (2001), von
Krusenstjern (1994), Bähr/Bur-
schel/Jancke (2007).
16 Bergmann (1991), Artières
(2000).

Drei Kriminelle

1 Vgl. Moersch (1987).
2 Vgl. Schmidt (2006), Fürstenberg
(2002), S. 407–412.
3 Der Begriff bezeichnet die Massenarmut in Deutschland zur Zeit
der Frühindustrialisierung, vor
allem zwischen 1830 und 1840.
Zum Begriff des Pauperismus s.
Kukowski (1995).
4 Zum Folgenden Schmidt (2006),
S. 407–408.
5 Roots (1991), S. 33f.
6 Zur Unehelichkeit s. Gröwer
(1999), Mitterauer (1983),
Kaschuba/Lipp (1982).
7 Zu Dienstboten im 19. Jahrhundert s. etwa Budde (1999).
8 Zur Armenfürsorge s. Flückiger
Strebel (2002), Brandes/Marx-
Jaskulski (2008), Fürstenberg
(2002).
9 Für das Folgende Fleischmann
(1887), S. 2-3.

10 Vgl. Müller (1981), S. 230ff.
11 Fleischmann (1887), S. 10. „Um
    die Kost" bedeutet, dass der
    Lohn aus den lebensnotwendigen
    Lebensmitteln bestand.
12 Eger (1983), Bd. 2, S. 576.
13 Vgl. Jahrbücher für Gefängnis-
    kunde Bd. 1 (1829), S. 115–122
    und Bd. 2 (1829), S. 297–319.
14 Für das Folgende Fleischmann
    (1887), S. 12–17.
15 Ebd., S. 19.
16 Ebd.
17 Vgl. von Hippel (1992), S. 636f.,
    Kreutz/Wiegand (2008).
18 Fleischmann (1887), S. 23.
19 Fecht (1976), S. 478f.
20 Fleischmann (1887), S. 26.
21 Ebd., S. 33.
22 Ebd., S. 47.
23 Vgl. zur Familie Rothschild Fer-
    guson (2002).
24 Fleischmann (1887), S. 79.
25 Ebd.
26 Zum Pietismus in Stuttgart vgl.
    Sauer (1995), Bd. 3, S. 280ff.
27 Kicherer (2008), S. 117–126.
28 Fleischmann (1887), S. 86.
29 Ebd., S. 88.
30 Ebd., S. 109.
31 Maßolle (1927), Entholt (1969).
32 Schlumbohm (1993).
33 Häuslinge, andernorts auch
    Kötter oder Köter genannt,
    besaßen keinen eigenen Hof,
    sondern mussten Pacht an den
    Bauern zahlen. Im Kirchspiel
    Oberneuland lebten 1840 844
    Einwohner, davon der über-
    wiegende Teil Häuslinge. Vgl.
    Buchenau (1862), S. 185–190.
34 Vgl. Heiniken (1836/37), S. 35f.
35 Für das Folgende Talkenberger
    (2010), S. 35f.
36 Für das Folgende Schwarzwälder
    (2007), S. 256.
37 Talkenberger (2010), S. 36.
38 Für das Folgende ebd., S. 37f.

39 Ebd., S. 41.
40 Ebd., S. 42.
41 Ebd., S. 57.
42 Zur Auswanderung über Bremer-
    haven s. Armgort (1991), Schulz
    (1994).
43 Vgl. Marschalk (1993), S. 198.
44 Siehe dazu Bremer Landes-
    museum (1978), Dentri (1937),
    Herwig-Lempp (1995).
45 Maier (1972–75).
46 Brietzke (2000), Grambow
    (1910).
47 Hauser (1978).
48 Streng (1890).
49 Um 1850 hatte Trub etwa 2500
    Einwohner. Dubler (2009).
50 Ebd.
51 Vgl. Frey/Stampfli (1992),
    S. 187–206, Dubler (2009).
52 Pfister (1986), S. 382.
53 Gotthelf (1851), S. 3. Die von
    Gotthelf als Vorsteher der Armen-
    schule in Lützelfluh um 1840
    beobachteten Missstände fanden
    sich auch in früheren Jahren.
    Gotthelf gehörte aus leidvollen
    eigenen Erfahrungen heraus
    zu den schärfsten Kritikern des
    Umgangs und des Verdings von
    Kindern. S. ebd, S. 18ff.
54 Dubler (2009).
55 Von Tscharner (1846), S. 36.
56 So etwa bei Michalik (1997),
    S. 155–171.
57 Flückiger Strebel (2002), S. 281–
    305.
58 Von Tscharner (1846), S. 37.
59 Vgl. für das 20. Jahrhundert:
    Leuenberger/Seglias (2008) und
    Klammer (2007). Für die frühere
    Zeit gibt es noch keine systema-
    tischen Studien auf der Grundlage
    von autobiographischem Mate-
    rial.
60 Von Tscharner (1846), S. 39.
61 Das Armengesetz des Kantons
    Bern sah etwa 1847 einen regel-

mäßigen Schulbesuch von Ver-
dingkindern vor, doch noch Jahr-
zehnte später wurde nicht danach
gehandelt. Vgl. Leuenberger/
Seglias (2008), S. 54.

62 Von Tscharner (1846), S. 14/15.
63 Vgl. Sutter (1995), S. 244–247.
64 Von Tscharner (1846), S. 43.
65 Flückiger Strebel (2002), S. 136–140.
66 Von Tscharner (1846), S. 54.
67 Ebd., S. 57.
68 Zum vorehelichen Geschlechts-
    verkehr und Unehelichkeit s.
    Mitterauer (1983), S. 92ff., Sutter
    (1995), S. 44.
69 Von Tscharner (1846), S. 63f. Zu
    Ehehindernissen s. Sutter (1995).
70 Jütte (1993).
71 Michalik (1995), S. 141ff.
    Michalik führt dieses Verhalten
    auf einen „gewissen Kontrast zwi-
    schen volkstümlichem Moral- und
    Rechtsempfinden und obrigkeit-
    lichen Normen" zurück. Ebd.,
    S. 149.
72 Schmidt (1995).
73 Von Tscharner (1846), S. 77.
74 Ebd., S. 78.
75 Vgl. Ulbricht (1990), S. 161–172.
76 Vgl. S. 70–73.
77 Die Tatsache, dass das Jahr 1846
    den Höhepunkt der Auseinander-
    setzung um ein neues Strafrecht
    im Kanton Bern bezeichnet,
    könnte nicht unerheblich für
    den Entschluss gewesen sein, die
    Schrift über Magdalena Z. zu
    diesem Zeitpunkt herauszugeben.

Wie wird man zum Verbrecher?

1 Nutz (2001), S. 73. Texte zur
   „Seelenlehre" des Menschen
   erschienen, wie etwa das *Magazin*

zur Erfahrungsseelenkunde, das der
Literat Karl Philipp Moritz von
1783 bis 1793 herausgab.

2 Fleischmann (1887), S. 24.
3 Lenger (1988), S. 72–74.
4 Fleischmann (1887), S. 47.
5 Marschalk (1993), S. 195–196.
6 Zit. nach Blasius (1990), S. 234.
7 Talkenberger (2010), S. 100 und
   S. 24. Vgl. auch Bretschneider
   (2008), S. 365–366.
8 Talkenberger (2010), S. 108.
9 Für das Folgende Jaeger (1905),
   Bd. 19, S. 15–17.
10 Für das Folgende ebd., S. 23–27.
11 Zum Onaniediskurs s. Eder
   (2002), Laqueur (2003).
12 Für das Folgende Jaeger (1905),
   Bd. 20, S. 47f.
13 Von Tscharner (1846), S. 40.
14 Ebd., S. 104.
15 Ebd., S. 123.
16 Vgl. Becker (2002), S. 57–63.
17 Vgl. Nutz (2001), S. 72–76,
   Bretschneider (2008), S. 451ff.
   sowie Wiener (1990).
18 Gotthelf (1907), S. 16f.
19 Henke (1823), Bd. 1, S. 166f.
20 Allerdings hatten die inzwischen effektivierten polizeilichen
   Methoden zur Identifikation
   von Straftätern die Rückfalltäter
   besser erkennbar gemacht. Vgl.
   Becker (2002), S. 261. Siehe zur
   Statistik Starke (1884).
21 Becker (2002), S. 259–281.
22 Kaufmann (1995), Martschukat
   (1997).
23 Becker (2002), S. 270–285, Grewe
   (2004).
24 Lombroso (1887/1890). Ein
   besonderes Kennzeichen der
   Identität des Kriminellen mit den
   „Wilden" sei außerdem die Täto-
   wierung, mit der sich viele Täter
   schmückten. S. Becker (2002),
   S. 287–300, Strasser (2005).
   Auch Jaeger (1905), Bd. 19, S. 3f.

25 Jaeger (1905), Bd. 19, S. 5.
26 Kritik an Lombroso übte vor allem
    Abraham Adolf Baer. Vgl. Baer
    (1898). Zur Konzeption der
    Kriminologen dieser Zeit s.
    Aschaffenburg (1903).
27 Jaeger (1905), Bd. 19, S. 6.
28 Dazu Pick (1989).
29 Becker (1994), Bergmann (1991).

Kriminelle Milieus

1   Bayly (2008), S. 234. Zur Groß-
    stadt s. Reulecke (1985), Zimmer-
    mann (1996).
2   Dinges (2000). Beckers These
    von der „Dämonisierung der
    Großstadt" weist zwar auf ein
    wichtiges Moment der Großstadt-
    beschreibung hin, ignoriert aber
    die tatsächlichen Probleme der
    Bindungslosigkeit in der Stadt.
    Vgl. Becker (2002), S. 322ff.
3   Sautter (2004), S. 34.
4   Häusler/Hitzer (2010).
5   Vgl. zur ländlichen Kriminalität
    Reinke (2000), S. 225.
6   Bergmann (1984), S. 9–12,
    Lindner (2007).
7   Ostwald (1904–1908), Thies
    (2006).
8   Winter (2006).
9   Heiniken (1836/37), S. 12f.
10 Talkenberger (2010), S. 70 und
    72.
11 Zur Prostitution in Hamburg
    s. Dahms (2010), S. 123–143,
    Urban (1926), Lippert (1858),
    von Dücker (2005), Detlefs
    (1997).
12 Evans (1997), S. 264.
13 Ebd., S. 27.
14 Vgl. Häusler/Hitzer (2010),
    S. 147–152 für Berlin. Schulte
    (1979), S. 68–105.

15 Hüchtker (2000), S. 195.
16 Häusler/Hitzer (2010), S. 97f.
17 Evans (1997), 249f.
18 Urban (1927), S. 53.
19 Vgl. die Studie von Sabine Kienitz
    zu einem spektakulären Kriminal-
    fall in Schwäbisch Hall um 1830.
    Kienitz (1995).
20 Dahms vermutet 2000 Mädchen,
    vgl. Dahms (2010), S. 133.
21 Zu St. Pauli s. Lippert (1858),
    S. 163–177.
22 Zitiert nach Häusler/Hitzer
    (2010), S. 45.
23 Lippert (1858), S. 170.
24 Vgl. Schulte (1984), S. 52. Lippert
    meint, die Dirnen seien mit bis
    zu 200 bis 300 Mark verschuldet.
    Ebd.
25 Hard (1909), S. 204.
26 Talkenberger (2010), S. 122.
27 Ebd., S. 124.
28 Becker (2002), S. 83f. Zum
    Alkohol s. etwa Spode (1991),
    Schivelbusch (1997).
29 Aus den Bemerkungen Pfarrer
    Jaegers zu M. K. wird deutlich,
    dass der „Karl" in seiner Erzäh-
    lung mit dem Autor identisch ist.
30 Jaeger (1905), Bd. 20, S. 244.
31 Zur Prostitution in Nürnberg s.
    Thoben (2007).
32 Zum Folgenden Jäger (1905),
    Bd. 20, S. 247–251.
33 Zum Folgenden ebd., Bd. 21, S. 11.
34 Ebd., Bd. 20, S. 249f.
35 Böhme (1905), S. 14, Schulte
    (1984), S. 39–41.
36 Schulte (1984), S. 42f.
37 Fleischmann (1887), S. 106f.
38 Zur legalen und illegalen Pros-
    titution in Mannheim s. Evans
    (1997), S. 285.
39 Für das Folgende Fleischmann
    (1887), S. 107–109.
40 Für das Folgende Jaeger (1905),
    Bd. 21, S. 8–13.
41 Ebd., S. 33.

42 Ammerer (2003), S. 123–150.
43 Jaeger (1905), Bd. 21, S. 36.
44 Für das Folgende Jaeger (1905),
    Bd. 21, S. 22f.
45 Für das Folgende Fleischmann
    (1887), S. 95f.
46 Jaeger (1905), Bd. 21, S. 29.
47 Für das Folgende Fleischmann
    (1887), S. 34–41.
48 Ebd., S. 96.
49 Girtler (2010). Dort auch andere
    einschlägige Publikationen. Das
    Liber Vagantorum ist abgedruckt in:
    Boehncke/Johannsmeier (1987),
    S. 679ff.
50 Jaeger (1905), Bd. 21, S. 24.
51 Vgl. Becker (2002), S. 84.

Die Strafverfolgung

1 Vgl. Handwörterbuch (1990),
   Bd. 4, Sp. 1280–1282.
2 Härter (2009), S. 77ff., Schröder
   (1991).
3 Schmoeckel (2000).
4 Brandt (2002). Zur Fortdauer
   traditioneller Elemente im französischen Strafrecht s. Härter
   (2009), S. 81.
5 Zu Hannover etwa s. Krause
   (2011), S. 75–87.
6 Brandt (2002).
7 Vgl. Schmidt (1995), Krause
   (1999), S. 72. In Hannover etwa
   wurde 1840 ein neues Kriminal-
   strafrecht eingeführt. Dazu trat
   1847 die Einführung eines neuen
   Polizeistrafrechts. Krause (1991).
8 Körperliche Züchtigungen wie
   das Auspeitschen auf dem Holz-
   pferd wurden aber weiterhin im
   Gefängnis praktiziert.
9 In Bremen und Hamburg etwa
   waren die Kriminalgerichte für die
   niedere Strafjustiz zuständig, für
   die höhere Strafjustiz die Oberge-
   richte, die auch Berufungsinstanz
   waren. Vgl. Hiemsch (1964),
   S. 71–76 und Schwarzwälder
   (1995), Bd. 2, S. 59.
10 Wehler (1987), Härter (2009),
    S. 87.
11 Blasius (1983), Lüdtke (1991).
12 Krause (1999), S. 58–66, Lüdtke
    (1982).
13 Wagner (1981).
14 Habermas (2008), S. 91–162.
15 Ebd., Wettmann-Jungblut (1997).
16 Zur Strafverschärfung nach der
    Reform s. Becker (2001), S. 156.
17 Roth (1997), S. 335 für Berlin.
18 Vgl. noch die hohen Zahlen in
    Baden im 18. Jahrhundert bei
    Wettmann-Jungblut (2009),
    S. 164 und 167. Die Strafpraxis
    war jedoch in den einzelnen Terri-
    torien verschieden. Zum Umgang
    mit dem Konkubinat in Preußen
    s. Hüchtker (2000), S. 177–183.
19 Härter (2009), S. 100.
20 So im Preußischen Strafgesetz-
    buch von 1851 vorgesehen.
    Häusler/Hitzer (2010), S. 12.
    Schulte (1979), S. 171–173.
21 In Preußen in dieser Zeit 95 Pro-
    zent aller verhandelten Fälle. Vgl.
    Michalik (1997), S. 56, Lischer
    (2008).
22 Opitz (2000).
23 Seit Ende des 17. Jahrhunderts
    wurde die Lungenprobe als
    Beweismittel durchgeführt. Die
    Lunge des verstorbenen Neu-
    geborenen wurde in Wasser
    gelegt. Schwamm sie im Wasser,
    wurde dies als Zeichen gewertet,
    dass das Kind nach der Geburt
    geatmet, also noch gelebt hatte.
    Die Methode war aber immer
    umstritten. Vgl. Meyers Konversa-
    tionslexikon, 4. Aufl. 1885–1892,
    Bd. 10, S. 1011–1012.
24 Vgl. Martschukat (2000).

25 Dazu Hässler/Schepker/Schleifke (2008), S. 60f.
26 Ulbrich (1990).
27 Abschaffung der Todesstrafe wegen Kindsmord in Österreich 1803, in Bayern 1813. Vgl. dazu Hässler/Schepker/Schleifke (2008), S. 65f. In Preußen wurden nun nur noch 15 Prozent der Todesstrafen vollstreckt. Vgl. Michalik (1997), S. 485. Im Kurfürstentum Hannover wurde es um 1800 üblich, Zuchthausstrafen zu verhängen. Vgl. Meumann (1995), S. 137.
28 Empirisch ist Kindsmord als Massendelikt für diesen Zeitraum jedoch nicht bestätigt. Vgl. Meumann (1995), S. 136.
29 Vgl. Ludi (1999), S. 117ff.
30 Vgl. Sutter (1995), S. 76f.
31 Vgl. Ludi (1999), S. 315ff.
32 Ludi (1999), S. 389.
33 Zur Polizeigeschichte s. Reinke (1993), Lüdtke (1992).
34 Vgl. Roth (1997) und Wehner (1983).
35 Vgl. hierzu Reinke (2000), S. 228.
36 Zimmermann (1852), S. 36ff. und S. 65.
37 Becker (2002), S. 57f.
38 Zum Passwesen s. Becker (2002), S. 67.
39 Becker spricht von einer „Semiotik des Gaunertums". Becker (2002), S. 186. Paradigmatisch Avé-Lallemant (1914).
40 Becker (2002), S. 273 ff.
41 Härter (2009), S. 100.
42 Vgl. Roscher (1912).
43 Savant (1973).
44 Zum Folgenden s. Roth (1997), S. 40–57 und Reinke (2000).
45 Reinke (2000), S. 237, Roth (1997), S. 250–255.
46 Roth (1997), S. 78–92.
47 Roth (1997), S. 86.
48 Vgl. Siemann (1985).

49 Krämer/Siebke (1989), S. 17.
50 Ebd., S. 21f.
51 Ebd., S. 20.
52 Ebd.
53 Vgl. Groebner (2004).
54 Zum Folgenden s. Roth (1997), S. 90ff.
55 Regener (1999).
56 Seit 1809/1829 verfügte etwa das Großherzogtum Baden als einer der ersten deutschen Staaten über eine jährliche Kriminalstatistik. Vgl. Wettmann-Jungblut (2009).
57 Becker (2001), S. 125.
58 Für die folgenden Ausführungen Wettmann-Jungblut (2009).
59 Überregionale Statistiken zur Deliktstruktur im 19. Jahrhundert gibt es noch nicht. Vgl. für Sachsen im Zeitraum 1807–1810 Bretschneider (2008), S. 312–318. Zwischen 1800 bis 1850 auch hier die Dominanz der Eigentumsdelikte.
60 Zum 18. Jahrhundert in Baden s. Wettmann-Jungblut (2009), S. 164–168 und 175. Vgl. auch Schnabel-Schüle (1997).
61 Becker (2001), S. 125–133.
62 Vgl. Wettmann-Jungblut (2009), S. 168.
63 Becker (2001), 64–67.
64 Wettmann-Jungblut (2009), S. 169. Die Verbindung von wirtschaftlicher Not und Kriminalität spiegelt sich auch bei der Wilderei sowie dem verbotenen Holz- bzw. Gras- und Streusammeln. In Baden (bei 1,3 Millionen Einwohnern) wurden zwischen 1837 und 1846 3 059 536 Fälle registriert.
65 Ebd., S. 176.
66 Becker (2001), S. 212–216.
67 Habermas (2008). Habermas' verallgemeinernde Argumentation vermag aber schon wegen der sehr schmalen Quellenbasis nicht gänzlich zu überzeugen.

68 In Berlin stiegen die Anzeigen für Diebstahl zwischen 1881 und 1910 von 12 000 auf 45 000 an. Vgl. Roth (1997), S. 257.

69 Becker (2001), S. 131.

70 Für das Folgende Jaeger (1905), Bd. 20, S. 224–237.

71 Zum Umgang mit Bettlern s. Althammer (2007).

72 Dahms (2010), S. 42–57.

73 Zadach-Buchmeier (1997).

74 Zum Folgenden Roth (1997), S. 300ff.

75 Becker (2001), S. 137–142. Relativierend muss jedoch hinzugefügt werden, dass Gewaltverbrechen deshalb keine große Rolle in den Statistiken des Criminal-Gerichts spielten, weil diese Straftaten auf der Ebene der Polizei abgehandelt wurden.

76 Vgl. Müller (2005).

77 Für das Folgende Schumacher (2010), S. 18f.

78 Ebd., S. 23.

79 Ebd., S. 64.

80 Zur Ausnahme der Abolutionisten s. Häusler/Hitzer (2010), S. 19.

81 Uhl (2003).

82 Becker (2002), S. 141.

83 Dazu Hüchtker (2000), S. 186f.

84 Malkmus (2005), bes. S. 40–46.

85 Vgl. das Hamburger Bordellreglement, § 11. Urban (1927), S. 26.

86 Becker (2002), S. 131f.

87 Vgl. Häusler/Hitzer (2010), S. 13.

88 Anders als andere angebliche Autobiographien von Prostituierten, die in Wahrheit von Männern stammten, ist dieser Bericht authentisch. Nicht nur, dass die geschilderten Verhältnisse den Angaben anderer Prostituierter entsprachen, es fehlen auch alle schlüpfrigen Details, mit denen die vorgeblichen, eigentlich aus Männerhand stammenden, Lebenserinnerungen nicht geizen. Vgl. ebd., S. 52.

89 Hard (1909), S. 27.

90 Ebd., S. 37.

91 Hard (1909), S. 100.

92 Ebd., S. 89.

93 Vgl. Häusler/Hitzer (2010), S. 33.

94 Roth (1997), S. 392.

95 Hard (1909), S. 89.

96 Zur Abtreibung Jütte (2003).

97 Als Päderast wurde jemand bezeichnet, der sexuelle Handlungen an Minderjährigen ausgeübt hatte.

98 Für das Folgende Jaeger (1905), Band 20, S. 21f.

99 § 175 RStGB stellte die „Unzucht zwischen Männern" unter Strafe, was bis 1969 so blieb; ab 1973 wurden dann nur noch homosexuelle Handlungen mit Minderjährigen unter Strafe gestellt.

100 Die Verurteilungspraxis der Gerichte hat Becker stichprobenartig für die Kreisgerichte erfasst. Becker (2001).

101 Becker (2001), S. 137f.

102 Blasius (1983), S. 41ff.

103 Vgl. Weigel (1982), Blasius (1983).

104 Fischer (1998).

105 Jungdeutsche oder Junges Deutschland wurde eine Literaturströmung genannt, die unter dem Eindruck der Julirevolution in Frankreich 1830 liberale und demokratische Ansichten vertrat. Hauptvertreter waren Heinrich Heine und Ludwig Börne.

106 Andere Mitstreiter wurden dagegen erschossen. Vgl. Engehausen (2010), S. 176–185.

107 Dutzi (1998).

108 Corvin (1884), Weigel (1982), S. 43–45.

109 Corvin (1884), S. 155.

110 Vgl. Weigel (1982), S. 49–54, Becker/Graf (2006).

111 Der Besuch der Christenlehre war in katholischen Gegenden bis zum 18. Lebensjahr verpflichtend.
112 Most (1903), Band 2, S. 46f.
113 Ebd., S. 53.
114 Ebd., S. 51.
115 Most (1903–1907).
116 Rother (1996).
117 Oerter (1908), S. 9.
118 Ebd., S. 11.
119 So deportierte Preußen etwa nach Amerika. Vgl. Evans (1997), 74ff.
120 Als Beispiel Zadach-Buchmeier (2003).
121 In der älteren Literatur wird der Aspekt der Disziplinierung der Insassen überbewertet. Vgl. dagegen die neuere Literatur, etwa Pfeisinger (2006).
122 Vgl. Ludi (1999). Gegen den Fabrikcharakter des Arbeitshauses s. Brietzke (2000), S. 20ff. und S. 210–221 und Ammerer/Weiß (2006), S. 33.
123 Sie konnten sich aber in einem Gebäudekomplex mit den Arbeitshäusern befinden. Zur Diskussion um die Armenfürsorge s. Jahrbücher (1829), Band 1, S. 169–181.
124 Vgl. Bretschneider (2008), S. 320f.
125 Des Öfteren wurden die Kinder wieder zurückgegeben oder von den Kosteltern zum Betteln geschickt. Vgl. Brietzke, Arbeitsdisziplin, S. 460. S. auch Bericht (1829), S. 40–46.
126 Schott/Tölle (2006), S. 359.
127 Kaufmann (1995).
128 So existierte etwa in Oberneuland seit 1810 die Privatklinik des Dr. Friedrich Engelken für geistesgestörte Patienten. Vgl. Heiniken (1836/37), S. 40–42. Allgemein Schott/Tölle (2006).
129 Müller (2004). Allgemein Blasius (1994).

Die Reform des Strafvollzugs

1 Gibson (1971).
2 Nutz (2001), S. 26f.
3 Howard (1777), S. 1–34. Vgl. auch Schautz (2008), S. 43–45.
4 Howard (1777), S. 43–68.
5 Nutz (2001), S. 30f.
6 Nutz (2001), S. 28.
7 Für das Folgende Schidorowitz (2000) und Nutz (2001).
8 Wagnitz (1791), Bd. 1, S. 11.
9 Schautz (2008), S. 37f.
10 Hierzu Riemer (2005), Bd. 1, S. 21.
11 Das erste für ganz Preußen (außer der Rheinprovinz) verbindliche Reglement etwa wurde 1835 für die Strafanstalt Rawicz erlassen. Schauz (2008), S. 48f.
12 Zum Folgenden Nutz (2001), S. 239–249.
13 Vgl. Riemer (2005).
14 Riemer (2005), Bd. 2, S. 1404f.
15 Teichmann (1878), S. 176f., Riemer (2007), Bd. 1, S. 783.
16 Siehe Talkenberger (2010), S. 20–22 und 128–143.
17 Riemer (2007), Bd. 1, S. 220.
18 Talkenberger (2010), S. 132. Staatsarchiv Oldenburg, Bestand 31–13, 69, Bd. 1.
19 Schauz (2008), S. 58.
20 Ammerer (2006), S. 42.
21 Vgl. zum Folgenden Nutz (2001), Ammerer (2006), Henze (2003), Bretschneider (2008).
22 Julius (1837), S. 26.
23 Ebd., S. 25.
24 Etwa der Direktor der Münchner Strafanstalt Obermaier. S. Obermaier (1837). Zu Obermaiers „humanisierter Gemeinschaftshaft" s. Henze (2003), S. 75–81.
25 Mittermaier (1850).
26 Ebd., S. 80.
27 Ebd., S. 4f.

28 Arndt (1981), S. 44 mit den zwischen 1849 und 1856 explodierenden Gefangenenzahlen für Preußen.

29 Nutz (2001), S. 160–165.

30 Julius (1846), S. 37.

31 Zu Sachsen Bretschneider (2008), S. 193–206.

32 Vgl. ebd., S. 76ff.

33 S. Nutz (2001), S. 148–151.

34 Mittermaier (1850), S. 6.

35 Mittermaier (1858), S. 110.

36 Nutz (2001), S. 151–154.

37 Foucault (1976), S. 221–228.

38 Zum Folgenden s. Arndt (1981).

39 Michel Foucault hat das Prinzip des Panoptikums als zentrales Konzept für die Entstehung einer neuen Disziplinargesellschaft charakterisiert. Vgl. Foucault (1976), S. 251–293.

40 Julius publizierte die Baupläne von Pentonville und machte sie damit im deutschsprachigen Raum bekannt. Julius (1846).

41 Ebd., S. 6.

42 Ebd., S. 7.

43 Ebd.

44 Nutz hat die Strafanstalt des 19. Jahrhunderts als „Besserungsmaschine" bezeichnet. Nutz (2001), S. 96f. Der Maschinenbegriff scheint mir jedoch das emotionale Engagement der Gefängnisdirektoren und -geistlichen zu verkennen. Außerdem lässt sie die Praxis des Strafvollzugs außer Acht, die oft genug Sand ins Getriebe brachte.

Alltag hinter Gittern

1 Zu den Bremer Gefängnissen s. Kruse (2001), Schwarzwälder (1995), S. 194, Grambow (1910), S. 53, Brietzke (1999), S. 128–140.

2 Für das Folgende Talkenberger (2010), S. 63.

3 Vgl. Brietzke (1999), S. 514 und Hirschfelder (2004), S. 113–118.

4 1 Reichstaler entspricht zu dieser Zeit 72 Groten, 1 Grote entspricht 5 Schwaren.

5 Talkenberger (2010), S. 71.

6 Für das Folgende ebd., S. 64–66.

7 Ebd., S. 69.

8 Zu dieser in Bremen üblichen Praxis vgl. Grambow (1910), S. 40, Brietzke (1999), S. 593.

9 Talkenberger (2010), S. 66.

10 Ebd., S. 74.

11 Georg Gottfried Treviranus (1788–1868). Vgl. Kap. 7.

12 Talkenberger (2010), S. 68.

13 Zum Strafarbeitshaus, allerdings teilweise fehlerhaft s. Hauser (1978).

14 Talkenberger (2010), S. 129.

15 Talkenberger (2010), S. 130.

16 Ebd., S. 132.

17 Als Jacquard-Webstuhl wurde ein von dem französischen Seidenweber Joseph-Marie Jacquard (1752–1834) weiterentwickelter Webstuhl bezeichnet. Der Webstuhl besitzt eine Lochkartensteuerung, durch die Kettfäden einzeln hochgezogen werden konnten. Es konnten so groß gemusterte Gewebe hergestellt werden.

18 Talkenberger (2010), S. 135.

19 Ebd., S. 140.

20 Staatsarchiv Oldenburg, Best. 31-13, 69-2, S. 134.

21 Vgl. den Strafkatalog in der Hausordnung für Vechta, Staatsarchiv Oldenburg, Bestand 31-13, 69, Bd. 1, § 26.

22 Für das Folgende Fleischmann (1887), S. 102.

23 Jaeger (1905), Bd. 20, S. 6.

24 Schumacher (2010), S. 35.

25 Gustav Schumacher, der Pastor in Tönning, der sich später um die Bekehrung des Mörders bemühte, merkt an, dass die Verhältnisse sich zehn Jahre später deutlich gebessert hätten. Schumacher (2010), S. 34.

26 Vgl. Ammerer (2006), S. 15ff.

27 Jaeger (1906), Bd. 22, S. 6f.

28 Ebd., S. 13.

29 Ebd., Bd. 19, S. 252.

30 Ebd., Bd. 22, S. 22.

31 Ebd., S. 29.

32 Ebd., S. 5f.

33 Ebd., S. 18.

34 Ebd., S. 11.

35 Zu Prostituierten im Arbeitshaus s. Krafft (1996), S. 202–232, allgemein zu Frauen Leukel (2010). Zu Brauweiler s. Jahrbücher (1829), Bd. 1, S. 169–177.

36 Ebd., S. 52.

37 Ebd., S. 63.

38 Zu Bruchsal s. Freßle (1970).

39 Für das Folgende Corvin (1884), S. 110f.

40 Zur Festungshaft s. Krause (1999), S. 58–67 und Lüdtke (1982).

41 Corvin (1884), S. 131.

42 Corvin (1884), S. 133.

43 Ebd., S. 136.

44 Corvin (1884), S. 238.

45 Corvin (1884), S. 377.

46 Most (1904–1907).

47 Vgl. auch Weigel (1982), S. 49–54.

48 Für das Folgende Most (1903), Bd. 2, S. 53–57.

49 Most (1905), Bd. 3, S. 25.

50 Herrmann (1881).

51 Most (1907), Bd. 4, S. 58.

52 Zu Rumford s. Brown (2000).

53 Most (1907), Bd. 4, S. 60f.

54 Ebd., S. 55.

55 Ebd., S. 56.

56 Die *Vossische Zeitung*.

57 Most (1907), Bd. 4, S. 75.

58 Für das Folgende Oerter (1908), S. 68f.

59 Ebd., S. 71.

60 Ebd., S. 85.

61 Ebd., S. 124f.

62 Strosser, Karl Albert (1819–1898). Strosser war Mitgründer der christlich-konservativen Partei in Minden-Ravensberg. 1867 wurde er Strafanstaltsdirektor in Herford, 1872 erfolgte die Versetzung nach Münster.

63 Oerter (1904), S. 71.

64 Zur Prügelstrafe in Preußen s. Evans (1997), S. 170–172.

65 Oerter (1904), S. 73f.

66 Ebd., S. 79.

67 Ebd., S. 116.

68 Ebd., S. 81.

69 Ebd., S. 89.

70 Ebd.

71 Ebd., S. 87.

72 Ebd., S. 107.

73 Ebd., S. 95.

74 Ebd., S. 101.

75 Ebd., S. 146.

76 Vgl. Henze (1999).

77 Vgl. Staatsarchiv Oldenburg, Bestand 31-13, 69, Bd. 1, §§ 71–82.

78 Oerter (1904), S. 101.

79 Jaeger (1906), Bd. 22, S. 14.

80 Jaeger (1905), Bd. 21, S. 4f.

81 Für das Folgende ebd., (1906), Bd. 22, S. 100–105.

82 Ebd., S. 29f.

83 Hard (1909), S. 58f. Vgl. auch Schulte (1974), S. 182–186.

84 Hard (1909), S. 61.

85 Ebd., S. 56.

86 Für das Folgende Jaeger (1906), Bd. 22, S. 102.

87 Ebd., S. 19.

88 Ebd., S. 127.

89 Ebd., S. 36.

„Wieder ein ehrlicher Mensch werden"

1 Ebd., S. 43.
2 Ebd., S. 212.
3 Ebd., S. 217.
4 Später wurde daraus die Teilanstalt Eckardtsheim. Vgl. Benad/
  Schmuhl (2005).
5 Jaeger (1905), Bd. 20, S. 217.
6 Ebd., S. 222.
7 Schumacher (2010), S. 67.
8 Für das Folgende Talkenberger
  (2010), S. 105. Meyer reflektierte
  mit diesem Vorhaben, dass es
  noch keine Altersvorsorge gab,
  die Kinder also für die nicht mehr
  erwerbsfähigen Eltern sorgen
  mussten.
9 Schautz (2008), S. 59.
10 Dazu Schneider (2009).
11 Zahlreiche Berichte dieses Vereins
  in den Jahrbüchern (1829–1833).
12 Vgl. Beyreuther (1977).
13 Schautz (2008), S. 217–230.
14 Schautz (2008), S. 68f.
15 Vgl. etwa das Programm des
  „Wohltätigkeits-Vereins im Königreich Württemberg" von 1850.
  Leube (1850).
16 Vgl. Sander (1897), S. 775–780.
  Vgl. auch Schambach (2008).
17 Centralausschuss (1853/54). Zur
  Inneren Mission s. Röper/Jüllig
  (2007).
18 Centralausschuss (1854).
19 Zur Fürsorge etwa Hofmann/
  Hübener/Meusinger (2007). Die
  Kolonien nahmen auch weibliche
  Entlassene auf, unter „strenger
  Anhaltung zur Arbeit". Vgl. Leube
  (1850), S. 33. Zu den Mägdeher-
  bergen s. Häusler/Hitzer (2010),
  S. 22f, zu den Magdalenenhäu-
  sern ebd., S. 19–24.
20 Vgl. Leube (1850), S. 20f.
21 Vgl. Schauz (2008), S. 133–155.
22 Leube (1850), S. 33.
23 Brühl (1988), S. 257–265.

24 Ebd., S. 106.
25 Fleischmann (1887), S. 17.
26 Vgl. als Beispiel Jaeger (1906),
  Bd. 23, S. 209ff.
27 Schumacher (2010), S. 80.
28 Für das Folgende ebd., S. 82.
29 Von Tscharner 1846, S. 14f.
30 Schumacher (2010), S. 118–119.
31 Für das Folgende Jaeger (1906),
  Bd. 22, S. 122f.
32 Ebd. (1905), Bd. 19, S. 13.
33 Für das Folgende Fleischmann
  (1887), S. 61–63.
34 Für das Folgende Jaeger (1905),
  Bd. 21, S. 27.
35 Kritik an den Arbeiterkolonien übt
  etwa auch Hans Ostwald. Vgl.
  Becker (2002), S. 326.
36 Für das Folgende Hard (1909),
  S. 92.
37 Häusler/Hitzer (2010), S. 39.
38 Ebd., S. 81.
39 Jaeger (1905), Bd. 20, S. 34.
40 Ebd., S. 9–14.
41 Für das Folgende ebd., S. 17f.
42 Vgl. auch Schautz (2008), S. 137.
43 Becker (2002), S. 216. Zur Rolle
  der Fotographie für die Überwachung der Entlassenen s. Regener
  (1992), S. 118f.
44 Ähnlich schwierig war es für
  Prostituierte, die sich von diesem
  Gewerbe abwenden wollten; die
  Polizei torpedierte ihre Bemühungen. Vgl. Häusler/Hitzer
  (2010), S. 15.
45 Vgl. Lüdtke (1982), S. 228ff.
46 Vgl. Rosenblum (2008).
47 Für das Folgende Jaeger (1906),
  Bd. 22, S. 40–44.
48 Ebd. (1905), Bd. 21, S. 6.
49 Ebd. (1906), Bd. 23, S. 206f.
50 Ebd. (1905), Bd. 19, S. 252.
51 Ebd., S. 256.
52 Ebd. (1905), Bd. 20, S. 1.
53 Ebd., S. 17.
54 Ebd., S. 27.

55 Für das Folgende ebd., Bd. 19, S. 226–229.
56 Für das Folgende Hard (1909), S. 79f.
57 Ebd., S. 34.
58 Spitzenwerte erreichten die Auswanderungszahlen aus Deutschland nach Übersee zwischen 1850 und 1855 (über 700 000 Menschen) sowie zwischen 1880 und 1884 (über 860 000 Menschen). Vgl. Sautter (2004), S. 38.
59 Zur Auswanderung s. Blaschka-Eick (2010), zu Bremerhaven Armgort (1991), Schulz (1994).
60 Talkenberger (2010), S. 113.
61 Buffalo liegt etwa 600 Kilometer nordwestlich von New York am Eriesee.
62 Für das Folgende Jaeger (1905), Bd. 19, S. 33.
63 Ebd., Bd. 20, S. 213.
64 Ebd., S. 217.
65 Michels (2000).
66 Jaeger (1905), Bd. 19, S. 38.
67 Für das Folgende ebd., S. 39–41.

68 Ebd., Bd. 19, S. 230.
69 Ebd., Bd. 20, S. 240.
70 Für das Folgende Talkenberger (2010), S. 108f.
71 Jaeger (1905), Bd. 19, S. 233.
72 Ebd., Bd. 20, S. 223.

Die Stimmen der Betroffenen

1 Zit. nach Becker (2001), S. 150.
2 Hüchtker (2000), S. 194.
3 Vgl. Seidenspinner (1998), vor allem S. 239–312, Becker (2002), S. 177.
4 Vgl. die Typisierung bei Fleischmann (1887), S. 115–205.
5 Evans (1997), S. 231. Vgl. auch Seidenspinner (1998).
6 Lüdtke (1992), S. 219ff.
7 Zum Beispiel Talkenberger (2010), S. 54f.
8 Vgl. Talkenberger (2010), S. 141, Schumacher (2010), S. 29.

Literaturverzeichnis

Gedruckte Quellen

Anonym: Memoiren einer Prostituierten oder die Prostitution in Hamburg. Nach dem Originalmanuskript bearbeitet von Dr. J. Zeisig. Hamburg 1847

Aschaffenburg, Gustav: Das Verbrechen und seine Bekämpfung. Kriminalpsychologie für Mediziner, Juristen und Soziologen. Ein Beitrag zur Reform der Strafgesetzgebung. Heidelberg 1903

Avé-Lallement, Friedrich Christian Benedict: Das deutsche Gaunertum in seiner sozialpolitischen, literarischen und linguistischen Ausbildung zu seinem heutigen Bestande. 2 Bde., Wiesbaden 1914

Baer, Abraham Adolf: Der Verbrecher in anthropologischer Beziehung. Leipzig 1898

Bericht des Preußischen Ministeriums für Geistliche, Unterrichts- und Medizinal-Angelegenheiten: Entwicklung der Maaßregel zur Verminderung der jugendlichen Verbrecher im preußischen Staate. In: Julius, Jahrbücher der Straf- und Besserungsanstalten, Bd. 1 (1829), S. 40–46

Böhme, Margarete (Hrsg.): Tagebuch einer Verlorenen. Von einer Toten. Berlin 1905

Buchenau, Franz: Die freie Hansestadt Bremen und ihr Gebiet. Ein Beitrag zur Geographie und Topographie. Diss. Bremen 1862

Centralausschuss für die Innere Mission: Behandlung der Verbrecher in den Gefängnissen und der entlassenen Sträflinge. Berlin/Hamburg 1853/54

Centralausschuss für die Innere Mission: Die Fürsorge für entlassene Sträflinge. Bericht der betreffenden Spezialkonferenz auf dem 6. deutschen evangelischen Kirchentage zu Berlin. Hamburg 1854

Corvin, Otto von: Aus dem Zellengefängnis. Briefe aus bewegter, schwerer Zeit. 1848–1856. Leipzig 1884

Fleischmann, Otto (Hrsg): Die Lebensgeschichte von Joseph Kürper. In: Ders.: Deutsches Vagabunden- und Verbrechertum im 19. Jahrhundert. Kaiserslautern 1887, S. 1–114

Gotthelf, Jeremias: Der Bauernspiegel oder Lebensgeschichte des Jeremias Gotthelf. Von ihm selbst geschrieben. Leipzig 1907

Gotthelf, Jeremias: Die Armennoth. Ulm 1852

Hard, Hedwig: Beichte einer Gefallenen. Berlin 1909

Häusler, Michael/Hitzer, Bettina (Hrsg.): Zwischen Tanzboden und Bordell. Lebensbilder Berliner Prostituierter aus dem Jahr 1869. Berlin-Brandenburg 2010

Heiniken, Philipp: Die freie Hansestadt Bremen und ihr Gebiet in topographischer, medizinischer und natürlicher Hinsicht. Bd. 1, Bremen 1836/37

Henke, Eduard: Handbuch des Criminalrechts und der Criminalpolitik. Bd. 1, Berlin/Stettin 1823

Herrmann, Heinrich: Das neue Strafgefängnis am Plötzensee bei Berlin. Berlin 1881

Howard, John: The state of prison in England and Wales, with preliminary observations, and an account of some foreign prisons. London 1777

Jaeger, Johannes: Hinter Kerkermauern. Autobiographien und Selbstbekenntnisse, Aufsätze und Gedichte von Verbrechern. Ein Beitrag zur Kriminalpsychologie. In: Archiv für Kriminalanthropologie und Kriminalistik. Bd. 19 (1905), S. 1–48 und S. 209–257; Bd. 20 (1905), S. 1–48; Bd. 21 (1905), S. 1–48; Bd. 22 (1906), S. 1–48 und S. 97–144; Bd. 23 (1906), S. 1–32 und S. 197–221

Jahrbücher der Straf- und Besserungsanstalten, Erziehungshäuser, Armenfürsorge und anderer Werke der christlichen Liebe. Hrsg. v. Nikolaus Heinrich Julius. Bd. 1–10, Berlin 1829–1833

Julius, Nikolaus Heinrich: Die amerikanischen Besserungssysteme, erörtert in einem Sendschreiben an Herrn W. Crawford, General-Inspector der großbritannischen Gefängnisse. Leipzig 1837

Julius, Nikolaus Heinrich: Englands Mustergefängniss in Pentonville, in seiner Bauart, Einrichtung und Verwaltung, abgebildet und beschrieben. Aus den Berichten des Majors Jebb, Ober-Bau-Aufsehers der britischen Gefängnisse, und des Pentonvilleschen Verwaltungsrathes. Berlin 1846

Leube, Wilhelm Ferdinand: Der allgemeine Wohltätigkeits-Verein im Königreich Württemberg. Seine Gründung, Einrichtung und Leistungen. Festgabe, dem 2. Congreß für innere Mission in Stuttgart am 12. bis 14. Sept. 1850 dargeboten von der Zentralleitung des Wohltätigkeits-Vereins. Stuttgart 1850

Lippert, H.: Die Prostitution in Hamburg in ihren eigenthümlichen Verhältnissen. Hamburg 1858

Lombroso, Cesare: Der Verbrecher in anthropologischer, ärztlicher und juristischer Beziehung, 2 Bde., Hamburg 1887–1890

Meyers Konversationslexikon, 4. Aufl. 1885–1892, Bd. 10, S. 1011–1012

Mittermaier, Carl Joseph Anton: Der neueste Zustand der Gefängniseinrichtungen in England und englische Erfahrungen über Einzelhaft. Heidelberg 1850

Mittermaier, Carl Joseph Anton: Die Gefängnißverbesserung, insbesondere die Bedeutung und Durchführung der Einzelhaft im Zusammenhang mit dem Besserungsprinzip, nach den Erfahrungen der verschiedenen Strafanstalten. Erlangen 1858

Most, Johann: Memoiren. Erlebtes, Erforschtes und Erdachtes. 4 Bände, New York 1903–1907

Obermaier, Georg Michael: Die amerikanischen Pönitentiarsysteme in Vergleichung mit der im Centralgefängnisse zu Kaiserslautern eingeführten Besserungsweise und ihre gegenseitigen Folgen. Kaiserslautern 1837

Oerter, Sepp: Acht Jahre Zuchthaus. Lebenserinnerungen. Berlin o. J. (1908)

Ostwald, Hans (Hrsg): Großstadt-Dokumente. Berlin/Leipzig 1904–1908

Roscher, Gustav: Großstadtpolizei. Ein praktisches Handbuch der deutschen Polizei. Hamburg 1912

Schumacher, Gustav: Der „Mordfall Carsten Hinz" und die letzte Hinrichtung auf Eiderstedt. Neuauflage des 1844 erschienenen Berichts „Das Leben, das Verbrechen und die Bekehrung des Mörders Carsten Hinz, von ihm selbst aufrichtig erzählt". Hrsg. von Manfred-Guido Schmitz. Nordstrand 2010

Starke, Wilhelm: Verbrechen und Verbrecher in Preußen 1854–1878. Berlin 1884

Talkenberger, Heike (Hrsg.): Die Autobiographie des Betrügers Luer Meyer 1833–1855. Kommentierte Edition. Hannover 2010

Tscharner, B. F. von (Hrsg.): Die Wunder der Gnade. Lebensbeschreibung einer
Verbrecherin, von ihr selbst geschrieben im Gefängniß. Stuttgart 1852
Urban, Alfred: Staat und Prostitution in Hamburg vom Beginn der Reglementierung
bis zur Aufhebung der Kasernierung (1807–1922). Hamburg 1926
Wagnitz, Heinrich Balthasar: Historische Nachrichten und Bemerkungen über die
merkwürdigsten Zuchthäuser in Deutschland. Nebst einem Anhange über die
zweckmäßigste Einrichtung der Gefängnisse und Irrenanstalten. Bd. 1, Halle
1791
Winter, Max: Expeditionen ins dunkelste Wien. Meisterwerke der Sozialreportage.
Hrsg. von Hannes Haas. Wien 2006
Zimmermann, Gustav: Wesen, Geschichte, Literatur, characteristische Thätigkeiten
und Organisation der modernen Polizei. Ein Leitfaden für Polizisten und Juristen.
Hannover 1852

Literatur
Althammer, Beate (Hrsg.): Bettler in der europäischen Stadt der Moderne.
Zwischen Barmherzigkeit, Repression und Sozialreform. Frankfurt/Main 2007
Ammerer, Gerhard/Bretschneider, Falk/Weiß, Alfred Stefan (Hrsg.): Gefängnis und
Gesellschaft. Zur (Vor-)Geschichte der strafenden Einsperrung. Leipzig 2003
Ammerer, Gerhard/Weiß, Stefan (Hrsg.): Strafe, Disziplin und Besserung.
Österreichische Zucht- und Arbeitshäuser von 1750 bis 1850. Frankfurt/Main
u. a. 2006
Armgort, Arno: Bremen – Bremerhaven – New York 1683–1960. Geschichte der
europäischen Auswanderung über die Bremischen Häfen. Bremen 1991
Arndt, Jörg: Strafvollzugsbau. Der Einfluß des Vollzugsziels auf den Bau von Anstal-
ten für den Vollzug der Freiheitsstrafe. Bochum 1981
Artières, Philippe: Le livre des vies coupables. Autobiographies de criminels (1896–
1909). Paris 2000
Bähr, Andreas/Burschel, Peter/Jancke, Gabriele (Hrsg.): Räume des Selbst. Selbst-
zeugnisforschung transkulturell. Köln u. a. 2007
Baumann, Imanuel: Dem Verbrechen auf der Spur. Eine Geschichte der Krimino-
logie und Kriminalpolitik in Deutschland 1880 bis 1980. Göttingen 2006
Bayly, Christopher: Die Geburt der modernen Welt. Eine Globalgeschichte 1780–
1914. Frankfurt/Main u. a. 2006
Becker, Heiner M./Graf, Andreas G.: Johann Most. Ein unterschätzter Sozialdemo-
krat. Münster 2006
Becker, Monika; Kriminalität, Herrschaft und Gesellschaft im Königreich Württemberg. Freiburg im Breisgau 2001
Becker, Peter: Der Verbrecher als „Autor". Inschriften und Zeichnungen im Wiener
Polizeigefängnis, ca. 1920. In: Kaspar von Greyerz/Elisabeth Müller-Luckner
(Hrsg.): Selbstzeugnisse in der frühen Neuzeit. Individualisierungsweisen und
interdisziplinäre Perspektive. München 2007, S. 173–195
Becker, Peter: Kriminelle Identitäten im 19. Jahrhundert. Neue Entwicklungen in der
historischen Kriminalitätsforschung. In: Historische Anthropologie, Bd. 2,1
(1994), S. 142–157
Becker, Peter: Verderbnis und Entartung. Eine Geschichte der Kriminologie des
19. Jahrhunderts als Diskurs und Praxis. Göttingen 2002

Benad, Matthias/Schmuhl, Hans W.: Bethel-Eckardtsheim. Von der Gründung der ersten deutschen Arbeiterkolonie bis zur Auflösung als Teilanstalt (1882–2001). Stuttgart 2005

Bergmann, Klaus (Hrsg.): Schwarze Reportagen. Aus dem Leben der untersten Schichten von 1914: Huren, Vagabunden, Lumpen. Reinbek bei Hamburg 1984

Bergmann, Klaus: Lebensgeschichte als Appell. Autobiographische Schriften der „kleinen Leute" und Außenseiter. Opladen 1991

Beyreuther, Erich: Die Erweckungsbewegung. Göttingen 1977

Blaschka-Eick, Simone: In die Neue Welt! Deutsche Auswanderer in drei Jahrhunderten. Reinbek bei Hamburg 2010

Blasius, Dirk: Geschichte der politischen Kriminalität in Deutschland (1800–1980). Frankfurt/Main u. a. 1983

Blasius, Dirk: „Einfache Seelenstörung. Geschichte der deutschen Psychiatrie 1800–1954. Frankfurt/Main u. a. 1994

Boehncke, Heiner/Johannsmeier, Rolf (Hrsg): Das Buch der Vaganten – Spieler, Huren, Leutbetrüger. Köln 1987

Brandes, Inga/Marx-Jakulski, Katrin: Armenfürsorge und Wohltätigkeit. Poor Relief and Charity. Frankfurt/Main u. a. 2008

Brandt, Christian: Die Entstehung des Code pénal von 1810 und sein Einfluss auf die Strafgesetzgebung der deutschen Partikularstaaten des 19. Jahrhunderts am Beispiel Bayerns und Preußens. Frankfurt/Main u. a. 2002

Bretschneider, Falk: Gefangene Gesellschaft. Eine Geschichte der Einsperrung in Sachsen im 18. und 19. Jahrhundert. Konstanz 2008

Brietzke, Dirk: Arbeitsdisziplin und Armut in der frühen Neuzeit. Die Zucht- und Arbeitshäuser in den Hansestädten Bremen, Hamburg und Lübeck und die Durchsetzung bürgerlicher Arbeitsmoral im 17. und 18. Jahrhundert. Hamburg 2000

Brown, George I.: Graf Rumford. Das abenteuerliche Leben des Benjamin Thompson. München 2002

Brühl, Peter: Gründung und kurze Geschichte des „Vereins für entlassene Gefangene". In: Christian Mahrzahn (Hrsg.), Criminalia. Bremer Strafjustiz 1810–1850. Bremen 1988, S. 257–265

Budde, Gunilla-Friederike: Das Dienstmädchen. In: Ute Frevert/Heinz-Gerhard Haupt (Hrsg.): Der Mensch des 19. Jahrhunderts. Frankfurt/Main u. a. 1999, S. 148–175

Dahms, Geerd: Das Hamburger Gängeviertel. Unterwelt im Herzen der Großstadt. Berlin 2010

Deimling, Gerhard (Hrsg.): Cesare Beccaria. Die Anfänge moderner Strafrechtspflege in Europa. Heidelberg 1989

Dentri, Ludwig: Drei Jahrhunderte Tabakhandel in Bremen. Stuttgart/Berlin 1937

Detlefs, Gerald: Frauen zwischen Bordell und Abschiebung. „Öffentliche Mädchen" und Prostitutionsüberwachung in der Hamburger Vorstadt St. Pauli 1833–1876. Regensburg 1997

Die Zigarrenmacher in Bremen. Ein Beitrag zur Wirtschafts- und Sozialgeschichte des 19. Jahrhunderts. Hrsg. vom Bremer Landesmuseum für Kunst- und Kulturgeschichte – Focke-Museum. Bremen 1978

Dinges, Martin/Sack, Fritz (Hrsg): Unsichere Großstädte? Vom Mittelalter bis zur Postmoderne. Konstanz 2000

Dubler, Anne-Marie: Geschichte des Kantons Bern. Bd. 4, Bern 2009

Dücker, Elisabeth von (Hrsg): Sexarbeit. Prostitution – Lebenswelten und Mythen. Bremen 2005

Dutzi, Claudia u. a.: 1848/49 – Revolution und Zuchthaus in Bruchsal. Ubstadt-Weiher 1998

Eder, Franz X.: Kultur der Begierde. Eine Geschichte der Sexualität. München 2002

Eger, Wolfgang (Hrsg.): Geschichte der Stadt Speyer. Bd. 2. Speyer im 19. Jahrhundert. Stuttgart u. a. 1983

Engehausen, Frank: 1848/49. Revolution in Baden. Leinfelden-Echterdingen 2010

Entholt, Kurt: Oberneuland. Bremen 1969

Evans, Richard J.: Szenen aus der deutschen Unterwelt. Verbrechen und Strafe 1800–1914. Reinbek b. Hamburg 1997

Fecht, Karl G.: Geschichte der Haupt- und Residenzstadt Karlsruhe. Karlsruhe 1976

Ferguson, Niall: Die Geschichte der Rothschilds. Stuttgart/München 2002

Fintzsch, Norbert/Jütte, Robert (Hrsg.): Institutions of Confinement. Hospitals, Asylums, and Prisons in Western Europe and North America 1500–1950. Cambridge 1996

Fischer, Klaus: Otto von Corvin in Bruchsal und Rastatt. Marbach 1998

Flückiger Strebel, Erika: Zwischen Wohlfahrt und Staatsökonomie. Armenfürsorge auf der bernischen Landschaft im 18. Jahrhundert. Zürich 2002

Freßle, Paul: Die Geschichte des Männerzuchthauses Bruchsal. Diss. Freiburg 1970

Frey, Walter/Stampfli, Marc: Agrargesellschaft an der Schwelle zur Moderne. Die „große Transformation" in Büren und Konolfingen zwischen 1760 und 1880. In: Albert Tanner (Hrsg.): Die Bauern in der Geschichte der Schweiz. Zürich 1992, S. 187–206

Fürstenberg, Rudolf Heinz: Die öffentliche Armenpflege in der Pfalz zwischen 1816 und 1869. Neustadt/Weinstraße 2002

Gibson, J.: John Howard and Elisabeth Fry. London 1971

Girtler, Roland: Rotwelsch. Die alte Sprache der Gauner, Dirnen und Vagabunden. Köln u. a. 2010

Grambow, Otto: Das Gefängniswesen Bremens. Diss. Iur. Leipzig 1910

Grewe, Ylva: Verbrechen und Krankheit. Die Entdeckung der Criminalpsychologie im 19. Jahrhundert. Köln u. a. 2004

Greyerz, Kaspar von/Medick, Hans/Veit, Patrice (Hrsg.): Von der dargestellten Person zum erinnerten Ich. Europäische Selbstzeugnisse als historische Quellen (1500–1850). Köln u. a. 2001

Groebner, Valentin: Der Schein der Person. Steckbrief, Ausweis und Kontrolle im Europa des Mittelalters. München 2004

Gröwer, Karin: Wilde Ehen. Die Unterschichten zwischen städtischer Bevölkerungspolitik und polizeilicher Repression. Berlin/Hamburg 1999

Habermas, Rebecca: Diebe vor Gericht. Die Entstehung der modernen Rechtsordnung im 19. Jahrhundert. Frankfurt/Main 2008

Habermas, Rebekka/Schwerhoff, Gerd (Hrsg.): Verbrechen im Blick. Perspektiven der neuzeitlichen Kriminalitätsgeschichte. Frankfurt/Main u. a. 2009

Handwörterbuch zur Deutschen Rechtsgeschichte. Hrsg. von Adalbert Erler. 4 Bde., Berlin 1971–1990, Bd. 1, Sp. 592–595 und ebd., Bd. 4, Berlin 1990, Sp. 1280–1282

Härter, Karl: Die Entwicklung des Strafrechts in Mitteleuropa 1770–1848: Defensive Modernisierung, Kontinuitäten und Wandel der Rahmenbedingungen. In:

Rebekka Habermas/Gerd Schwerhoff (Hrsg.): Verbrechen im Blick. Perspektiven neuzeitlicher Kriminalitätsgeschichte. Frankfurt/Main u. a. 2009, S. 71–107

Hässler, Frank/Schepker, Renate/Schleifke, Dieter: Kindstod und Kindstötung. Berlin 2008

Hauser, Trude: Geschichte der Strafvollzugsanstalten in Vechta. In: Beiträge zur Geschichte der Stadt Vechta. Bd. 3, Vechta 1978, S. 367–408

Henze, Martina: Handlungsspielräume im Strafvollzug. Die Beschwerden von Gefangenen im hessisch-darmstädtischen Zuchthaus Marienschloß 1830–1860. In: Helmut Berding/Diethelm Klippel/Günther Lottes (Hrsg.): Kriminalität und abweichendes Verhalten. Deutschland im 18. und 19. Jahrhundert. Göttingen 1999, S. 141–169

Henze, Martina: Strafvollzugsreform im 19. Jahrhundert. Gefängniskundlicher Diskurs und staatliche Praxis in Bayern und Hessen-Darmstadt. Darmstadt 2003

Herwig-Lempp, Johannes: Tabak in Bremen – die Anfänge. In: Christian Marzahn (Hrsg.): Genuß und Mäßigkeit. Von Weinschlürfern, Coffee-Schwelgern und Toback-Schmauchern in Bremen. Bremen 1995, S. 105–129

Hiemsch, Jan: Die bremische Gerichtsverfassung von der ersten Gerichtsordnung bis zur Reichsjustizgesetzgebung 1751–1879. Bremen 1964

Hippel, Wolfgang von: Wirtschafts- und Sozialgeschichte im Südwesten 1800–1918. In: Meinrad Schaab/Michael Klein (Hrsg.): Handbuch der baden-württembergischen Geschichte. Bd. 3, Stuttgart 1992, S. 481–766

Hüchtker, Diethild: „Unsittlichkeit" als Kristallisationspunkt von Unsicherheit. Prostitutionspolitik in Berlin (1800–1815). In: Dinges/Sack, S. 175–196

Jütte, Robert: Lust ohne Last. Geschichte der Empfängnisverhütung von der Antike bis zur Gegenwart. München 2003

Kaschuba, Wolfgang/Lipp, Carola: Dörfliches Überleben. Zur Geschichte materieller und sozialer Reproduktion ländlicher Gesellschaften im 19. und frühen 20. Jahrhundert. Tübingen 1982

Kaufmann, Doris: Aufklärung, bürgerliche Selbsterfahrung und die „Erfindung" der Psychiatrie in Deutschland (1770–1850). Göttingen 1995

Kicherer, Dagmar: Kleine Geschichte der Stadt Baden-Baden. Leinfelden-Echterdingen 2008

Kienitz, Sabine: Sexualität, Macht und Moral. Prostitution und Geschlechterbeziehungen Anfang des 19. Jahrhunderts in Württemberg. Berlin 1995

Klammer, Peter: Auf fremden Höfen. Anstiftkinder, Dienstboten und Einleger im Gebirge. 2. Aufl. Wien u. a. 2007

Krafft, Sybille: Zucht und Unzucht. Prostitution und Sittenpolizei im München der Jahrhundertwende. München 1996

Krämer, Carl/Siebke, Richard: Mehr als sieben Stunden. Ein Beitrag zur Geschichte der Kriminalpolizei in Bremen. Bearbeitet und erweitert v. Heribert Schäfer. Bremen 1989

Krause, Thomas: Die Strafrechtspflege im Kurfürstentum und Königreich Hannover. Vom Ende des 17. bis zum ersten Drittel des 19. Jahrhunderts. Aalen 1991

Krause, Thomas: Geschichte des Strafvollzugs. Von den Kerkern des Altertums bis zur Gegenwart. Darmstadt 1999

Krause, Thomas: „Ueber Gefaegnisse und Zuchthaeuser" – Freiheitsstrafe und Strafvollzug im Kurfürstentum und Königreich Hannover. In: Peter Götz von Olenhusen (Hrsg): 300 Jahre Oberlandesgericht Celle. Göttingen 2011

Kreutz, Wilhelm/Wiegand, Hermann: Kleine Geschichte der Stadt Mannheim. Leinfelden-Echterdingen 2008

Kruse, Hans-Joachim: Zur Geschichte des Bremer Gefängniswesens. Bd. 1, Book on Demand 2001

Krusenstjern, Benigna von: Was sind Selbstzeugnisse? Begriffskritische und quellenkundliche Überlegungen anhand von Beispielen aus dem 17. Jahrhundert. In: Historische Anthropologie Bd. 2 (1994), S. 462–471

Kukowski, Martin: Pauperismus in Kurhessen. Ein Beitrag zur Entstehung und Entwicklung der Massenarmut in Deutschland 1815–1855. Marburg 1995

Laqueur, Thomas: Solitary Sex. A Cultural History of Masturbation. New York 2003

Lenger, Friedrich: Sozialgeschichte des deutschen Handwerks seit 1800. Frankfurt/ Main 1988

Leuenberger, Marco/Seglias, Loretta (Hrsg.): Versorgt und vergessen. Ehemalige Verdingkinder erzählen. Zürich 2008

Leukel, Sandra: Strafanstalt und Geschlecht. Geschichte des Frauenstrafvollzugs im 19. Jahrhundert. Leipzig 2010

Lindner, Rolf: Die Entdeckung der Stadtkultur. Soziologie aus der Erfahrung der Reportage. Frankfurt/Main u. a. 2007

Lischer, Markus: „Kindesmord". In: Historisches Lexikon der Schweiz. Bd. 7, Basel 2008

Ludi, Regula: Die Fabrikation des Verbrechens. Zur Geschichte der modernen Kriminalpolitik 1750–1850. Tübingen 1999

Lüdtke, Alf: „Gemeinwohl", Polizei und Festungspraxis. Staatliche Gewaltsamkeit und innere Verwaltung in Preußen 1815–1850. Göttingen 1982

Lüdtke, Alf (Hrsg.): Herrschaft als soziale Praxis. Historische und sozialanthropologische Studien. Göttingen 1991

Lüdtke, Alf (Hrsg.): „Sicherheit" und „Wohlfahrt". Polizei, Gesellschaft und Herrschaft im 19. und 20. Jahrhundert. Frankfurt/Main 1992

Lüdtke, Alf: Die Ordnung der Fabrik. „Sozialdisziplinierung" und Eigen-Sinn bei Fabrikarbeitern im späten 19. Jahrhundert. In: Rudolf Vierhaus (Hrsg.): Frühe Neuzeit – Frühe Moderne? Forschungen zur Vielschichtigkeit von Übergangsprozessen. Göttingen 1992, S. 206–231

Maier, Konrad: Die Gebäude des Karrengefängnisses in Hameln 1827–1841. Sonderdruck aus: Niedersächsische Denkmalpflege. Bd. 8, Hildesheim 1972–75, S. 134–158

Malkmus, Katrin: Prostitution in Recht und Gesellschaft. Frankfurt/Main u. a. 2005

Marschalck, Peter: Demographische Aspekte der Familienbildung in Bremen in der ersten Hälfte des 19. Jahrhunderts. In: Schlumbohm, Familien, S. 195–217

Martschukat, Jürgen: Von Seelenkrankheiten und Gewaltverbrechen im frühen 19. Jahrhundert. In: Richard van Dülmen/Erhard Chvojka/Vera Jung (Hrsg.): Neue Blicke. Historische Anthropologie in der Praxis. Wien u. a. 1997, S. 223–249

Martschukat, Jürgen: Inszeniertes Töten. Eine Geschichte der Todesstrafe vom 17. bis zum 19. Jahrhundert. Köln u. a. 2000

Maßolle, Wilhelm: Blätter zur Geschichte der Kirchengemeinde Oberneuland. Bremen 1927

Meumann, Markus: Findelkinder, Waisenhäuser, Kindsmord. Unversorgte Kinder in der frühneuzeitlichen Gesellschaft. München 1995

Michalik, Kerstin: Kindsmord. Sozial- und Rechtsgeschichte der Kindstötung im 18. und beginnenden 19. Jahrhundert am Beispiel Preußen. Pfaffenweiler 1997

Michels, Eckard: Deutsche in der Fremdenlegion 1870–1965. Mythen und Realitäten. Paderborn u. a. 2000

Mitterauer, Michael: Ledige Mütter. Zur Geschichte unehelicher Geburten in Europa. München 1983

Moersch, Karl: Geschichte der Pfalz von den Anfängen bis ins 19. Jahrhundert. 2. Aufl. Landau 1987

Müller, Christian: Verbrechensbekämpfung im Anstaltsstaat. Psychiatrie, Kriminologie und Strafrechtsreform in Deutschland 1871–1933. Göttingen 2004

Müller, Max: Die Geschichte der Stadt Wendel von ihren Anfängen bis zum Weltkriege. St. Wendel 1981

Müller, Philipp: Auf der Suche nach dem Täter. Die öffentliche Dramatisierung von Verbrechen im Berlin des Kaiserreichs. Frankfurt/Main u. a. 2005

Nutz, Thomas: Strafanstalt als Besserungsmaschine. Reformdiskurs und Gefängniswissenschaft 1775–1848. München 2001

Opitz, Claudia (Hrsg.): Tugend, Vernunft und Gefühl. Geschlechterdiskurse der Aufklärung und weibliche Lebenswelten. Münster u. a. 2000

Peter Wettmann-Jungblut: Der nächste Weg zum Galgen? Eigentumskriminalität in Südwestdeutschland 1550–1850. Saarbrücken 1997

Pfeisinger, Gerhard: Arbeitsdisziplinierung und frühe Industrialisierung 1750–1820. Wien 2006

Pfister, Christian: Bevölkerung, Wirtschaft und Ernährung in den Berg- und Talgebieten des Kantons Bern 1760–1860. In: Markus Mattmüller (Hrsg.): Wirtschaft und Gesellschaft in Berggebieten. Itinera 5/6, Basel 1986, S. 361–392

Pick, Daniel: Faces of Degeneration. A European Disorder, c. 1848 – c. 1918. Cambridge 1989

Regener, Susanne: Fotographische Erfassung. Zur Geschichte medialer Konstruktionen des Kriminellen. München 1999

Reinke, Herbert (Hrsg): „... nur für die Sicherheit da ...?" Zur Geschichte der Polizei im 19. und 20. Jahrhundert. Frankfurt/Main u. a. 1993

Reinke, Herbert: „Großstadtpolizei". Städtische Ordnung und Sicherheit und die Polizei in der Zeit des deutschen Kaiserreiches (1871–1918). In: Dinges/Reinke, S. 217–240

Reulecke, Jürgen: Geschichte der Urbanisierung in Deutschland. Frankfurt/Main u. a. 1985

Riemer, Lars Hendrik (Hrsg.): Das Netzwerk der „Gefängnisfreunde" (1830–1872). Karl Josef Mittermaiers Briefwechsel mit europäischen Strafvollzugsexperten. 2 Bde., Frankfurt/Main 2005

Riemer, Lars Hendrik: „Fürsten der Wissenschaft" und „arme kleine Praktiker"? Theoretiker und leitende Strafanstaltsbeamte im Gefängnisreformdiskurs des 19. Jahrhunderts. In: Schautz/Freitag, S. 35–54

Roots, Catherine-Eva: Die bayerische Pfalz und die Pfälzer im Spiegel der Physikatsberichte der Kantonsärzte aus den Jahren um 1860. Diss. Med. München 1991

Röper, Ursula/Jüllig, Carola (Hrsg.): Die Macht der Nächstenliebe. Einhundertfünfzig Jahre Innere Mission und Diakonie 1848–1998. Stuttgart 2007

Rosenblum, Warren: Beyond the Prison Gates. Punishment and Welfare in Germany 1850–1933. Chapel Hill 2008

Rother, Bernd: Artikel „Oerter, Sepp". In: Braunschweigisches biographisches
Lexikon. 19. und 20. Jahrhundert. Hrsg. von Horst-Rüdiger Jarck/Günter Scheel.
Hannover 1996, S. 447f.

Sander, Ferdinand: Artikel „Nikolaus Heinrich Julius Wichern. In: Allgemeine
Deutsche Biographie, Bd. 14 (1897), S. 775–780

Sauer, Paul: Geschichte der Stadt Stuttgart. Bd. 3, Stuttgart u. a. 1995

Sautter, Udo: Deutsche Geschichte seit 1815: Daten, Fakten, Dokumente. Bd. 1:
Daten und Fakten. Tübingen u. a. 2004

Savant, Jean: La vie aventureuse de Vidocq. Paris 1973

Schambach, Sigrid: Johann Hinrich Wichern. Hamburg 2008

Schauz, Désirée/Freitag, Sabine (Hrsg.): Verbrecher im Visier der Experten. Kriminalpolitik zwischen Wissenschaft und Praxis im 19. und frühen 20. Jahrhundert.
Stuttgart 2007

Schauz, Désirée: Strafen als moralische Besserung. Eine Geschichte der
Straffälligenfürsorge 1777–1933. München 2008

Schidorowitz, Monika: H. B. Wagnitz und die Reform des Vollzugs der Freiheitsstrafe an der Wende vom 18. zum 19. Jahrhundert. St. Augustin 2000

Schivelbusch, Wolfgang: Das Paradies, der Geschmack und die Vernunft. Eine Geschichte der Genussmittel. Frankfurt/Main u. a. 1997

Schlumbohm, Jürgen (Hrsg.): Familie und Familienlosigkeit. Fallstudien aus Nie-
dersachsen und Bremen vom 15. bis 20. Jahrhundert. Hannover 1993

Schmidt, Eberhard: Einführung in die Geschichte der deutschen Strafrechtspflege.
3. Aufl. Göttingen 1995

Schmidt, Franz (Bearb.): Die Sonderberichte der pfälzischen Kantonsärzte von
1861. Neustadt/Weinstraße 2006

Schmoeckel, Mathias: Humanität und Staatsraison. Die Abschaffung der Folter in
Europa und die Entwicklung des gemeinen Strafprozeß- und Beweisrechts seit
dem hohen Mittelalter. Köln u. a. 2000

Schnabel-Schüle, Helga: Überwachen und Strafen im Territorialstaat. Bedingungen
und Auswirkungen des Systems strafrechtlicher Sanktionen im frühneuzeitlichen
Württemberg. Köln u. a. 1997

Schneider, Bernhard (Hrsg.): Konfessionelle Armutsdiskurse und Armenfürsorge-
praktiken im langen 19. Jahrhundert. Frankfurt/Main u. a. 2009

Schönert, Jörg (Hrsg.): Erzählte Kriminalität. Zur Typologie und Funktion narrativer
Darstellungen in Strafrechtspflege, Publizistik und Literatur zwischen 1770 und
1920. Tübingen 1991

Schott, Heinz/Tölle, Rainer: Geschichte der Psychiatrie. Krankheitslehren, Irrwege,
Behandlungsformen. München 2006

Schröder, Rainer: Die Strafgesetzgebung in Deutschland in der ersten Hälfte des
19. Jahrhunderts. In: Michael Stolleis (Hrsg.): Die Bedeutung der Wörter.
Studien zur europäischen Rechtsgeschichte. München 1991, S. 403–420

Schulte Regina: Sperrbezirke. Tugendhaftigkeit und Prostitution in der bürgerlichen
Welt. Frankfurt/Main u. a. 1979

Schulz, Karin (Hrsg.): Hoffnung Amerika. Europäische Auswanderung in die Neue
Welt. Bremerhaven 1994

Schulze, Winfried: Ego-Dokumente: Annäherung an den Menschen in der Geschichte? In: Bea Lundt/Helma Reimöller (Hrsg.): Von Aufbruch und Utopie:

Perspektiven einer neuen Gesellschaftsgeschichte des Mittelalters, für und mit Ferdinand Seibt aus Anlaß seines 65. Geburtstages. Köln u. a. 1992, S. 417–450

Schwarzwälder, Herbert: Geschichte der Freien Hansestadt Bremen. Bd. 2, Bremen 1995

Schwarzwälder, Herbert (Hrsg.): Bremen in alten Reisebeschreibungen. Briefe und Berichte von Reisenden zu Bremen und Umgebung (1581–1847). Bremen 2007

Schwerhoff, Gerd: Artikel „Kriminalität". In: Enzyklopädie der Neuzeit. Bd. 7, Stuttgart 2008, Sp. 206–226

Schwerhoff, Gerd: Historische Kriminalitätsforschung. Frankfurt/Main u. a. 2011

Seidenspinner, Wolfgang: Mythos Gegengesellschaft. Erkundungen in der Subkultur der Jauner. Münster u. a. 1998

Siemann, Wolfram: Deutschlands Ruhe, Sicherheit und Ordnung. Die Anfänge der politischen Polizei. 1806–1866. Tübingen 1985

Strasser, Peter: Verbrechermenschen. Zur kriminalwissenschaftlichen Erzeugung des Bösen. Frankfurt/Main u. a. 2005

Streng, Adolf: Geschichte der Gefängnisverwaltung in Hamburg von 1622–1872. Hamburg 1890

Sutter, Eva: „Ein Act des Leichtsinns und der Sünde". Illegitimität im Kanton Zürich. Recht, Moral und Lebensrealität (1800–1860). Zürich 1995

Teichmann: Artikel „Füeßlin, Julius August". In: Allgemeine Deutsche Biographie, Bd. 8, Leipzig u. a. 1878, S. 176–177

Thies, Ralf: Ethnograph des dunklen Berlin. Hans Ostwald und die „Großstadt-Dokumente" (1904–1908). Köln u. a. 2006

Thoben, Claudia: Prostitution in Nürnberg. Wahrnehmung und Maßregelung zwischen 1871 und 1945. Nürnberg 2007

Uhl, Karsten: Das „verbrecherische Weib". Geschlecht, Verbrechen und Strafen im kriminologischen Diskurs 1800–1945. München 2003

Ulbricht, Otto: Kindsmord und Aufklärung in Deutschland. München 1990

Wagner, Joachim: Politischer Terrorismus und Strafrecht im Deutschen Kaiserreich von 1871. Hamburg 1981

Wehler, Hans-Ulrich: Deutsche Gesellschaftsgeschichte. Band 1: Vom Feudalismus des Alten Reichs bis zur Defensiven Modernisierung der Reformära 1700–1815. München 1987

Wehner, Bernd: Dem Täter auf der Spur. Eine Geschichte der deutschen Kriminalpolizei. Bergisch-Gladbach 1983

Weigel, Sigrid: „… und selbst im Kerker frei …!" Schreiben im Gefängnis. Zur Theorie und Gattungsgeschichte der Gefängnisliteratur (1750–1933). Marburg 1982

Wettmann-Jungblut, Peter: Modern times, modern crimes? Kriminalität und Strafpraxis im badischen Raum 1700–1850. In: Rebekka Habermas/Gerd Schwerhoff (Hrsg.): Verbrechen im Blick. Perspektiven der neuzeitlichen Kriminalitätsgeschichte. Frankfurt/Main u. a. 2009, S. 148–181

Wiener, Martin: Reconstructing the Criminal. Culture, Law, and Policy in England, 1830–1914. Cambridge 1990

Zadach-Buchmeier, Frank: Anstalten, Heime und Asyle. Wohnen im institutionellen Kontext. In: Jürgen Reulecke (Hrsg.): Geschichte des Wohnens. Bd. 3, Stuttgart 1997, S. 637–743

Zadach-Buchmeier, Frank: Integrieren und Ausschließen. Prozesse gesellschaftlicher Disziplinierung: Die Arbeits- und Besserungsanstalt Bevern im Herzogtum

Braunschweig auf dem Weg zur Fürsorgeerziehung (1834 bis 1870). Hannover 2003

Zimmermann, Clemens: Die Zeit der Metropolen. Urbanisierung und Großstadtentwicklung. Frankfurt/Main u. a. 1996

Heike Talkenberger ist promovierte Historikerin und ausgebildete Archivarin. Ihre Dissertation verfasste sie zum Thema „Sintflut. Prophetie und Zeitgeschehen in Texten und Holzschnitten astrologischer Flugschriften 1488–1528". Seit 1996 ist sie Redakteurin bei der Geschichtszeitschrift DAMALS.
Zahlreiche Veröffentlichungen zur Kriminalitätsgeschichte, Bildforschung, Geschlechtergeschichte und Adelsgeschichte. Jüngste Publikation: *Die Autobiographie des Betrügers Luer Meyer*. Kommentierte Edition. Hannover 2010.